GOTTESDIENST PRAXIS SERIE A

Arbeitshilfen für die Gestaltung
der Gottesdienste im Kirchenjahr

Herausgegeben von Erhard Domay

Gütersloher Verlagshaus

GOTTESDIENST-PRAXIS

I. Perikopenreihe

Band 1: 1. Sonntag im Advent
bis Sexagesimae

Gütersloher Verlagshaus

Die Deutsche Bibliothek - CIP-Einheitsaufnahme

Gottesdienstpraxis. - Gütersloh : Gütersloher Verl.-Haus.

Ser. A, Arbeitshilfen für die Gestaltung
der Gottesdienste im Kirchenjahr.
Perikopenreihe 1. hrsg. von Erhard Domay.
NE: Domay, Erhard [Hrsg.]; Arbeitshilfen für die Gestaltung
der Gottesdienste im Kirchenjahr

Bd. 1. 1. Sonntag im Advent bis Sexagesimae. - 1996
ISBN 3-579-02936-3

ISBN 3-579-02936-3

Umschlagentwurf: Franz Wöllzenmüller, Oberhaching
Umschlagbild: © Johannes Schreiter, Langen, S.D.G., 2/1995/F.
Die hier wiedergegebene Reproduktion entspricht dem Original:
Fenster in einem Privathaus, 108 x 159 cm.
Satz: Fotosetzerei Steggemann, Herford
Druck und Bindung: Ebner Ulm

Gedruckt auf chlorfrei gebleichtem Werkdruckpapier

Printed in Germany

Inhalt

Vorwort

Mit diesem ersten Teilband der Perikopenreihe I beginnt der vierte Durchgang von GOTTESDIENSTPRAXIS durch die Perikopenreihen. Ich bedanke mich bei unseren Autorinnen und Autoren für ihre Beiträge und bei den Leserinnen und Lesern für ihr Interesse an unserer Arbeitshilfe.

Die meisten Bearbeiterinnen und Bearbeiter sind Gemeindepfarrerinnen und Gemeindepfarrer - eine Tatsache, die ihren Beiträgen abzuspüren ist. Immer wieder beeindrucken mich die Phantasie, die Sorgfalt und das enorme Engagement, die Sonntag für Sonntag die Verkündigungsarbeit tragen - die große Liebe zu einer Sache, die manche schon längst an den Rand des Gemeindelebens gerückt sehen. Trotz aller gesellschaftlichen Veränderungsprozesse ist der Gottesdienst für viele Menschen eine Quelle der Kraft und der Orientierung geblieben. Es ist anzunehmen, daß er als spezifisch kirchliches Angebot in einer zunehmend multireligiösen Gesellschaft immer wichtiger werden wird neben all dem, was als konkreter Dienst für Menschen in Diakonie und Seelsorge notwendig ist (und vermutlich immer notwendiger werden wird).

Den Leserinnen und Lesern danke ich nicht nur dafür, daß sie GOTTESDIENSTPRAXIS über lange Zeitstrecken hinweg die Treue gehalten haben und halten, sondern auch für viel konstruktive Kritik und Anregungen aus ihren Reihen. Natürlich wünsche ich mir auch für den bevorstehenden Sechs-Jahre-Zyklus die so erfreuliche engagierte Mitarbeit beider Gruppen: derer, die die Beiträge verfassen und derer, die sie kreativ in die Praxis umsetzen.

Während der vergangenen Jahre hat es nur zwei in die Augen fallende Modifikationen gegeben: Ab 1990 gab es farbige Titelmotive von Benedikt Werner Traut; und ab 1994 wurden den einzelnen Bearbeitungen Annäherungen an den Predigttext vorangestellt, die von Gemeindegruppen erarbeitet wurden. Der Gottesdienst ist ja nicht nur Sache von Fachleuten, sondern Sache der Gemeinde. Die Weiterentwicklung kommunikativer Strukturen ist unaufgebbar, wenn es um die Qualität (also auch um die Konkurrenzfähigkeit!) des Angebots Gottesdienst geht. Deshalb werde ich diesen Vorspann beibehalten und die Entfaltung exegetischer und theologischer Aspekte wie gewohnt der »Exegetisch-theologischen Skizze« zuweisen, die dadurch ein besonderes Gewicht behält. Selbstverständlich wird die Gestaltung der Liturgie und der Predigt auch in Zukunft viel Raum in den Bearbeitungen beanspruchen, und die »Kontexte« werden auch künftig weiteres Material zur Anregung und Auseinandersetzung bieten. Die Reihe kann und soll in ihrer bewährten Grundstruktur weitergeführt werden.

Ab diesem ersten Band der Reihe I erscheinen Glasfenster von Johannes Schreiter auf dem Titel. Sie weisen sozusagen stellvertretend auf die ästhetische Dimension des Gottesdienstes in Kirchenräumen hin. In der Entfaltung dieser Dimension im umfassenden Sinn liegt, wie ich glaube, ein großes Potential an Ausdrucksmöglichkeiten, das dem Gottesdienst in Zukunft neue Freundinnen und Freunde zuführen kann.

Schließlich möchte ich auf den beiliegenden Prospekt hinweisen, der das Gesamtangebot von »GOTTESDENSTPRAXIS« der Serien A und B, der LESEPREDIGTEN und der Zeitschrift für Gottesdienst und Predigt vorstellt und auch Informationen zur Preisgestaltung enthält. Alle Abonnentinnen und Abonnenten werden weiterbeliefert.

Ich wünsche allen Autorinnen und Autoren, allen Leserinnen und Lesern (und auch mir selbst als dem Herausgeber der Reihe und als Partner im Erarbeitungsprozeß), daß Verkündigung nicht nur viel Arbeit, sondern auch Freude macht!

Landau, im Sommer 1996 *Erhard Domay*

1. Sonntag im Advent

Annäherungen an den Predigttext Matthäus 21,1-9

Ludwig Burgdörfer

Im Rahmen unseres regelmäßigen Treffens haben wir den Text miteinander bedacht. Der Bibelgesprächskreis besteht aus Leuten verschiedenen Alters (19 bis 80 Jahre), die es sich selbst und einander erlauben, als Christen/innen mehr Fragen als Antworten zu haben. Gleichzeitig üben wir uns im Ernstnehmen einer vom Vergessen bedrohten reformatorischen Errungenschaft, nämlich der Mündigkeit und Kompetenz aller Gläubigen, wenn es um Gott und die Welt geht. Das schlägt sich im Ablauf der Abende dergestalt nieder, daß nach dem Verlesen des Textes eine längere Schweigephase Zeit zum persönlichen Entdecken läßt, um dann anschließend in einen munteren Austausch zu treten und sich mit den verschiedensten Eigenarten des Textes und seiner selbst zu beschenken. Auf diesem Hintergrund haben wir auch den Einzug Jesu in Jerusalem reflektiert. Dabei drehte sich unser Gespräch um die folgenden Schwerpunkte.

1. Sich gehen lassen, damit Jesus ankommen kann
Spontan und zuerst wurde die unbegrenzte Lust am Feiern der Ankunft Jesu empfunden und gleichzeitig die Zähigkeit und mitunter freudlose Zeremonie unserer Glaubensfeste beklagt. Die Leute sind regelrecht aus dem Häuschen, machen ihren Glauben zum phantasievoll improvisierten Straßenfest.

2. Der Esel ist kein hohes Tier
Lange bevor das Grautier märchenhafter Stadtmusikant von Bremen wurde, hat es schon Berühmtheit erlangt. Seine Karriere hat sich schon im AT spätestens mit Bileam unaufhaltsam angebahnt, im Stall zu Bethlehem und auf der Flucht nach Ägypten seine Fortsetzung gefunden und ist nun beim Einzug in Jerusalem auf seinem Höhepunkt angelangt. Standesgemäß reitet Jesus auf dem Tier, das zu ihm paßt. Er schaut nicht vom hohen Roß herunter, er inszeniert ein Königtum der besonderen Art, ohne roten Teppich, aber dafür mit live gesungenem Hosianna. Auf dem Lasttier des kleinen Mannes kommt Jesus daher und macht sich in den Augen der Spötter selbst zum Esel, in den Augen der verspotteten aber zur Eselsbrücke, die zu Gott führt.

3. Sanft-Mut
Kein anderes Wort hat es uns so angetan. Es ist uns zum Schlüsselwort des ganzen Abschnittes geworden. Wie interessant, daß zur Sanftheit ausge-

rechnet der Mut gehört! Was für eine Kombination! Wo wir doch gemeinhin das Gegenteil vermittelt bekommen. So aber steht die These im Raum, daß die »sanfte Tour« göttliche Verheißung hat. Wer weiterliest und unmittelbar an den Einzug von der nicht gerade zimperlich vollzogenen Tempelaustreibung Jesu liest, weiß schnell, daß damit nicht etwa Profillosigkeit und wachsweiches Allen-Recht-und-Niemand-Weh gemeint sein kann.

4. Kleider machen Leute
Wer etwas aus sich zu machen versteht, wer das entsprechende outfit hat, der kann auftreten auf dem Laufsteg des Erfolges. Und wenn er/sie auch in Wirklichkeit gar nichts an (sich) hat, was anziehend wirken könnte, es funktioniert noch immer, weil eben bloß die Kinder den Durchblick haben und auf die hört man bloß im Märchen. Jesus macht das anders. Er macht nichts aus sich, sondern er läßt etwas an sich geschehen. Bei ihm sind es die Leute, die Kleider machen für seinen königlichen Auftritt. Das unterscheidet den roten Teppich von dem »handgemachten«. Hier ziehen die Leute den Hut nicht auf Kommando. Das letzte Hemd ziehen sie aus ohne Aussicht auf Erstattung der Reinigungskosten - und Jesus läßt das zu und feiert mit, feiert den Augenblick und die Leichtigkeit des Scheins unbegrenzt zugestandener Herrschaft.

5. Prophezeihungen
Wir sind uns einig gewesen, daß dieser altbekannte Text einer gewissen Entfremdung bedarf, um neu und überraschend anzusprechen. Eine Teilnehmerin riet deshalb zum Thema: Horoskop und Wahrsagerei.
Sie meinte zu Beginn eine neuen (Kirchen)Jahres, kurz vor dem Jahreswechsel würden unglaublich viele (ansonsten recht aufgeklärt und nüchtern wirkende) Leute geradezu süchtig nach Vorhersagen sein, die ihre Zukunft berechenbarer und kalkulierbarer machten. Darum gibt es auch jede Menge Prophezeihungen für die Zukunft. Wir haben auch eine! Und die heißt: Gott hält sein Versprechen! (»Es mag sein, daß alles fällt, daß die Burgen dieser Welt um dich her in Trümmer brechen. Halte Du den Glauben fest, daß Dich Gott nicht fallen läßt: Er hält sein Versprechen!« (Rudolf Alexander Schröder, EG 378)
Bezugnehmend auf das alttestamentliche Zitat aus Sacharja 9,9 könnte dies ein irritierend-provozierend-motivierendes Predigtmotiv sein: Wir haben einen Gott, der zu seinem Wort steht. Die Treue Gottes in seinem bewahrend-begleitenden Handeln hat Kontinuität. Darum kommt jetzt alles darauf an, wie wir diesen König bei uns empfangen und ob wir ihn hereinlassen in unsere Verhältnisse ...

Randnotizen
Jesus schickt immer 2 Jünger. Niemand muß eine Solo-Mutprobe machen. Auch wir nicht. Man braucht immer noch mindestens Einen zum »Pferde (Esel)-Stehlen«!

Vers 3: »Der Herr bedarf ihrer.« Frage: Wie gehen wir mit dem Anspruch Jesu um, womöglich gerade das, was wir bei uns angebunden haben, zum Einsatz zu bringen.
Die Selbstverständlichkeit der Plazierung dieser Perikope im Kirchenjahr kann nicht als einsichtig und logisch vorausgesetzt werden.
Sie bedarf einer »verbraucherfreundlichen« Anmoderation, die klarmacht, daß nicht »Alle Jahre wieder« das kleine und süße Christkind zu uns kommt, sondern dem aus der Krippe längst herausgewachsene Christ-König die »Tore weit und die Türen in der Welt« hochgemacht werden sollen, damit der »König der Ehren« einziehe!

Zum Gottesdienst

Heinz Behrends

Exegetisch-homiletische Skizze

Eine tolle, lebendige Geschichte am Anfang des Kirchenjahres! Die alten Predigthilfen sind wieder ins Regal gewandert, sechs Jahre Ruhe haben sie. Der neue Band liegt in der Hand, noch etwas störrisch, aber frisch und erwartungsfroh.
Eine tolle Geschichte, wenn man seinen Blick – durch wiederholtes Hören der Geschichte geprägt und eingeengt – wendet und öffnet für ein ganz anderes Jesus-Bild. Jesus nutzt die klugen Mittel der Inszenierung, der Show im guten Sinne, um sich einer großen Öffentlichkeit zu präsentieren. Überraschungseffekte wie der Esel, Dekorationen wie Tücher und Kleider. Und die Leute machen mit. Kleider und Palmen, eine Parole und das Anführen des Zuges.
Die ganze Geschichte Jesu, sein Weg hatte dieses Ziel: von der Provinz in die Hauptstadt, ins Zentrum geistlicher und politischer Macht. So sehen es die Synoptiker. War es so?
Die Evangelien setzen jedenfalls diesen Punkt an einer Nahtstelle im Wirken Jesu, wo sein erwarteter Auftrag, Messias zu sein, und sein Scheitern sich verknüpfen. Eine Nahtstelle zwischen seiner Taufe und seiner Kreuzigung, am Ende seines Wirkens und kurz vor seinem Tod.
Er selber ist es, der da handelt beim Einzug in die Stadt. Die Deutung liefern die Menschen. Es ist der »Sohn Davids«. Dieser wird das Reich wieder herstellen. Die Legende von der Findung des Esels ist so wichtig wie der Einzug selbst. Matthäus stellt die Verbindung zu den Hoffnungen des Alten Bundes her, wenn er Sacharja 9,9 erinnert, und er greift deutend in die Tradition ein. Zwei Tiere nennt er aus unerfindlichen Gründen, und »arm« ersetzt er durch »sanftmütig« – das Bild Jesu nach Ostern im Bewußtsein.

Der Einzug erschüttert die Stadt, das Verb in V. 10 steht sonst nur im Zusammenhang von Erdbeben. Unsicherheit breitet sich aus. Er ist des »Davids Sohn«, er ist Prophet. In der Tempelaustreibung erst wird es offensichtlich. Die Schriftgelehrten lehnen ihn ab. Aber die Kinder wiederholen im Tempelvorhof den Ruf von der Straße: Hosianna, dem Davidssohn.
Er zeigt, wer er ist, und auf spielerische Weise weckt er die Hoffnung der Menschen.
Von Hoffnung kann man nicht in Behauptungen oder Lehrsätzen reden. Sie will sich in Erzählungen entfalten, in Liedern und im Spiel. Denn sie sieht etwas und nimmt vorweg, was noch aussteht. Darin qualifiziert sie sich als Hoffnung.
Sind Hoffnung und Erwartung die Grundbefindlichkeit von Menschen im Advent heute? Oder ist das nur die banale Vorstellung der Prediger und Predigerinnen? Es scheint eine stärkere Empfindsamkeit im Advent jenseits aller Geschenk- und Stimmungserwartungen der Vorweihnachtszeit zu geben. Sinnliche Zeichen wie Licht und Dunkel, Kerze und Zweig und Gerüche scheinen die Advent-Bereitschaft zu vertiefen, den Wunsch, sich selber und anderen näher als sonst im Jahr zu sein. Es scheint ein sinnliches Verstehen der Theologie an der Nahtstelle des Kirchenjahres zu geben. Vom Gekommenen zum Kommenden.
Die vertrauten Hörer und Hörerinnen werden sich erinnern, daß dieselbe Geschichte neben dem 1. Advent auch die Karwoche im Gottesdienst an Palmarum eröffnet. Advent und Karwoche, die Kern-Bußzeit der Kirche. Gerade im Advent schwer vermittelbar, aber dennoch nicht vergebens, wenn Buße als Ruf in eine von Gott verheißene Zukunft verstanden wird, weniger als Umkehr denn als Hinwendung zu Gott.
Der 1. Advent ist in vielen Gemeinden ein gut besuchter Gottesdienst. Es empfiehlt sich, den Beginn bewußt zu machen. Die Kerze könnte während des Introitus entzündet werden, der Kranz - wenn technisch möglich - hochgezogen. Eine Tür könnte symbolisch geöffnet werden.
In der Predigt entscheide ich mich für die Inszenierung der Hoffnungen. Ich beschreibe die Struktur der Hoffnung im Gegensatz zum Optimismus. Optimismus schreibt die Gegenwart fort. Hoffnung setzt ein Bild gegen die aktuelle oder vergangene Erfahrung.
Als Gemeinde habe ich eine sehr aufmerksame, selbstbewußte Hörerschaft vor Augen, die sich auf den Adventsgottesdienst freut (die Konfirmandinnen und Konfirmanden vielleicht ausgenommen?).

Vorschläge zur Liturgie

Introitus
Warum sollte man eigentlich nicht einmal im Gottesdienst den Einzug begehen und feiern? Kinder und Erwachsene ziehen zum Beginn des Got-

tesdienstes ein. Sie streuen Tannenzweige (die Palmen des Nordens), sie singen mit der Gemeinde ein Hosanna (Taizé), streuen vielleicht sogar Blumen, tragen vielleicht ein Bild oder Bilder vom Einzug, von Kindern gemalt. Einleiten könnte man die Szene mit der Lesung aus Psalm 24. Beim Ankommen des Zuges wird die Kerze am Kranz entzündet.
Hoffnung zieht ein in die Gemeinde.

Kollektengebet
Ganz nah ist Dein Wort, Herr, ganz nah Deine Gnade.
Begegne uns denn mit Macht und Erbarmen.
Laß nicht zu, daß wir taub sind für Dich,
verschlossen vor Dir.
Offen mach uns und empfänglich für Jesus Christus,
Deinen Sohn, der kommt, daß er uns suche und rette.
Ziehe bei uns ein, heute und täglich bis in Ewigkeit. Amen.
(nach Huub Oosterhuis, Ganz nah ist Dein Wort, Verlag Herder, Wien, S. 3)

Fürbittengebet
Wende Dich nicht ab. Wenn Du Dich abwendest, verwelkt die Erde, flaut der Himmel ab. Wende Dein Auge nicht von uns ab. Der Du uns gekehrt hast zu Dir, daß wir mit unverhülltem Antlitz Dein Licht zurückstrahlen. Doch versunken sind wir in saugendem Morast, und unsere Füße finden keinen festen Boden. Zertreten haben unsere Füße Dein Wort, zertrampelt Deine Rechtssätze.
Verachtet haben wir die Namen der Geringsten, all diese Verworfenen, Deine liebsten Menschen.
Geschändet haben wir Deine liebe Erde, verachtet Dein Bild, verleugnet Deinen Namen.
Wir, diese Welt, wir Erben von Raubbau und Gewalt, die dies nicht wollen und doch nicht imstande sind, das Los abzuwenden.
Und doch Deine Menschen, von Dir gemacht, um diese Erde zu behüten: Überlaß uns nicht unserer Erschütterung, erwecke unser Gewissen, erleuchte unsern Verstand.
Gesegnet, der Du uns erweckst und nicht entwertest. Gesegnet Du für Deine Achtung vor Menschen, und daß Du auf uns Deine Hoffnung gesetzt hast, daß Du auf uns Deine Augen gerichtet hältst.
Laß nahe kommen Dein Wort von Befreiung.
(Huub Oosterhuis, Um Recht und Frieden, Verlag Herder, Wien, S. 22)

Du kommst in unsere Welt, Gott.
In Jesus Christus hast Du das Leben gelebt, das uns Menschen Glück und Zukunft eröffnet. Wir danken Dir dafür.
Wir bekennen Dir unsere Mutlosigkeit, unseren Eigensinn und Kleinglauben. Wende unseren Blick und unsere Herzen. Daß Platz gewinne in uns Dein Wort über unsere Zukunft.

Löse die Fesseln aller, die sich in Interessenkonflikten verstrickt haben. *(hier konkrete Personen und Gruppen nennen).* Für eine gemeinsame Zukunft öffne ihren Blick.
Lindere und wende die Bedrängnis der Betrübten, der Pflegebedürftigen und Sterbenden, der Verzweifelten und Verlassenen.
Entspanne alle Verkrampften und Überforderten, die hinter Glück, Erfolg, Pflicht und Anerkennung herrennen.
Hilf ihnen, anzuhalten in dem Licht des Advent.
Befreie uns von aller Selbstbeschäftigung. Für Menschen, die uns brauchen, öffne uns, für *(hier konkrete Personen oder Gruppen nennen).*
Frei von uns selbst mache uns.
Höre, wie es uns ums Herz ist, was wir Dir in der Stille sagen:
Stille
Du weißt, was wir wünschen, was in unserem Leben noch aussteht. Du kommst uns entgegen. Verwandle Du alles und wende es zum Segen. Daß wir leben in Dir. Amen.

Einladung zum Abendmahl
Der Einzug Jesu in unser Leben hat seinen festen Ort in unserem sonntäglichen Gottesdienst. »Heilig. Heilig. Heilig ist Gott, der Herr Zebaoth. Alle Lande sind seiner Ehre voll. Hosianna in der Höhe. Gelobet sei, der da kommt im Namen des Herrn. Hosianna in der Höhe.« Wir nehmen den Ruf der Leute und der Kinder von Jerusalem auf, kommen, halten die leeren Hände hin, vergegenwärtigen sein Versprechen und lassen uns die Hände füllen mit den Zeichen seiner Nähe.

Lieder
EG 1 (Macht hoch die Tür); EG 9 (Nun jauchzet all); EG 14 (Dein König kommt); EG 22 (Nun sei uns willkommen); EG 657 (Hosanna); EG 658 (Benedictus)

Vorschlag zur Predigt

Möglicher Anfang
»So kennen wir Jesus gar nicht.
Er inszeniert seinen Einzug in die Stadt. Schickt seine Jünger zu einem Fremden, den Esel zu holen. Und siehe da, der weiß schon Bescheid. Und dann zieht er ein, das kleine Stück vom Ölberg in die Stadt. Hätte ja auch laufen können. Tut er aber nicht. Eine Demonstration ist das, ohne behördliche Genehmigung. Sonst verbietet Jesus seinen Jüngern, zu erzählen, was er alles geleistet hat. Hier aber protzt er. Er bedient sich eines Mittels, das bis heute geläufig ist bei den Mächtigen und bei denen, die auf öffentliche Wirkung angewiesen sind.

Eishockey-Spieler ziehen vor dem Spiel ein. Musik erklingt. Der Vorname der Spieler wird gerufen, die Fans schreien den Nachnamen in die Halle und zünden Wunderkerzen an. Die neue Box-Hoffnung Deutschlands und ihrer Werbeindustrie, Henry Maske, zieht unter einer grandiosen Melodie in die Halle ein. ›Conquest of Paradise‹, Eroberung des Paradieses, heißt der Instrumentalsong. Maske hat ihn für seinen Einzug selber ausgesucht. Er steht fortan für seine Hoffnung auf Ruhm und für die Hoffnung seiner Fans auf Erfolg.

Sportler bedienen sich des Mediums des Einzugs.

Aber auch Mächtige, die einen Anspruch auf Bedeutung erheben, wollen nicht ohne Einzug auskommen.

Beim politischen Aschermittwoch in Bayern geht es nicht anders, als daß der Hauptredner unter Blasmusik durch die Menge hereingeleitet wird zum Podium.

Auch der Papst beherrscht die Inszenierung, wenn er mit dem Flugzeug landet, die Erde küßt, den roten Teppich abschreitet und ins kugelsichere Auto steigt.

Und die Politiker in der Tagesschau. Wir sehen sie nicht am Arbeitstisch nachdenken, wir sehen sie einziehen ins Schloß Charlottenburg, ins Palais Schaumburg oder anderswo. Die Autos fahren vor, sie schauen heraus. Statt Palmen werden Kameras ausgebreitet. Die Mächtigen inszenieren, aber in aller Bescheidenheit nicht mit Krone oder Palmen, sondern mit Aktentasche; unsere Verwaltungskönige. Mächtige inszenieren ihren Einzug. Durch die Utensilien ihrer Macht lassen sie ihren Einfluß, ihre Bedeutung durchschimmern.

Gerade darum war der Zug der Leute von Leipzig durch ihre Stadt im Oktober 1989 so beeindruckend anders. Sie hatten überhaupt nichts in der Hand, sie waren machtlos, ohnmächtig, und wurden doch so mächtig.

Jesus bedient sich des Mittels des Einzugs, obwohl er hätte einfach durchs Stadttor hereinspazieren können. Und der Erzähler überspitzt die Inszenierung durch eine Überarbeitung wie ein Regisseur und bringt sie in Verbindung zu einem Prophetenwort. Er hatte aus seiner Tradition mehrere Bilder zur Auswahl. Den stolzen Krieger auf dem Pferd. Aufs hohe Roß gesetzt. Oder den Armenkönig auf dem Esel, dem jungen Esel. Er wählt den Esel und macht sich keinen Kopf, ob der Eselbesitzer die Jünger für Eseldiebe halten könnte, kümmert sich auch nicht um einen Übersetzungsfehler, der aus einem Esel, dem Füllen gleich einen Esel und ein Füllen macht. Ihn kümmert nicht, daß Jesus nicht auf zwei Tieren gleichzeitig reiten kann. Nein, auf die große Geste kommt es dem Regisseur an. Der Armenkönig zieht in die große Stadt ein, sanftmütig, nicht herrisch. Und die Leute, die in der Stadt geschäftig in den Straßen umhergehen, erkennen die Geste. Sie huldigen dem König auf dem Lasttier der armen Leute. Und sie würdigen ihn mit Symbolen, mit denen sie ihren König im Schloß zu verehren pflegen: Palmen, Kleider und Tücher.«

Zum weiteren Verlauf

Warum ist seine Geste, sein Spiel angekommen?

Er muß ja einen Nerv, den Nerv ihrer Hoffnungen und Erwartungen getroffen haben.

Was erhoffen sie? Daß sich Barmherzigkeit gegen Gesetzlichkeit durchsetzt? Liebe gegen Dogmatik? Gottesherrschaft gegen den Machterhalt der Menschen? Freiheit gegen Besatzung?

Matthäus ist nicht am Tatbestand im Jahr 30 interessiert. Er vergegenwärtigt den Einzug für seine Zeit. So wie viele Künstler nach ihm, die in ihren Werken in die Gestaltung der Einzugsszene das Tor der eigenen Heimatstadt einzeichneten.

Er zieht bei uns ein.

Und schon sind wir in dieser merkwürdigen Spannung, die uns nicht nur im Advent beschäftigt: ER ist der Gekommene, der noch kommt, der im Kommen ist. In unserer Liturgie ist die Spannung singend genannt und aufgehoben, aber in unserer Erfahrung nicht.

»Wenn er schon bei mir eingezogen wäre, wären meine Hoffnungen erfüllt. Aber an dem ist nicht.«

Ich suche ein aktuelles Beispiel, an dem es allen einleuchtend wird. Würde ich heute (vor Advent 1995) predigen, ich würde aus dem gegenwärtigen Gespräch in der Gemeinde das Problem der Gewalt unter Jugendlichen aufnehmen. In Zeiten größten Wohlstandes der Gesellschaft so viel Hoffnungslosigkeit. Weil so wenig Mitgestaltungsmöglichkeiten für Jugendliche geboten werden. Gewißheit und Sinn wird in gemeinsam inszenierten extremen Gewaltsituationen gesucht und erfahren. Ich suche nach einem persönlichen Beispiel für nicht-erfüllte Hoffnungen.

»Er ist gekommen. Aber wir haben ihn uns noch nicht zueigen gemacht. Darum müssen wir unsere Hoffnungen einüben. Wir haben die Worte Jesu und probieren sie aus. Mit Argumenten können wir unsere Hoffnungen nicht aufbauen. Wir inszenieren sie. Die schönste Form der Inszenierung ist die Musik.

Wir sind traurig und singen die Verheißungen Gottes, die das Gegenteil versprechen. Wir stehen in aller Traurigkeit vor dem Altar, eine Träne im Auge, leere Hände und nehmen zur Vergewisserung ein kleines, unscheinbares, nicht mal gut schmeckendes Brot und bekommen einen Vorgeschmack auf eine Solidarität, die weiter reicht als unsere Erfahrung. Wie viele Geschichten Jesu sind Inszenierungen der Hoffnung. Nicht, daß der verlorene Sohn fortgegangen war, ist bei seiner Heimkehr wichtig, sondern das Spielerische und Überflüssige, die Geste. Der Vater läßt einen Ring und ein Kleid für den Sohn holen.

Bilder der Hoffnung prägen sich ein. Als die Mauer sich öffnete, wußten wir doch schon um die kommenden Probleme, aber die Trabbis hielten Einzug in die Grenzstädte und sie wurden begrüßt mit Sekt und mit Klopfen auf dem Autodach. Sie bleiben ein Bild einer erfüllten Hoffnung.«

Leben geht nur, wenn ich rede und handle, als wenn das Leben gelingen könnte. Wer seine bedrohte Zukunft erkannt hat, kann sich nicht damit aufhalten, sich selber ständig seine Zukunftslosigkeit zu beschreiben. Hoffnung ist, sich in Widerspruch zu sich selbst zu stellen.

Möglicher Schluß
»Jesus benutzt die Gepflogenheiten der Mächtigen und kehrt sie ins Gegenteil, um zu sagen: Wenn Gott kommt, will er nichts für sich. Und wenn der Erzähler die Inszenierung vergegenwärtigt, meint er: Jesus muß immer bei mir einziehen. Unsere Perspektiven sind leicht eng und ängstlich. Darum sollten seine Verheißungen eingeübt werden. Handeln und reden, als ob das Leben gelingen kann.«

Kontexte

Georg Trakl

Winterabend
Wenn der Schnee ans Fenster fällt,
Lang die Abendglocke läutet,
Vielen ist der Tisch bereitet
Und das Haus ist wohlbestellt.

Mancher auf der Wanderschaft
Kommt ans Tor auf dunklen Pfaden.
Golden blüht der Baum der Gnaden
Aus der Erde kühlem Saft.

Wanderer tritt still herein;
Schmerz versteinerte die Schwelle.
Da erglänzt in reiner Helle
Auf dem Tische Brot und Wein.

(Georg Trakl, Historisch kritische Ausgabe Bd. 1 u. 2, Otto Müller Verlag Salzburg, 2. Aufl. 1987)

»Das Spiel erlaubt ein periodisches Heraustreten aus den Prozessen festgesetzter Beschränkung, die die Realität des Menschen sind.«
(Erik H. Erkson)

»Hoffen heißt auch, den Hoffenden zu spielen. Hoffen heißt auch, sich gegen das eigene Herz als Hoffenden aufzuführen. Es heißt also arbeiten, kämpfen, reden, als ginge das Leben und als sei es nicht bis zum äußersten bedroht. Es heißt übrigens nicht nur arbeiten. Es heißt auch Musik hören und Wein trinken und Bücher lesen und Freunde besuchen und tun, als hätte man alle Zeit der Welt. Noch einmal: Man muß sich zwiespältig machen und sich den Riß in die eigene Hoffnungslosigkeit erlauben. Nur so kann man leben.«
(Fulbert Steffensky, Wo der Glaube wohnen kann, Kreuz Verlag, Stuttgart 1989, S. 58)

Eine liebgewordene Geschichte der Hoffnung aus Tradition oder Literatur zur Anregung erinnern (Legenden des Hl. Franz z. B.).

»Den Kirchen fehle Strahlkraft und Selbstbewußtsein, sagte die Mitarbeiterin des Instituts für Demoskopie in Allensbach, Renate Köcher, auf einer Gastvorlesung in der Bonner Universität. Sie glauben nicht an ihre Zukunft, sagte sie. Der Blick auf die Mitgliederzahlen und Gottesdienstbesucher führe zu einem Minderwertigkeitskomplex, obwohl es kein kirchenfeindliches Klima in Staat und Gesellschaft gebe.« (epd-Meldung im November '95)

Und ich fürchte, wir in der Kirche werden Advent 96 auch nur mühsam an die Zukunft der Kirche glauben. Warum nur?

2. Sonntag im Advent

Annäherungen an den Predigttext Lukas 21,25–33

Joachim Schnell

In der Kirchengemeinde Bad Bevensen gibt es eine Jugendgruppe des EC (»Entschieden für Christus«). Im Rahmen einer Gruppenstunde im Spätsommer 1994 habe ich 12 Teilnehmerinnen und Teilnehmern (Jugendliche und Heranwachsende im Alter von 16 bis 25 Jahren; Schüler, Auszubildende, Berufstätige) den Text vorgelesen und sie um Antworten zu 4 Blickwinkeln gebeten.

1. Mein erster Eindruck
»Da sind viele wirre Bilder, die ich nicht so schnell ordnen kann.« Besonders die gewaltigen Veränderungen faszinieren; angekündigt würden große, unübersehbare Ereignisse. Ein Teilnehmer notiert: »Es fällt mir auf, daß Jesus hier eine Art Apokalypse heraufbeschwört. Die Zeichen erinnern mich an die alttestamentliche Sintflut, was mich persönlich irritiert; denn hat Gott nicht versprochen, daß dies nicht mehr geschehen soll?!«

2. Das verstehe ich nicht
»Warum müssen Himmel und Erde vergehen?« Schwer verständlich für alle Teilnehmer ist, daß das erneute Kommen Jesu mit dem Untergang der Schöpfung verknüpft ist. Daran schließen sich Fragen an: »Muß Gott die Menschen erst auf den Boden schmettern, um ihnen nahe zu kommen?« und: »Muß Gott die Menschen etwa einschüchtern, damit sie ihn als Gott erkennen?« Ein Teilnehmer notiert fast flehentlich: »Jesus wird doch nicht erst kommen, wenn dabei letztlich die Welt untergeht, oder?«

3. Die »frohe Botschaft« dieses Textes
»Jesus Christus wird wieder zurückkommen und uns von unseren Sünden befreien (wir werden erlöst!).« Auch die Zusage, daß Gott Dauerhaftes schafft (seine Worte werden nicht vergehen) wird gehört. Fazit: »Egal, was geschieht: der Menschensohn wird kommen. Dieses Versprechen ist für mich tröstlich, da ich weiß, daß ich jetzt nicht ›umsonst‹ glaube.« Allerdings sagt ein Teilnehmer auch: »So froh finde ich die Botschaft gar nicht, da vorher erst so erschreckende Dinge passieren müssen.«

4. Folgenden Titel würde ich dem Text geben
- Theatralisches Vorspiel für den 2. Auftritt Jesu
- Ende und Wende
- Naturkatastrophe mit vorprogrammiertem Happyend
- Jahrtausendereignis steht bevor: Jesus kommt wieder
- Trotz Weltuntergang: die Geschichte mit Gott geht weiter

Ich habe mir noch notiert, daß die Worte vom Feigenbaum (V. 29-31) fast vollständig aus der Wahrnehmung herausfielen (»War da nicht auch noch etwas mit einem Baum?«). Auffällig ist auch, daß der Imperativ (»Seht auf, und erhebt eure Häupter, weil sich eure Erlösung naht« - Wochenspruch!) nicht gehört wurde.
Großes Erstaunen schließlich löste meine Mitteilung am Ende der Bibelarbeit aus, über diesen Text werde am 2. Advent gepredigt.

Zum Gottesdienst

Hans Werner Dannowski

Exegetisch-homiletische Skizze

Lukas verarbeitet eine ältere apokalyptische Tradition, die wir vor allem wohl bei Markus finden (Markus 13 u. a.). Ein neues Moment gibt den Anlaß zu dieser Bearbeitung: Das als unmittelbar bevorstehend erwartete Weltenende ist ausgeblieben. Die Aufzählung der einzelnen Ereignisse des Weltenendes (Verfinsterung von Sonne, Mond und Sternen, Sintflut, Erdbeben etc.), die als Anzeichen die Nähe des Weltenendes indizierten, bleiben in ihrer Reihenfolge erhalten. Aber der Ton liegt jetzt nicht mehr auf ihrem Ankündigungscharakter, sondern sie werden zu Bestandteilen eines göttlichen Planes, über dessen Zeitablauf eine große Ungewißheit ausgebrochen ist. Der Zeitfaktor wird sozusagen aus der vertikalen Ebene herausgenommen und in eine horizontale Ebene hineingeführt: die Plötzlichkeit des Einbruchs des Weltenendes wird entscheidend (Hans Conzelmann, Die Mitte der Zeit, 1960, 3. Aufl., S. 123 ff.). Die Wachsamkeit, die Ausdauer, die Aufmerksamkeit und das Wartenkönnen werden zur entscheidenden Dimension christlichen Lebens. Dem dient das Gleichnis des Feigenbaums: Aus der Beobachtung des Sprießens der Zweige und Blätter erwächst die Zeit- und Ortsbestimmung. Langsam

wandert der Akzent von der apokalyptischen Endzeitstimmung, in der das tägliche Leben zu einer Nebensächlichkeit wird, hinüber in eine Ethik, die sich auf Dauer stellt, ohne dem Bewußtsein der Plötzlichkeit des Endes völlig zu entraten. Das paulinische »Haben, als hätte man nicht« verwandelt sich in »Verantwortlich leben in ständigem Bewußtsein des plötzlichen Anbruchs des Reiches Gottes«. Apokalyptik verwandelt sich bei Lukas in Eschatologie: selbst im Zusammenbruch des Kosmos gibt es einen Punkt, auf dem man stehen kann (»stat crux dum volvitur orbis«). Himmel und Erde werden vergehen, aber meine Worte nicht, sagt Christus.
Für die Predigt bleibt aus der exegetischen Erkenntnis diese Verarbeitung der Parusieverzögerung entscheidend wichtig: Nicht den großen Endknall im atomaren Holocaust beschreiben, der natürlich längst vorstellbar und sogar partiell Wirklichkeit geworden ist. Sondern sozusagen die anthropologische Kehrseite beschreiben: was das für die christliche Existenzerfahrung und -verarbeitung bedeutet. Leben mitten in den Ambivalenzen: im Bewußtsein der Möglichkeit des plötzlichen Endes einerseits und in der Hoffnung des Anbruchs des Reiches Gottes andererseits. Nicht Angst machen oder Angst soteriologisch ausbeuten, sondern versuchen, Schritte mit der Angst und mit der Hoffnung zu gehen.

Vorschläge zur Liturgie

Lieder
Die Nacht ist vorgedrungen (EG 16)
Das Volk, das noch im Finstern wandelt (EG 20)
Seht auf und erhebt eure Häupter (EG 21)
Freunde, daß der Mandelzweig (EG 620)

Kollektengebet
Herr, unser Gott,
du sagst dein Kommen an
und suchst Menschen,
die den Dunkelheiten in dieser Welt nicht ausweichen.
Gib uns, daß wir in der Hoffnung auf dich wachsen
und daß du uns annimmst als Menschen vor dir,
mit unserer eigenen Dunkelheit und mit der Kraft,
die du in uns hineingelegt hast und erneuerst
in Christus, den du uns verheißen hast.
Amen.

Lobpreis und Fürbitten
in Form einer Litanei
Gemeinde:

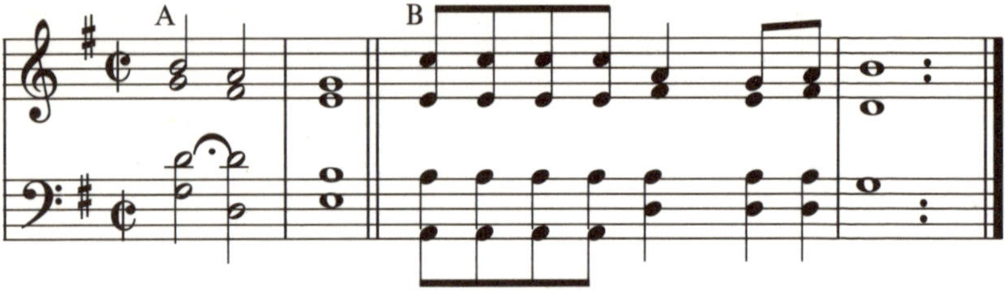

- Der du meine Aggressionen überwindest
- Jesus, der du meinen Depressionen Widerstand leistest
- Jesus, der Bruder, der auf mich wartet

Gemeinde: Du bist unser Gott, das ist wahr.

- Mein Freund, der mir die Angst von der Seele nimmt
- Der, der mir Kraft gibt, in meiner Familie durchzuhalten
- Dunkelheit, Angst, Hoffnung, Zärtlichkeit
- Der, der Frieden schafft in meinem Herzen und in der Welt

Gemeinde: Du bist unser Gott, das ist wahr.

- Du, der du mich kennst und doch nicht verachtest
- Du, Freund, mühsamer Freund, nicht nur für mich Freund
- Du, der du auch unsere inneren Fragen kennst, du mein Licht.

Gemeinde: Du bist unser Gott, das ist wahr.

- Jesus, der die Fassaden, hinter denen sich Menschen verstecken, einreißt und aus Menschen Wohnungen für Menschen macht
- Jesus, der die Verfeindeten an einen Tisch holt
- Jesus, der sich nicht verhärten läßt, obwohl auch sein Gesicht manchmal vom Kampf gegen die Lieblosigkeit gezeichnet ist.

Gemeinde: Du bist unser Gott, das ist wahr.

- Zeichen läßt du geschehen, Gott, an Sonne, Mond und Sternen.
- Aber das Ende ist der Anfang

Gemeinde: Du bist unser Gott, das ist wahr.

- Für alle Menschen in Dunkelheiten bitten wir dich
- in persönlicher Not, in Einsamkeit, in Kriegen und Hunger
- Laß deine Erlösung kommen für alle Welt

Gemeinde: Du bist unser Gott, das ist wahr.

(Aus: R. Christiansen/P. Cornehl (Hg.), Alle an einen Tisch, Forum Abendmahl 2, (GTB 382), Gütersloher Verlagshaus, Gütersloh 1981)

Vorschlag zur Predigt

Anfang
Eine tief verborgene Seite unseres Glaubens spricht dieser Predigttext an. Eine Seite, die wir in der Normalität des Alltags nicht wahrhaben wollen, die vielleicht plötzlich in einer geschichtlichen oder persönlichen Katastrophe über uns kommt. Aber mit ihr als einer selbstverständlichen Seite des Glaubens leben lernen? Lukas schildert in diesem seinem 21. Kapitel den Zusammenbruch alles Sichtbaren und Verläßlichen. Zeichen an Sonne, Mond und Sternen: wahrscheinlich katastrophale Verfinsterungen. Wasserfluten, wie sie ein Hurrican vor sich hertreibt, und Erdbeben. Das Ende der Welt zieht herauf. Lukas sagt nicht, wann das geschehen wird; aber damit rechnen muß man. Und wachsam sein muß man: denn dies ist nicht irgendeine Katastrophe, die kommt oder nicht kommt, ob man darauf wartet oder nicht. Vielmehr sind diese furchterregenden Ereignisse die Kehrseite eines herrlichen Ereignisses, des Anbruches des Reiches Gottes. Das Kommen der Erlösung, das einen aufspringen läßt wie an einem schönen Morgen nach einer furchtbaren Nacht. »Seht und erhebt eure Häupter, weil sich eure Erlösung naht.«
Seltsam, daß der Glaube diese zwei Seiten hat. Daß möglicherweise auch Gott diese zwei Seiten hat: die furchterregende Seite, die wir so leicht vergessen und verdrängen (das »tremendum«, wie der Religionswissenschaftler Rudolf Otto sagt); und die heilbringende, die erlösende Kraft Gottes, die uns befreit (das »fascinosum« der Religionswissenschaftler). Aber wahrscheinlich stimmt es, daß nur diese beiden Seiten den christlichen Glauben, die christliche Existenzerfahrung wie unsere Gotteserfahrung ganz beschreiben und daß es immer neu zu lernen ist, beides ins Spiel zu bringen und in ihrer Einheit zu begreifen.

Den *weiteren Fortgang* könnte ich mir in der Verarbeitung eines der beiden literarischen *Beispiele vorstellen.*
In seiner Schrift »Antwort auf Hiob« beschreibt C. G. Jung die Problematik des vielschichtigen Gottesbildes (in: Gesammelte Werke, Band II, Olten 1988, 5. Aufl.). Die Glaubenden haben sich zu allen Zeiten viel zu leicht und zu schnell ein einseitig helles, gutes, bewußtes Gottesbild zugelegt. Aber entspricht dieses wirklich der eigenen Existenz- und Gotteserfahrung? Wie ist das bei diesem seelischen Kampf Hiobs mit einem ungerechten, wankelmütigen, tyrannischen Gott?! »Wo ist denn seine Dunkelheit hingekommen ...?!« (ebd. S. 435). Tabuisieren die Christen die Aufmerksamkeit der dunklen Seiten in ihrer Gotteserfahrung? Und hat das mit der Tabuisierung des Unbewußten zu tun, das – unentdeckt und unbearbeitet – dann umso verheerender von hinten her über die Glaubenden herfällt, wie man dies an der ja auch existenten Schreckensgeschichte einer christlichen Welt buchstabieren kann. Nur in der Auseinandersetzung mit den dunklen Seiten

Gottes aber wird der Glaubende erwachsen. Gerade die dunkle Seite zu befragen, zu bestürmen, für sich zu erhellen, fordert den Menschen in seiner ganzen Personalität heraus. Nicht als Marionette, sondern als Ebenbild Gottes, als sein Gegenüber ist er ja geschaffen. Nicht dem Dunklen und Unbewußten regressiv zu verfallen, sondern sich der Finsternis des Gottesbildes zu stellen: das ist der Weg des Glaubens. – Um es in den Bildern des Predigttextes auszudrücken: sich den Katastrophen gerade auch als Gotteserfahrung zu stellen und nicht ablassen von diesem Gott, der gerade mitten im Zusammenbruch den Anbruch des Reiches Gottes angekündigt hat.
Das andere mögliche Beispiel stammt aus Elie Wiesel, Die Nacht zu begraben, Elischa (Bechtle, 1962/1986). Im zweiten Teil des autobiographischen Buches, der nach Kriegsende in Palästina spielt, steht Elischa (nach dem ersten Teil seiner Auschwitz-Erfahrungen) auf der anderen Seite, gehört zu den jüdischen Terrorgruppen und muß eine Geisel töten. »Morgen werde ich einen Menschen töten, dachte ich zum hundertsten Mal« (S. 157). Der Abend bricht an, und als der Freund Licht machen will, verwehrt es ihm Elischa. Er will erst das Gesicht im Fenster sehen. Ein Bettler hatte ihn einst, in seiner Heimat, als Kind gelehrt, den Tag von der Nacht zu unterscheiden. In der Synagoge hatte ihn Elischa getroffen, und er wußte nicht genau, ob es wirklich ein Bettler oder nicht der Prophet Elia sei. So nahm er ihn lieber mit nach Hause. Ob er Angst vor der Nacht habe, fragte der Bettler auf dem Wege. »In der Nacht wird alles dichter, wahrer«. »Man darf keine Angst vor der Nacht haben.« »Die Tragödie des Menschen besteht darin, daß er nicht weiß, wann es Tag und wann es Nacht ist. Nachts sagt er Dinge, die er am Tage sagen sollte.« (S. 160).
Und bevor der Bettler umkehrt: »Ich werde dich die Kunst lehren, den Tag von der Nacht zu unterscheiden.« Schau in ein Fenster; wenn du darin ein Gesicht siehst, dann weißt du, daß die Nacht den Tag abgelöst hat. Die Nacht besitzt ein Gesicht.
So hat Elischa oft in das Fenster geschaut, Gesichter der Erinnerung waren es, die er sah, ein weinendes Antlitz oder ein vergessenes Lächeln. Immer Tote. In dieser Nacht, vor der Tötung der Geisel, schnürt ihm der Blick in das Fenster die Kehle zu. »Betroffen vermochte ich nicht den Blick von dem Gesicht loszureißen. Es war das meine.«
Im Blick in die Dunkelheiten Gottes hinein die eigenen Dunkelheiten erkennen. Und seine Hoffnung hinauszuwerfen auf ein Gesicht, das mich anders anblickt und auf das ich anders blicke. Eine Welt, die Gott angesagt und verheißen hat, deren Aufleuchten ich in all den Dunkelheiten ahne und die ich nicht loslassen werde und nicht loslassen will.

Schluß

»Himmel und Erde werden vergehen, aber meine Worte vergehen nicht.« Mit dieser Doppelerfahrung, des Vergehenden und des Bleibenden, des Dunklen und des Hellen haben wir uns heute beschäftigt. Vielleicht habe ich zuviel von den Dunkelheiten Gottes und den Dunkelheiten des Lebens geredet. Aber ich denke, es war einmal nötig. Gott in den schönen und glücklichen Erfahrungen des Lebens zu preisen, in der Geburt, in der Liebe, in der Versöhnung, das ist manchem von uns zur zweiten Natur geworden. Aber in den Dunkelheiten des Lebens, in den vielen Finsternissen dieser Jahre nicht an Gott vorbeileben, sondern sie anzunehmen und wahrzunehmen und durchzustoßen zu einer Wirklichkeit, in der sein erlösendes und befreiendes Wort zur Realität unseres Lebens wird: daran buchstabieren wir herum. Und auf diesem Weg wollte ich ein wenig Wegbegleiter sein. Daß wir auch in der Nacht die Wahrheit sehen (wie Elischa). Nur aus dem Kontakt mit den Dunkelheiten (wie bei Hiob) entsteht die bleibende Kraft des Lichtes bei uns selbst. Im Zusammenbrechen der alten Welt: Gottes neues Reich. Solange wir auf dieser Erde leben, wird unsere Gotteserfahrung diese beiden Seiten haben, und das ist gut.

3. Sonntag im Advent

Annäherungen an den Predigttext Matthäus 11,2-6

Dieter Schupp

Ausgangssituation
Eine Woche lang war ich mit Matthäus elf unterwegs und wartete auf eine günstige Gelegenheit, um meine Fragen stellen zu können:
- Wären Sie bereit, einen kleinen Abschnitt aus der Bibel zu lesen? Es sind nur fünf Verse.
- Wenn ja, würden Sie mir danach sagen, was Sie beim ersten Lesen empfunden haben?
- Auch möchte ich wissen, was Ihnen fremd geblieben ist und wo Sie gerne widersprechen möchten?
- Zuletzt werde ich Sie danach fragen, ob, wo und wie Sie sich selbst darin wiedergefunden haben?

Ein bißchen viel auf einmal.

Reaktionen
Ich wagte es, elf Leute anzusprechen, und davon waren zehn bereit, den Abschnitt Mattäus 11,2-6 zu lesen. Sieben davon lehnten es jedoch hernach ab, eine Antwort auf meine Fragen (siehe oben) zu geben. Hier - in Kurzform - die Begründungen:
- Das scheinen mir unangemessene Fragen an einen Bibeltext zu sein (Krankenpfleger).
- Ich möchte nicht über das reden, was in mir vorgeht. Dazu kennen wir uns nicht gut genug (Hausfrau).
- Ich bräuchte dazu mehr Zeit und würde gerne zuvor wenigstens noch ein Fachbuch lesen (Frau eines Kollegen).
- Ich weiß überhaupt nicht, wer Johannes war, und im übrigen bin ich an historischen Personen, wie sie auch heißen, nicht sonderlich interessiert (Informatikstudent).
- Ich bin absolut hilflos, sprachlos. Nein, fragen Sie mich nichts, Sie würden mich nur in Verlegenheit bringen (Leiterin eines Altenheims).
- Ach du meine Güte, und darüber sollen Sie predigen? Sie tun mir leid, ehrlich. Mir jedenfalls fällt dazu wirklich nichts ein (Schülerin).

- Ich merke, ich bin einfach viel zu weit entfernt vom biblischen Grund und Boden und muß Ihnen in Sachen Religion meine Defizite eingestehen (Musiklehrer).

Einlassungen

Nur drei von zehn, die bereit waren, den Textabschnitt zu lesen, ließen sich auch darauf ein, meine Frage zu beantworten.

Was haben Sie beim ersten Lesen empfunden, welche Resonanz von gefühlen löste dieser Abschnitt in Ihnen aus?

- Wenn jemand im Gefängnis sitzt, vermutlich bespitzelt wird und damit rechnen muß, nie mehr frei zu kommen, der ist bestimmt daran interessiert zu wissen: War das, was ich glaubte und hoffte, ganz umsonst oder geht das alles weiter durch Leute, die nach mir kommen (Zahnarzt).
- Die Szene mutet unheimlich an. Das, was Jesus diesem Johannes zu sagen hat, wird ihm doch fern und fremd geblieben sein. Mich stört gewaltig, daß Jesus sich nicht bereit erklärte, Johannes im Gefängnis zu besuchen (Vikarin).
- Mich stört die Distanz zwischen den beiden: Jesus und Johannes. So viel ich weiß, haben sie doch gemeinsame Anliegen, die die Welt auf den Kopf stellen sollten. Aber hier, wo der eine von ihnen im Gefängnis sitzt, tut der andere so, als sei die Welt in Ordnung: Blinde sehen und Lahme gehen, Aussätzige werden rein, Taube hören und die Toten stehen auf... Das ist doch, wortwörtlich oder auch nur bildlich genommen, einfach nicht wahr (Gewerkschaftssekretär).

Was ist Ihnen fremd geblieben und wo möchten Sie gern widersprechen?

- Ich habe keine Ahnung, warum man Johannes verhaftet hat und ich weiß auch nicht, was sein Anliegen war (Zahnarzt).
- Johannes, so scheint mir, hatte sich an den Status der eigenen Selbstentfremdung gewöhnt, kämpfte vermutlich um seine Fehlidentifikation und hatte Angst, nichts bliebe von dem übrig, was er einmal in Gottes Namen in die Welt gebracht hat. Mich würde interessieren, was Menschen empfinden, die es miterleben müssen, daß ein(e) andere(r) - gegen alle Widerstände - es konkreter und treffsicherer machen kann (Vikarin).
- Ich dachte darüber nach, wie das ist, eingeengt und isoliert zu sein, hinter Gittern zu leben, allein in seiner Zelle. Und am Beginn der Nacht wartet man nur noch auf den nächsten Morgen. Und die Stunden dehnen sich und die Zeit will nicht verrinnen. Ein schrecklicher Zustand, für mich, - und wenn mir da jemand sagen könnte »Du, es geht in unserem Sinne weiter«, dann wäre mir das ein Trost. Und gäbe mir die Energie, um durchzuhalten und zu widerstehen (Gewerkschaftssekretär).

Gleichzeitigkeit

Wo und wie haben Sie sich in diesem Textabschnitt wiedergefunden? Das war die Frage, die meinen drei Gutwilligen am schwersten fiel. Nach einigem Zögern und unter vielen Bedenken bekam ich diese Antworten:

- Es ist gut zu wissen, daß es in kritischen Situationen verläßliche Leute gibt, an die man sich wenden (lassen) kann mit all den Fragen, die man auf der Seele hat (Zahnarzt).
- Wenn einem die Hände gebunden sind, aus welchen Gründen auch immer, dann ist es ganz wichtig, daß man jemanden kennt, der einen ermutigt, selbst an das Unmögliche zu glauben (Vikarin).
- Mir imponiert, rein weltlich gesprochen, daß ein Gefangener sich nicht abfindet mit seiner Situation, sondern daß er nicht ohne Hoffnung ist und wissen will: Was ist und was durch Neuanfang möglich ist (Gewerkschaftssekretär).

Zum Gottesdienst

Klaus Reblin

Exegetisch-homiletische Skizze

Die Perikopenschneider haben uns hinsichtlich der Abgrenzung des Predigttextes für den dritten Advent anheimgestellt, ob wir nur über Matthäus 11,2-6 predigen oder auch die Verse 7-10 hinzunehmen wollen. Diese Entscheidung dürfte erhebliche Konsequenzen für den Gesamtduktus der Predigt haben. Wer sich für den Kurztext entscheidet, wird im wesentlichen eine christologische Predigt halten, eine Predigt über die »Werke des Messias« (Verse 2 und 5 f.), wobei Matthäus aber nicht nur an die Wundertätigkeit Jesu denken dürfte, sondern auch an die vollmächtige Tätigkeit seiner Jünger, die in der unmittelbar voraufgehenden Aussendungsrede fast gleichlautend beschrieben ist: »Macht die Kranken gesund, reinigt die Aussätzigen, weckt die Toten auf!« (Matthäus 10,7-8). Nimmt man dagegen den Langtext, so wird zwangsläufig Johannes der Täufer zur bestimmenden Gestalt, samt den Beziehungsproblemen zwischen Jesus und ihm und zwischen Jesu Gemeinde und der Täufergemeinde. Da dies aber eher ein historisches (vergangenes?) Problem ist und der Langtext ohnehin keine literarische Einheit darstellt - die Verse 7-10 sind mit Sicherheit ein späteres assoziatives Anhängsel mit weiteren Worten über den Täufer -, schlage ich die Beschränkung auf die Verse 2-6 vor.
Deren Pointe liegt zweifellos in den ursprünglich selbständig tradierten Versen 5 und 6, mit denen die frühe Gemeinde, alttestamentliche Zitate (Jesaja 35,5-6 und 61,1) benutzend, die Wirksamkeit Jesu zusammenfaßte. Diese beiden Verse wurden dann später von Matthäus in einen neuen Zusammenhang gestellt, nämlich den der Täuferfrage. Aber dieser Zusammenhang bleibt fiktiv. Ein wirklicher Dialog zwischen Jesus und dem Täu-

fer findet nicht statt. Wie der Täufer die Antwort Jesu aufgenommen hat, wird jedenfalls nicht berichtet.
Indessen wird unsere Predigt nicht umhin können, den Abschnitt Vers 2–6 als Ganzheit zugrundezulegen. Sicher wird das Logion der Verse 5 und 6 zusammen mit Matthäus 10,7–8 die Mitte unserer Predigt ausmachen. Doch zeigt schon die »Annäherung an den Predigttext« mit den Reaktionen und Einlassungen von Gemeindegliedern, wie stark der Eindruck ist, den gerade der Rahmen - Johannes im Gefängnis - beim ersten Hören des Textes hinterläßt.
Die Frage, die Johannes stellt, scheint zunächst eine dogmatische Frage zu sein, die eine christologische Antwort erwarten läßt. Nun ist ja die Antwort mit ihrer farbigen Schilderung der Heilszeit und der sich anschließenden Seligpreisung stark christologisch bestimmt. Und doch ist die Antwort keine dogmatische Definition, nichts Begriffliches, keine Katechismusantwort, keine theologische Richtigkeit, keine Mitteilung *über* den Christus. Sie ist etwas total anderes, nämlich eine Vollzugsmeldung: Die Jünger sollen gehen und melden, was sie sehen und hören, - was sicher für sich spricht. Die Frage ist nur, ob wir Augen und Ohren haben. Das aber bedeutet: Wir müssen die Predigt, die wir zu halten haben, ständig daraufhin kontrollieren, was sie vermittelt. Dogmatische Richtigkeiten sind nicht gefragt. Leben und Glauben weckt nicht die richtige Definition, sondern die im Wunder aufbrechende Frage: »Wer ist der (daß ihm Wind und Meer gehorsam sind)?« Die Antwort auf diese Frage kann nur der Glaube selbst sein, also keine gesagte, sondern eine gelebte, erlebte, erfahrene Antwort.
Deswegen aber darf eben nicht nur von den Taten Jesu die Rede sein. Die messianische Heilszeit beginnt mit ihnen, aber sie setzt sich im Tun der Gemeinde Jesu fort. In ihren Wundern geht seine Wundertätigkeit weiter. Ich denke, es wäre unsere Aufgabe, die selbst in unseren Kerngemeinden anzutreffende Auffassung zu korrigieren, als hätte es die in Vers 5 aufgezählten Wunder nur zur Zeit Jesu gegeben, jetzt aber gebe es sie nicht mehr, oder als seien sie nur eine Verheißung, eine Option auf die Zukunft. Das wären - finde ich - Eingrenzungen, Beschränkungen, Sackgassen des Glaubens, in denen sich nichts Neues mehr ereignen kann. Wer so eingeengt denkt, wird nicht mehr staunen und die Wirklichkeit Gottes wahrnehmen können. Nein, unsere Predigt wird vom Heute Gottes zu reden haben. Sie wird das allerdings tun müssen, ohne der Versuchung einer theologia gloriae, das heißt: der Vollmundigkeit zu erliegen. Vielleicht kann das Schicksal des Täufers uns ja davor bewahren. Denn er blieb im Kerker, ja er erlitt sogar den Märtyrertod. Glaube ist eben beides: Erfahrung der Nähe Gottes und Erleiden seiner Ferne.

Vorschläge zur Liturgie

Als *Introitus-Psalm,* der gut zur Antwort Jesu auf die Täuferfrage paßt, bietet sich Psalm 146 (EG 757) förmlich an.

Bei *Kyrie* und *Gloria* ist es in meiner Hamburger Gemeinde üblich, beiden Gesängen moderne Texte (Zeitungsmeldungen, Zitate, Gedichte) voranzustellen, damit die Gesänge ihren »Ort« haben, statt in der Luft zu hängen. So würde ich dem *Kyrie* folgendes Gedicht von Dorothee Sölle vorschalten:
»Man sagt mir
er (Jesus; d. Vf.) soll keinen vater haben
er macht gesund ohne rezepte
aber ist überliefert auch für wie lange

Ein krankenhaus gegen den aussatz
mit labor
ist mehr wert
als seine liebenswürdigen anfänge
und die neue sorte weizen
die unempfindlich dem sande trotzt
ist sie nicht eine schönere geschichte
als die von zwei fischen
für fünftausend
was ist besonderes an ihm
was zeichnet ihn aus
und wer«
(Dorothee Sölle, Meditationen und Gebrauchstexte, Wolfgang Fietkau Verlag, Berlin 1969, S. 11)

Zum *Gloria* aber paßt dieses Gedicht von Sölle (ebd., S. 10):
»Du bist ihm nötig
das ist das ganze
...
Du sollst ihm helfen
das ist der glaube
er schafft es nicht
sein reich
damals später und bislang
jedenfalls nicht ohne dich
ebendies ist seine unbezwingliche werbung«

Kollektengebet
Vater im Himmel, du bist unser Schöpfer. Du bist die Hoffnung derer, die nicht mehr ein noch aus wissen: der Blinden und Lahmen, der Aussätzigen und Tauben, der Armen und der Toten. Wir bitten dich: Hilf uns sehen, wo

wir blinde Flecke haben. Hilf uns gehen, wo wir meinen, es ginge nicht mehr. Komm in unsere Einsamkeit, wenn wir uns selbst isolieren. Öffne unsere Ohren, wo wir uns taub stellen. Sag uns Armen, was das ist: dein Reich. Und mach uns lebendig, denn oft sind wir so gut wie tot. Dies bitten wir durch deinen Sohn, der mit dir und dem Heiligen Geist lebt von einer Ewigkeit zu anderen. Amen.

Lesungen
Statt der vorgesehenen Epistel 1. Korinther 4 würde ich gern die alttestamentliche Perikope Jesaja 40,1–11 lesen. Evangelium ist der Predigttext Matthäus 11,2–6. Diesen Text würde ich vor der Predigt noch einmal in der schönen Übersetzung von Walter Jens (Am Anfang der Stall, am Ende der Galgen, S. 42 f.) lesen.

Die *Responsorien* nach Epistel und Evangelium haben wir in unserer Gemeinde vor längerer Zeit verändert, weil die in der Agende vorgesehenen Stücke so kurz sind, daß sie schon zu Ende sind, ehe die Gemeinde überhaupt Luft geholt hat. Deswegen singen wir jetzt nach der Epistel bzw. der AT-Lektion immer die Halleluja-Strophe von »Wir wollen alle fröhlich sein« (EG 100) und als Antwort auf das Evangelium die erste Strophe von »Gelobt sei Gott im höchsten Thron« (EG 103). Auf diese Weise kommt auch zum Ausdruck, daß alle unsere Gottesdienste mit Ostern zu tun haben.

Als *Fürbittgebet* habe ich folgenden Text formuliert:
Vater im Himmel, du bist in Jesus Christus zu uns gekommen, um die Blinden sehend, die Tauben hörend, die Lahmen gehend, die Armen reich und die Toten lebendig zu machen. Wir bitten dich für deine Kirche: Hilf ihr, ihre gegenwärtige Lähmung und ihre Fixierung auf sich selbst zu überwinden, damit sie im Chaos unserer Welt den Anbruch deines Reiches glaubwürdig und vollmächtig verkünden kann. Wir bitten dich für alle, die politische Verantwortung tragen in unserem Land und in der Welt: Wehre aller Resignation, aber auch allem Mißbrauch der Macht. Öffne den Regierenden die Augen für alles Unrecht und mach sie hellhörig, wenn die Armen schreien. Wir bitten dich für alle, die in Not sind: für Unterdrückte und Verfolgte, für Flüchtlinge und Asylsuchende, für Arbeits- und Obdachlose, für Kranke und Sterbende: Laß sie in ihrer Bedrängnis nicht allein und gib ihnen Menschen, die ihnen zur Seite stehen. Hilf ihnen, ihr Dunkel zu durchschauen und gib ihnen eine Ahnung vom Licht deines Reiches. Schließlich bitten wir dich für uns selbst: Mach uns zu mutigen Boten deines Kommens und lehre uns weiterzugeben, was wir selbst empfangen haben: deine Wahrheit, dein Licht, deine Hoffnung, dein Leben. Dies erbitten wir durch deinen Sohn, den Herrn und Helfer aller Lebenden und Toten. Amen.

Schließlich meine *Liedvorschläge*
Zu Beginn: »Mit Ernst, o Menschenkinder« (EG 10). Als Lied nach der AT-Lesung bietet sich an »Tochter Zion, freue dich« (EG 13). Vor der Predigt: »Nun jauchzet all, ihr Frommen« (EG 9,1.5.6). Nach der Predigt kann man eine Auswahl »Wie soll ich dich empfangen« (EG 11) oder »O Jesu Christe, wahres Licht« (EG 72, 1.4–6) oder »Du meine Seele, singe« (EG 302,1.5–6) singen.

Vorschlag zur Predigt

Predigtanfang
Es ist eine erschütternde Frage, die Johannes der Täufer aus dem Gefängnis an Jesus stellt: »Bist du der, der kommen soll, oder sollen wir auf einen anderen warten?« Ein Mann hat sein Leben lang sich dafür eingesetzt, Menschen Hoffung zu machen und ihnen die Gewißheit zu vermitteln, daß ihre Hoffnung sich bald erfüllen werde. Er war in seiner Gestalt so lauter und in seinen Überzeugungen so glaubwürdig und unbestechlich, daß die Leute aus ganz Judäa und aus Jerusalem in hellen Scharen zu ihm strömten, um ihn zu hören und sich von seiner Hoffnung anstecken zu lassen. Dabei war das, was er sagte, denkbar einfach, fast banal: »Wer zwei Röcke hat, der gebe dem, der keinen hat, und wer viel zu essen hat, tue genauso.« Johannes hatte aber auch den Mut, die Regierenden zur Rede zu stellen. Dem König Herodes hält er Machtmißbrauch und Ehebruch vor. Aber soetwas wagt man nicht zweimal. Und so folgt der Bußpredigt die Strafe auf dem Fuß: Johannes wird verhaftet und zum Tode auf dem Schafott verurteilt.
Die Wochen und Tage vor der Hinrichtung müssen für Johannes schlimm gewesen sein. Nicht daß er angefangen hätte, an seiner Botschaft zu zweifeln. Aber er stellt sich doch die Frage, ob es jemanden gibt, der seine Botschaft, seine Hoffung noch zu seinen Lebzeiten erfüllt – oder wie lange es sich noch hinziehen wird. Daß er sich im Entscheidenen geirrt haben könnte, daß nämlich Gottes Reich bald kommt, das glaubt Johannes nicht. Aber vielleicht läßt Gott auf sich warten? Das war ja das Schicksal aller Propheten über Jahrhunderte hinweg: Gott läßt auf sich warten. Und steht am Ende nicht doch eine Täuschung, zumindest eine Enttäuschung?
Ein Mann im Gefängnis. Ein Mann, der keinen Spielraum mehr hat. Der zu totaler Passivität verurteilt ist. Dem die Hände gebunden sind. Der nur noch warten kann. Aber worauf? Irgendwann hört jeder auf zu warten. Ein Mann, dessen Hoffnungen sich von Tag zu Tag mehr verflüchtigen. Ich weiß nicht, wie das ist: im Gefängnis sitzen, den nahen Tod vor Augen. Das kenne ich nur aus zweiter Hand, aus Büchern und Filmen – neulich gab es einen schockierenden Film über die Todesstrafenkandidaten in den USA. Aber wie gesagt: Das kenne ich nur vom Hörensagen. Ich weiß nicht einmal

aus eigener Anschauung, was Untersuchungshaft ist. Aber daß es eng wird, das kenne ich. Ausweglose Situationen. Daß es weder vor noch zurück geht. Man tut, was man kann, aber es geht alles nicht.
Ich erinnere mich an eine Autofahrt von Hamburg nach Kiel vor ein paar Jahren. Ich mußte zu einem wichtigen, für meine eigene Zukunft entscheidenden Termin - an einem Freitag nachmittag vor Pfingsten. Ich fuhr rechtzeitig los, wegen des Pfingstreiseverkehrs viel früher als eigentlich nötig. Die Autobahn war anfangs frei - und dann, nach fünfzehn Kilometern, plötzlich ein Stau. Nichts geht mehr, eine halbe Stunde lang, eine Stunde lang, anderthalb Stunden lang - und die Zeit rast und rast - und ich komme nicht mehr heraus aus meiner Falle. Und der Termin, um den es geht, verstreicht, unwiederbringlich. - Das ist nur ein Bild für unzählige andere, ähnliche Situationen, wie sie jeder schon erlebt hat: in der Falle stecken, gefangen sein.
Johannes stellt in seiner Ausweglosigkeit die einzige Frage, die ihm bleibt: Was nun? Was kommt jetzt? Wer kommt jetzt? Worauf kommt es jetzt an? - Ich weiß nicht, ob die Antwort Jesu ihn wirklich erreichte. Es wird jedenfalls nirgendwo erzählt, wie Johannes sie aufgeommen hat. Das einzige, was wir wissen, ist, daß er nicht mehr frei kam, nicht begnadigt wurde, sondern hingerichtet, enthauptet. So oder ähnlich ergeht es vielen Menschen in ihren vielfältigen Gefängnissen und Bedrängnissen: Sie kommen nicht mehr frei, sondern sie »sterben darüber hin«. Und doch kann auch ein solches Ende ein Ende voller Zuversicht sein. Dietrich Bonhoeffer sagte 1944 unmittelbar vor seiner Hinrichtung durch die Gestapo: »Das ist das Ende - für mich der Beginn des Lebens.« Glaube kann offenbar selbst das aussichtsloseste Leben verwandeln. Er muß nicht, aber er kann. Wie das?

Skizze zum weiteren Verlauf

Glaube kann ein Leben darum verändern, weil in ihm Jesus gegenwärtig wird, der Jesus, der kam, um sich - im Namen Gottes - derer anzunehmen, die der Hilfe bedurften, der Kranken, der Trauernden, der Schuldbeladenen, der Ausgestoßenen und Geächteten, der Hoffnungslosen. Die sich nicht mehr ans Tageslicht getraut hatten, die treten in seiner Gegenwart plötzlich hervor, weil sie spüren: Hier ist endlich einer, der nicht seine Macht demonstrieren will, der sich nicht selbst darstellen will, sondern dem es nur um uns geht, die Mühseligen und Beladenen.
Was die Jünger Johannes melden - Vers 5 -, das haben aber nicht nur die Menschen zur Zeit Jesu erfahren, sondern die Menschen aller Zeiten, und wir erfahren es dann und wann immer noch.

- daß ich plötzlich sehen kann, obwohl ich blinde Flecken habe.
- daß ich plötzlich gehen, neue Schritte tun kann, obwohl »es nicht mehr geht«, obwohl »es so nicht mehr weiter geht«, obwohl ich oft »wie gelähmt« bin.

- daß ich plötzlich meine Isolation (Aussatz!) durchbrechen kann, obwohl ich eigentlich ständig denke: Komm mir nicht zu nah, bleib mir vom Leib.
- daß ich plötzlich hören, Neues aufnehmen, zuhören kann, obwohl ich in der Regel nur mit halbem Ohr hinhöre, ja überhaupt nicht zuhören kann und will.
- daß ich lebe, daß ich plötzlich quicklebendig bin, obwohl mir meist so ist, also wäre ich »so gut wie tot«.
- daß ich in meiner Armut selig gepriesen werde, obwohl ich ja so reich bin.

Predigtschluß
Es gibt viele Menschen, für die es ausgemacht ist, daß Wunder heute nicht mehr geschehen, daß das vorbei ist: »Blinde sehen, Lahme gehen, Aussätzige werden rein, Taube hören und Tote stehen auf. »Das gibt's ja nicht« hat neulich ein Mann zu mir gesagt, »das gab's vielleicht mal zur Zeit Jesu. Und das muß auch sehr schön gewesen sein. Aber heute? Heute gibt's das nicht mehr.« Ich glaube, daß das nicht stimmt. Ich glaube, wir müßten nur wieder anfangen, uns gegenseitig unsere anderen Erfahrungen zu erzählen und unsere Sinne zu schulen und zu schärfen. Denn das brauchen wir zu allererst: sehende Augen, hörende Ohren, fühlende Hände und ein waches Herz. Dann würden wir schnell entdecken, daß die Zeit der Wunder nicht vorbei ist. Gottes Gegenwart ist nicht am Ende. Vielleicht hat sie gerade erst begonnen.

Kontexte

Ein Gedicht, das vielleicht dazu anregen könnte, Matthäus 11 auch noch ganz anders zu interpretieren, fand ich bei Dorothee Sölle. Da werden die Wunder Jesu zu »unserer Sache« (siehe a. a. O., S. 16):

»Es liegt mir wie du bemerkt hast
an abbau
wunderbare brote gehorsame welten
selbst die totenbettchen der kinder
die da schliefen
es ist geläufig
in den geschichten älterer völker

Reduziere ihn ruhig und nimm ihm
die brote den see und die kranken
du bekommst sie zurück
wenn du anfängst
mit seinen augen zu sehen
jeden tag
machen sich lahme auf den weg

zu seinem reich
gehen den blindgemachten
die augen auf

Alle seine wunder
werden zur natürlichsten sache der welt
unserer sache.«

Johann Sebastian Bach hat die Antwort Jesu auf die Täuferfrage übrigens in einem Rezitativ der Matthäus-Passion vertont. Auf die Frage des Pilatus, was Jesus denn Übles getan habe, gibt Bach die Antwort: »Den Blinden gab er das Gesicht, die Lahmen macht er gehend, er sagt uns seines Vaters Wort, er treibt Teufel fort; Betrübte hat er aufgericht't; er nahm die Sünder an – sonst hat mein Jesus nichts getan.«

Schließlich ist mir noch eine meisterliche Predigt von *Ernst Lange* zu Lukas 2,25–32 mit dem Titel »Dialektisch sehen« eingefallen (in: Die Verbesserliche Welt, S. 58 ff.). Vielleicht läßt sich Matthäus 11 auch in dieser Richtung interpretieren: sich nicht begnügen mit dem, was ist, sondern die Welt »dialektisch«, »im Licht der Möglichkeiten Gottes wahrnehmen«: »Wer dialektisch sieht, sieht mehr. Wer die Dinge in ihrer Möglichkeit sieht, sieht sie schärfer, genauer, wahrer. Nirgends kann man das so gut lernen wie an Jesus selbst. Das ist ja geradezu sein eigentliches Geheimnis, daß er alle Dinge im Licht ihrer Möglichkeiten, im Licht der göttlichen Verheißung, im Licht des kommendes Gottesreiches … zu sehen wagt.«

4. Sonntag im Advent

Annäherungen an den Predigttext Lukas 1,39-56

Anselm Friederich

Gespräch in einem studentischen Kreis (4 Frauen, 3 Männer).
Schon die Ankündigung des Textes löst positive Reaktionen aus: »Maria und Elisabeth? Das ist eine schöne Geschichte, die ich mag.«
Nach dem Lesen und kurzer Stille entwickelt sich schnell ein lebhafter Austausch, zunächst vor allem unter den Frauen:
»Mir ist am lebendigsten dieses hüpfende Kind vor Augen.«
»Mich erinnert es an mittelalterliche Darstellungen. Die zeigen beide Frauen, und in ihren Bäuchen, man sieht das, die Kinder, wie sie sich grüßen.«
»Schön, daß es eine reine Frauengeschichte ist. Das ist ja etwas Besonderes in der Bibel, daß sich einmal zwei Frauen so ausführlich unterhalten.«
Interessanterweise gehen alle ersten Reaktionen nicht auf das Magnificat selber ein, sondern auf die Verse davor und danach. Eine Studentin stellt sogar fest, daß sie nahezu den gesamten Lobgesang der Maria beim Hören ausgeblendet hat!
Jene drei Monate, welche Maria bei Elisabeth bleibt (Vers 56), wecken dagegen Interesse: »Wieviel Zeit sie sich läßt! *Drei* Monate bleibt Maria – und Josef ist dabei völlig nebensächlich! Wenn sie danach heimkommt, hat sie einen dicken Bauch, da wird er geschaut haben …« –
Wir lachen bei der Vorstellung von Josefs Gesicht, – lachen wir uns auch ein wenig frei von der Wucht dieses Textes?
Dann fragt eine Studentin: »Drei Monate, sicherlich ist diese Zahl auch symbolisch zu verstehen. Welche Symbolik hat die Zahl Drei?«
»Die ganze Geschichte sollte man symbolisch verstehen«, wirft nun ein Student ein, »wenn man keine Frau ist, muß man sie geradezu symbolisch verstehen, um etwas davon zu haben.«
Ein anderer Student nimmt die Gelegenheit wahr, um Schwierigkeiten zu benennen, die ihm der Text macht:
»Erstmal: Mir war das zu lang. Zu viele Details. Vor allem der Lobgesang, das zieht sich! Dann der Anfang: So unvermittelt! Mitten 'rein in eine Geschichte, die ich nicht kannte. Was Maria sagt, klingt wie lauter Zitate

aus den Psalmen. Das hat etwas Unpersönliches. Und was ich besonders erstaunlich finde: Kein Wort von Problemen, welche die zwei doch sicher genug gehabt haben! Kein Ratsuchen. Eitel Sonnenschein.«

Eine Studentin stimmt ihm zu: »Marias ungeteilte Freude beeindruckt mich und befremdet mich auch. Daß sie ihre Schwangerschaft so toll findet! Wo sie doch Ärger damit gehabt hat und sicher auch Angst ...«

»Die Geschichte hat von daher etwas Kindliches«, fügt ein Student hinzu. »Sie ist so ohne jeden Zweifel. Eine vollkommene Geschichte, aber auch einfältig.«

»Aber dann die Vision von den erhöhten Armen«, hält eine Studentin dagegen. »Das ist überhaupt nicht einfältig! Ich frage mich nur: Wie kommt das da hinein? Was soll diese politische, soziale Vision an *dieser* Stelle, in *diesem* Zusammenhang?«

Nun werden weitere Fragen laut:

»Wie war die Beziehung zwischen Maria und Elisabeth? Waren sie Cousinen?«

»Welches Bedürfnis hatte Maria, als sie sich auf den langen Weg zu Elisabeth machte? Wenn ich etwas Erfreuliches zu erzählen habe, greife ich zum Telefon. Sie dagegen nimmt ernorme Gefahren und Mühen auf sich, – wofür? Einfach, um Elisabeth von dem Kind zu erzählen?«

Im Lobgesang selber ist ein Wort schwer verständlich:

Was bedeutet »hoffärtig«? Stolz? Arrogant? Heuchlerisch?

Und wie paßt die Erzählung zum vierten Advent?

»Spontan würde ich sie eher dem ersten Advent zuordnen. Im Text ist es doch noch einige Zeit bis hin zur Geburt. Aber am vierten Advent bei uns ist's schon fast Weihnachten.«

Die viele Zeit, welche die Frauen sich füreinander nehmen, scheint einem Studenten bemerkenswert, »gerade weil wir im Advent mit unserer Zeit kleinlicher, hektischer umgehen.«

»Ich nicht«, kontert eine Studentin, »und mir geht das Klagen über die adventliche Hektik auf die Nerven. Ich genieße die Adventszeit. Ich genieße sie mit ihrer vor-freudigen Geschäftigkeit.«

Vielleicht ist »vor-freudige Geschäftigkeit« auch ein treffender Ausdruck für Marias Reise zu Elisabeth?

Zum Gottesdienst

Friedrich Holze

Theologisch-homiletische Skizze

Das »Magnificat« der Maria zählt neben dem »Benedictus Dominus« und dem »Nunc dimittis« zu den drei *cantica maiora* des Neuen Testaments. In der christlichen Liturgie wurde es zum Höhepunkt der abendlichen Vesper erhoben und ist seit der Zeit des gregorianischen Chorals vielfältig künstlerisch variiert worden (erinnert sei an die Musikwerke von C. Monteverdi 1610, H. Schütz 1671, J. S. Bach 1723/32, zeitgleich A. Vivaldi, C. Ph. E. Bach 1749 u. a.). Nach der revidierten Perikopenordnung der EKD 1977 hat dieser Hymnus, der ursprünglich am Fest der »Heimsuchung Mariäs« (2. Juli) beheimatet ist, seinen Platz am 4. Adventssonntag bekommen - unter dem den leiblichen Aspekt der Mutterschaft stark spiritualisierenden Leitmotiv »Die kommende Freude«. Nach dem weitgehenden Fortfall der Marienfeste im protestantischen Raum ist es erfreulich, das revolutionäre Gotteslob aus weiblichem Munde nun in der fortlaufenden Reihe sonntäglicher Predigttexte verankert zu wissen. Beklagenswert ist jedoch die zeitliche Plazierung im Schatten des nahen Heiligabend. Die Wiederentdeckung der Gestalt Marias durch Frauen der 1. wie der 3. Welt eröffnet eine neue und ungewohnte Sicht dieses leidenschaftlichen Befreiungsliedes, dem ein gottesdienstlicher Schlummerwinkel nicht angemessen ist.

Ein neues Marienbild ist angesagt. Es läßt dessen biologistische Deutung als unberührte Jungfrau, *überhöht* zur reinen Himmelskönigin, hinter sich, durch die in der katholischen Theologie ein tiefer Graben zum realen Frauenschicksal aufgerissen wurde. Und es überwindet auch die in der protestantischen Theologie (seit der Auslegung des Magnificats durch Martin Luther 1521) betonte *Niedrigkeit* Marias, ihr Frausein wie das aller andern: Maria als bloßes »irdisches Gefäß« - dennoch von der unbegreiflichen Gnade Gottes dazu erwählt und gewürdigt, den göttlichen Sohn und messianischen Herrn zur Welt zu bringen. Dieser Instrumentalisierung des Weiblichen durch männliche Wunschphantasien (Maria als williges Werkzeug eines den Sohn zeugenden Vatergottes), welche die Frau in ihrer Leiblichkeit entwertet, wird ein neues Paradigma von »Jungfräulichkeit« entgegengesetzt: Die »Jungfrau« wird zum Symbol der autonomen, selbstbestimmten Frau, »die kein ›abgeleitetes‹ Leben führt, als Mutter von ... Tochter von ... Gattin von ..., sondern die zu einer Ganzheit in sich selbst heranreift, als Person intakt ist, sich selbst angehört und aus ihrer eigenen Mitte heraus offen ist für andere, für Gott« (C. Halkes). Als »Jungfrau« in diesem Sinne ist sie nicht der sexuellen Sphäre enthoben. Im Gegenteil: »Durch diesen Reifungsprozeß wird sie fruchtbar, gibt sie Leben« (C. Halkes).

Im leidenschaftlichen Gesang des Magnificat spiegelt sich eine grundstürzende Entdeckung Marias: ihre Erfahrung der Schwangerschaft öffnet sich zu einer elementaren Gotteserfahrung. Ihr Körper wird zum Raum der Gottesbegegnung, zum mütterlich-göttlichen Schoß, der wie seit Urtagen die Fülle von Gottes schöpferischer und segnender Kraft in sich birgt - leiblich faßbar und begreifbar. Im Geheimnis neuen Lebens leuchtet das Wunder des ersten Schöpfungstages auf, die Verheißung einer ursprünglichen Ordnung der Welt, wie Gott sie gewollt hat, überfließend von göttlicher Liebe zum Leben. Aus diesem weiblichen Erfahrungsgrund sind alle Motive des Magnificat geschöpft: die Freude über das »Hüpfen« des Kindes im Leibe, das Singen als Ausdruck einer Seele, die sich von Gott erfüllt und erhoben weiß, das staunende Wahrnehmen der Weiblichkeit und ihres Wertes, das Frohlocken über das Ende der erniedrigenden Magdexistenz, das befreiende Hoffen auf eine Entthronung geltender Macht und den Bankrott sinnentleerten Besitzstandsdenkens, das aufflammende Entzücken für eine gerechte, neue, die Barmherzigkeit Gottes widerspiegelnde Ordnung, in der aller Hunger gestillt wird und alle Hochfahrenheit, die sich über Niedriges erhebt, keine Nahrung mehr findet.

Der Lobgesang Marias ist das Schöpfungslied einer zu sich selbst erwachenden Frau. In ihrer Erfahrung der Schwangerschaft, die alle Körperempfindungen und Bewußtseinswahrnehmungen verändert, entdeckt sie Gott selbst: als eine heilige und machtvolle Kraft, die nicht selbstvergessen über den Wolken thront, sondern mit schöpferischer und umstürzender Gewalt in die Lebensgeschichte einzelner Menschen wie auch in den Gang der Weltgeschichte eingreift.

Das Magnificat stellt Maria mitten hinein in eine Tradition von Liedern, die immer wieder in der Geschichte ihres Volkes aus dem Munde stolzer, kämpferischer, prophetischer Frauen (Mirjam, Debora, Hanna, Judith u. a.) erklungen sind. Doch von diesem Magnificat her fällt auch ein besonderes Licht auf das spätere Leben und Wirken Jesu. Wir sind es gewohnt, die besondere Stellung, die Maria in der Geschichte des Christentums einnimmt, als einen Widerschein jenes messianischen Glanzes zu verstehen, der von dem berühmten Sohn auf die einfache Frau von Nazareth zurückstrahlt: »Mariologie ist legitim nur als ein Aspekt der Christologie« (G. Voigt). Aber ist hier nicht ein radikales Umdenken angebracht? Die Geschichte der Begegnung von Maria und Elisabeth ist für I. Drewitz »eine der denkbaren Geschichten, die sehr viel von der Kraft der Frauen wissen, von dem, was sie weitergeben an Erwartung, an Vertrauen. Von dem, was sie die Kinder lehren.« In dem aufrüttelnden Ruf zur Umkehr angesichts der nahen Gottesherrschaft, der die erwachsen gewordenen Söhne der beiden Frauen - Johannes und Jesus - in geistiger Verwandtschaft verbindet, scheinen jene Hoffnungen wieder aufzuleuchten, mit denen diese Mütter auf das Heranwachsen des noch ungeborenen Lebens in ihrem Leib gelauscht und mit denen sie dessen Heranwachsen begleitet haben. Ist es deshalb theologisch verwegen und abwegig anzunehmen, daß aus dem Geist des Magnificats später das Holz wird, aus dem der Umkehrruf des Täufers und die Seligpreisungen des Bergpredigers geschnitzt sind? Es gibt da eine »Frau aus dem Volk«, von der Lukas später berichtet. Ihr - wer sonst? - ist die Eingebung vorbehalten, hinter der besonderen Ausstrahlung Jesu die *Mutter* zu erkennen und sie zu preisen: »Selig ist der Leib, der dich getragen hat und die Brüste, an denen du gesogen hast« (Lukas 11,27).

Vorschläge zur Liturgie

Eingangspsalm
Das Vertrauen auf Gott stelle ich über alles.
Ich denke an ihn und freue mich,
denn er hat mich entdeckt.
Obwohl nichts Besonderes an mir ist,
hat er mich doch beachtet.
Auch in Zukunft wird man von meinem Glück reden,
denn er hat meinem Leben Bedeutung gegeben -
er, der seine Macht so ganz anders erweist,
dessen Güte durch die Jahrhunderte erfahren wird
von denen, die nach ihm fragen.
Seine Stärke ist die Überlegenheit:
Die über alles erhaben sind,
verlieren sich im Nichts.
Die sich der Welt bemächtigen wollen,
greifen ins Leere,
aber die Unbeachteten gewinnen.
Die nichts vorweisen können,
werden mit Güte beschenkt,
die alles schon haben, gehen leer aus;
wer sich auf ihn verläßt, den richtet er auf.
Seine Barmherzigkeit gilt von neuem,
wie es unseren Vätern gesagt worden ist,
Abraham und allen, die wie er vertrauen.
(nach Lukas 1,46-55)
(aus: Fr.-K. Barth/G. Grenz/P. Horst (Hg.), Gottesdienst menschlich, Peter Hammer Verlag, Gesamtausgabe 1990)

Kollektengebet
Wartende sind wir, Gott,
voller Sehnsucht nach dem,
was unser Leben heil macht.
Öffne unsere Herzen,

daß wir offen sind
und wahrnehmen,
wie du auf uns zukommst,
wo wir dir begegnen.

Lesungen

Präfamen zur Epistel Philipper 4,4–7:
Gott kommt uns nahe. Das ist der Grund unserer Freude. Deshalb ruft es der Apostel Paulus den Christen in Philippi als seine Adventsbotschaft zu: …
Präfamen zum Evangelium Lukas 1,39–56:
Gottes Advent beginnt mit zwei Frauen, die sich begegnen. In dem neuen Leben, das in ihnen wächst, spüren sie, wie Gott ihnen nahe kommt und sie mit schöpferischer Freude erfüllt.

Fürbittengebet

Barmherziger Gott,
das ist unsere Hoffnung:
daß du uns und deine Welt nicht im Stich läßt.
Hilf uns,
mit dir zu rechnen –
nicht nur heute,
und nicht nur in den Tagen des Advent,
sondern jeden Tag und immer wieder neu.
Laß es Weihnachten werden in uns,
daß wir dein Lob singen können, wie Maria es tat.

Wir bitten dich für uns und für alle,
die mit Freude auf Weihnachten zugehen wollen,
daß sie den wahren Grund der Weihnachtsfreude erkennen
und dadurch froh werden.

Besonders denken wir an die unter uns,
die in ihrem Glauben angefochten und mutlos sind,
die keinen Sinn in ihrem Leben sehen
und die ihre innere Leere in der Adventszeit besonders deutlich spüren:
schenke ihnen Zuversicht und neues Vertrauen,
daß du auch in ihr Leben hineintreten
und es froh machen willst.

Gott, unser Vater,
weil wir mit dir rechnen dürfen,
bitten wir dich,
daß du unser Leben und Denken neu machst.
Wir bitten dich für alle Menschen,
mit denen wir in Unfrieden und Feindschaft leben:
laß uns wieder zusammenfinden.

Weil wir mit dir rechnen dürfen,
bitten wir um den Abbau von Vorurteilen und Haß,
um ein friedliches Miteinanderleben der Menschen,
um Gemeinschaft und Vertrauen.

Weil wir mit dir rechnen dürfen,
beten wir gemeinsam im Namen Jesu Christi:
Vater unser im Himmel ...

Lieder
Als Eingangslied: EG 7,1–5 »O Heiland, reiß die Himmel auf«;
nach der Epistel: EG 18 (Kanon) »Seht, die gute Zeit ist nah«;
nach dem Evangelium: EG 303,1+5+8 »Lobe den Herren, o meine Seele«;
nach der Predigt: EG 310 (Kanon) »Meine Seele erhebt den Herren«
oder: Magnificat von Taizé (als Kanon bis zu 8 Stimmen); Anhang Niedersachsen/Bremen EG 579; Bayern/Thüringen EG 605

Vorschlag zur Predigt

Möglicher Anfang
Liebe Gemeinde, dieser 4. Advent gehört ganz den Frauen. Morgen, gewiß, da beginnen die festlichen Tage, auf die wir in den letzten Wochen zugelebt haben. Da feiern wir Weihnachten, die Stunde der Geburt Jesu, die wie ein Stern der Hoffnung in der Nacht von Bethlehem über unserer Welt aufleuchtet. Doch heute ist die Stunde des Noch-Ungeborenen, die Stunde der Frauen, die das Noch-Ungeborene in sich tragen, die es schützen, die seinen Bewegungen nachlauschen, die es mit ihren Gedanken und Gefühlen begleiten, die es mit ihren Hoffnungen umträumen.

Käthe Kollwitz »Maria und Elisabeth« Holzschnitt 1928

Auch das Noch-Ungeborene hat immer schon eine Geschichte – geformt im Dunkel des weiblichen Körpers, wo es keimt und wächst. Und in diese Geschichte des Noch-Ungeborenen weben die Frauen ihr Frauenschicksal mit ein.

So ist unsere Erzählung von der Begegnung der Maria mit Elisabeth voller heimlicher Anspielungen, die vielleicht nur Frauen recht wahrzunehmen und zu deuten verstehen.

Die Welt der Männer ist in dieser Begegnung eigentümlich ausgeblendet, nur in der Kulisse schemenhaft und dunkel erkennbar.
Maria und Elisabeth - die jüngere und die ältere Frau, ganz unterschiedliche Lebenswege sind sie bislang gegangen: noch unverheiratet die eine und trotzdem schwanger, von ihrer Umwelt isoliert, verdächtigt, angefeindet; die andere verheiratet und trotzdem lange kinderlos, bespöttelt, über die Schulter angesehen, einsam in der Verzweiflung über ihr Versagen als Ehefrau. Doch nun begegnet die Schwangere der Schwangeren. Und es ist nicht nur die Schwangerschaft, die beide Frauen wie Verwandte erscheinen läßt. Es ist die Verwandtschaft im Frauenschicksal, die sie über den Generationsabstand miteinander verbindet - ihre Rolle in einer Welt, in der es vornehmlich die Männer sind, die Geschichte machen und Frauen sich von männlichen Wunschvorstellungen bestimmt, erniedrigt, in Fesseln gelegt erleben. Die Wege dieser beiden Frauen berühren sich, und es ist, als springe ein Funke über zwischen beiden, als schlinge sich ein unsichtbares Band schicksalhafter Verbundenheit um sie, ein unausgesprochenes Einvernehmen, das wie selbstverständlich die Ältere mit der Jüngeren zusammenschließt.
Und noch etwas geschieht. Ein Tor öffnet sich in ihnen zu einer neuen Wahrnehmung ihrer selbst. Sie spüren, wie sich das neue, noch fremde Leben in ihnen rührt: Ein Hüpfen ist da, das Gefühl einer tiefen Freude. Ist es nicht gar, als grüße sich das Noch-Ungeborene in ihrem Körper? Und ein stürmischer, ungestümer, überwältigender Gedanke ist es, der plötzlich Leib und Seele durchfährt: Ist das Gott? Diese Freude, dieses Angerührt-Sein in der Tiefe, dieser Gruß des Noch-Ungeborenen, diese Ahnung von etwas ganz anderem, das mich aufrichtet, mich über mich selbst erhebt, mich beflügelt mit der Hoffnung, daß nichts bleiben muß, wie es ist? Daß Verkrustetes aufbrechen, daß Festgefahrenes sich lösen, daß scheinbar Unabänderliches sich wandeln kann?
Ein neuer Geist, eine Vision erfaßt beide Frauen. Und es ist Maria, die Jüngere, die den Gesang ihres Herzens in die leidenschaftlichen Töne eines wahrhaft revolutionären Lieds umsetzt ...
Lesung des Magnificats (Lukas 1,46b-55)
Hier hat eine Frau für sich Gott entdeckt. In ihrer Schwangerschaft, im

Sigmunda May »Mirjam«
Holzschnitt 1982

geheimnisvollen Wunder des Lebens, das sie in sich wachsen fühlt, erlebt sie Gott - mächtig, umwälzend, befreiend. Als seien mit einem Mal alle Fesseln von ihr abgefallen, singt sie es hinaus: ihr Lied von der Barmherzigkeit Gottes. Herren können stürzen und mit ihnen die Throne, auf denen die sie sich erheben; hochfahrene Worte, naserümpfendes Gerede kann verwehen wie die Spreu im Winde; die Selbstgefälligkeit derer, die haben und festhalten, kann in nichts zerrinnen. Doch das Erniedrigte kann aufgerichtet, das Hungrige gesättigt werden. Weil in jedem noch ungeborenen Leben, das in der Geborgenheit des mütterlichen Schoßes heranwächst, Gott den Menschen neu erschafft - als Hoffnung auf einen neuen Anfang und als Protest gegen zur Lieblosigkeit erstarrte Macht. Maria entdeckt: Ich bin als Frau an diesem schöpferischen Prozeß Gottes beteiligt. Gott schenkt meinem Leben seinen Wert zurück, indem er den Beginn des Neuen in mir, in dem Körper einer Frau, Gestalt annehmen läßt. Gottes Zukunft hat bereits in mir begonnen.

Zum weiteren Verlauf
Hier möchte ich das Magnificat Marias als das »Lied vom Noch-Ungeborenen« entfalten.

1. Vom Göttlichen in sich angerührt hat Maria eine große Vision: eine Umwertung der Werte, eine barmherzige Lebensordnung, in der Gottes Barmherzigkeit Gestalt annimmt. Noch ist das alles nicht geboren, doch schon wächst es in der Stille heran. Mag die »Schwangerschaft der Geschichte« (R. Bösinger) auch länger dauern als neun Monate: die volle Gerechtigkeit Gottes wird das Licht der Welt erblicken! »Die von Menschen aus dem Lot gebrachte Waage der göttlichen Gerechtigkeit muß wieder eingelotet werden ... Niemand wird auf Thronen sitzen, es sei denn die schöne Gerechtigkeit Gottes«. (B. v. Wartenburg-Potter).

2. Diese kühne Vision Marias ist keine weltfremde Träumerei. Sie beginnt in den Frauen - mit welchen Hoffnungen und Erwartungen sie das noch ungeborene Leben in sich begleiten, was sie als Zukunft für dieses kommende Leben erschauen und mit welcher Entschiedenheit sie dafür eintreten. Marias »Lied vom Noch-Ungeborenen« singt davon, »was wir die Kinder denken lehren können, was wir vorzuleben, mit ihnen zu leben hätten« (I. Drewitz). Ihr Gesang nimmt das noch ungeborene Leben in ihre Vision mit hinein, teilt sich ihm körperlich erfahrbar mit, stimmt es auf den Grundton des eigenen Vertrauens in die Zukunft ein und verschmilzt dadurch mit der Geschichte dessen, was noch geboren werden soll. »Ihre Stimme spricht zu dem in ihr wachsenden Kind. Oder spricht dieses Kind bereits aus ihr?« (B. v. Wartenberg-Potter).

An der Gestalt Jesu, an dem zum Mann herangewachsenen Kind, das im Schoß der Nacht von Bethlehem geboren wurde, erkennen wir, wie das im Herzen einer Frau bewegte Lied zu einem die Geschichte bewegenden Ereignis wird: »Er kommt und gibt der Erde ein neues Gesicht, er bringt einen großen Umschwung, eine Art Umsturz, eine Verschiebung von oben nach unten, eine Änderung aller bisherigen Begriffe.« (F. Naumann)

Möglicher Predigtschluß
Es wird heute oft die Frage gestellt, wie feiern wir Weihnachten recht? An der Gestalt Marias erkennen wir: Jedes Weihnachten, jede Geburt von etwas Neuem, Großem, hat ein Vorleben, eine Vorgeschichte. Eingewoben ist es in die geistige Welt unserer Hoffnungen und Träume, unserer Phantasie und unserer Leidenschaft, lange bevor es das Licht der Welt erblickt. »Wär' Christus tausendmal in Bethlehem geboren und nicht in dir, du bliebst doch ewiglich verloren« - so hat es der schlesische Dichter Angelus Silesius im 17. Jahrhundert gesungen. Heute ist die Stunde der Frauen. Lauschen wir mit ihnen auf das Noch-Ungeborene. Hoffen wir mit ihnen das Noch-Undenkbare. Glauben wir mit ihnen das Un-Glaubliche: daß wir - Frau und Mann - Christus in uns zur Welt bringen können.

Kontexte

Ave Maria gratia plena
Ich sage: Hätte Maria Gott nicht zuerst geistig geboren, er wäre nie leiblich von ihr geboren worden. Es ist Gott wertvoller, daß er geistig geboren werde von einer jeglichen Jungfrau oder von einer jeglichen guten Seele, als daß er von Maria leiblich geboren ward ...
Notwendig muß es so sein, daß sie eine »Jungfrau« war, jener Mensch, von dem Jesus empfangen ward. Jungfrau besagt soviel wie ein Mensch, der von allen fremden Bildern ledig ist, so ledig wie er war, da er noch nicht war. Daß der Mensch Jungfrau ist, das läßt ihn frei dastehen ohne jegliche Behinderung an der obersten Wahrheit.
Daß der Mensch Gott in sich empfängt, das ist gut, und in dieser Empfänglichkeit ist er Jungfrau. Eine Jungfrau, die ein Weib ist, die frei ist und ungebunden, die ist Gott und sich selbst allzeit gleich nahe. Die bringt viele Früchte, und die sind groß, nicht weniger und nicht mehr als Gott selbst ist. Fürwahr, aus demselben Grunde, daraus der Vater sein ewiges Wort gebiert, aus dem wird sie fruchtbar mitgebärend.
Eine Kraft ist in der Seele, die fließt aus dem Geiste. In dieser Kraft ist Gott so grünend und blühend in aller der Freude und in aller der Ehre, wie er in sich selbst ist.
Meister Eckhard (14. Jh.) aus Predigt 23 und 2
(Alois Dempf, Meister Eckhart als Mystiker und Metaphysiker, Kösel-Verlag, München)

Lied von stürzenden Thronen
Dieses Lied der Maria ist das älteste Adventslied. Es ist zugleich das leidenschaftlichste, wildeste, ja man möchte sagen revolutionärste Adventslied, das je gesungen worden ist. Es ist nicht die sanfte, zärtliche, verträumte Maria, wie wir sie auf Bildern dargestellt sehen, sondern es ist die leidenschaftliche, hingerissene, stolze, begeisterte Maria, die hier spricht. Nichts von den süßen, wehmütigen Tönen mancher unserer Weihnachtslieder, sondern ein hartes, starkes, unerbittliches Lied von stürzenden Thronen und gedemütigten Herren dieser Welt, von Gottes Gewalt und von der Menschen Ohnmacht. Es sind die Töne der prophetischen Frauen aus dem Alten

Testament, Debora, Judith, Mirjam, die hier im Munde der Maria lebendig werden ... Angesichts dieses Adventsliedes gibt es für uns einiges zu bereinigen. Wir müssen uns klar werden, wie wir über hoch und niedrig im menschlichen Leben denken wollen.
Dietrich Bonhoeffer: Predigt in London am 17. Dezember 1933
(aus: Otto Dudzus (Hg.) »Bonhoeffer-Brevier«, Chr. Kaiser/Gütersloher Verlagshaus, Gütersloh, S. 500 f.)

Von der Umwertung der Werte
Maria schlägt in ihrem Danklied sogleich eines der großen Themen des Reiches Gottes an, und sie spricht dabei von ihren Erfahrungen, nicht von allgemeinen Wahrheiten. Sie ist also eine Erfahrungstheologin. Gott segnet, teilt Stärke mit, macht aus einer kleinen, erniedrigten, ängstlichen Frau eine starke, bedeutende, mutige Frau, gibt ihr Kraft, die äußerlich gesehen jämmerliche Situation in etwas Starkes zu verwandeln. Sie erlebt am eigenen Leib die Umkehrung der Werte des Gottesreiches.
Ihre prophetische Kraft aber beweist Maria darin, daß sie diese erlebte Umkehrung der Werte im Gottesreich nun für die Welt als ganze ansagt. Das Gottesreich wird die sozialen Gefüge des Unrechts umkehren, Barmherzigkeit drückt sich in barmherzigen Lebensordnungen aus. Gott wirkt durch menschliche, geschichtliche Arbeit. Niemand wird auf Thronen sitzen, es sei denn die schöne Gerechtigkeit Gottes. Maria hat eine kühne Vision, und ihre Stimme spricht zu dem in ihr wachsenden Kind. Oder spricht dieses Kind bereits aus ihr? Maria hat sich mit ihrem Kind auf den prophetisch-messianischen Weg gemacht.
(Bärbel von Wartenberg-Potter, Die Reise der Pachamama, Kreuz Verlag, Stuttgart 1989, S. 53 ff.

Von der Erwartung in jedem neuen Menschen
Maria entwirft hier das Programm für den Sohn – es ist das Programm der Bergpredigt, das Programm der immerwährenden Gegenwirklichkeit gegen Macht, gegen Reichtum, gegen Herrschaftswillen. Für die Hungernden, für die sozial Schwachen, für die Barmherzigen. Es ist das Programm der Gerechtigkeit. Maria und Elisabeth – ein Geschichte, eine der denkbaren Geschichten, die sehr viel von der Kraft der Frauen wissen, von dem, was sie weitergeben an Erwartung, an Vertrauen. Von dem, was sie die Kinder denken lehren. Oder muß es heißen, was wir die Kinder denken lehren könnten, was wir ihnen vorzuleben, mit ihnen zu leben hätten? Gerechtigkeit, Hoffnung, Barmherzigkeit?
Die Begegnung der beiden Frauen ist unsere Geschichte, weil Frauen in der Hoffnung auf das Kind erfahren dürfen, was den Männern, den Vätern nicht geschenkt wird. Die Erwartung, der immer neue Entwurf der Menschheit in jedem neuen Menschen.
Ingeborg Drewitz
(aus: Karin Walter (Hg.) »Frauen entdecken die Bibel«, Verlag Herder, Freiburg 5. Aufl. 1989, S. 73 ff.)

Heiliger Abend

Annäherungen an den Predigttext Lukas 2, 1-14 (15-20)

Jobst von Stuckrad-Barre

»Daß der Kaiser Augustus extra eine ganze ›Völkerwanderung‹ in Gang setzt, damit die Geburt Jesu geschehen kann ...« »Aber das macht der Lukas doch nur, um die Geschichte, die Wirklichkeit, mit 'reinzukriegen.« Nein, von Unwillen, diesen so vertrauten Text noch einmal, nach Weihnachten, zu besprechen, war keine Spur zu merken. Eher davon, daß uralte Erwartungen sich an diesen Abschnitt wie an keinen andern der Bibel heften, und entsprechend ein ambivalentes Urteil über die Aktion vor einem Geschäft, bei der die 2000 Jahre seit der Geburt Jesu mit ebenso vielen Teelichtern symbolisiert werden sollten, gerade dies in diesem Jahr, das doch nach neuesten Berechnungen das »Jubiläumsjahr« hätte sein müssen, so die einen (die übrigens auch die Zusammenlegung von Geburtsfeier und sol invictus-Fest nicht so recht zur Kenntnis genommen hatten); und die andern betonten, wie unwichtig solche Zahlenangaben für ihren Glauben seien, wenn nur die Einbettung der Erzählung in die »große«, sprich politische Geschichte gewahrt bleibe.
Vielleicht lag es tatsächlich daran, daß diese Gruppe von überwiegend geübten Bibellesern post festum zusammenkam, jedenfalls setzte sich weihnachtlicher Friede nicht ohne Kontroversen durch – nach der Zeit wurde die Geographie, und mit ihr die heilige Herkunft zum Thema: Bethlehem, Stadt, aus der David stammte, Signal für die gesammelte Erwartung des Retters aus seinem Geschlecht, des Königs, der erneut das Reich, oder zumindest die Einheit der Gottesleute brächte; doch auch hier wieder die Reibung mit der modernen auf Geschichtszahlen basierenden Anschauung von der Geschlechtsfolge. Daß solchermaßen Jesu Herkommen schon Teil der folgenden Geschichte ist, und rückblickend auf Israels Erwartung des Messias verweist, läßt die Kunst des Erzählers Lukas hervortreten.
War Maria nun verheiratet, verlobt oder wie? Diese immer neue Frage konnte eine Teilnehmerin mit dem raschen Blick in das Sachwortverzeichnis der Luther-Bibel zunächst entschärfen: die jüdische Verlobung als rechtsgültiges Eheversprechen – so weit, so gut, und doch, wie einige mein-

ten, am Anstoß der Schwangerschaft vorbeizielend. Unvorbereitet traf mich die Frage, ob nicht die Schwangerschaft im Zusammenhang des Zensus von Bedeutung gewesen sein könnte ...
Vielversprechender wurde die Auseinandersetzung mit weiteren Einzelheiten der lukanischen Erzählung: Daß das Paar im Stall untergekommen sei, müsse doch tatsächlich mit der Überfüllung anläßlich der Volkszählung und nicht moralisierend mit dem bloßen Unwillen der Wirtsleute begründet werden - ich sah einen Kernpunkt aller Krippenspiele davonschweben, die ganzen Generationen von Mitspielern und -regisseuren geläufig sein werden, die keifenden und scheltenden, jedenfalls moralisch ausgesetzten Wirtinnen und Wirte, die es erlaubten, das traute Paar durch die ganze Stadt respektive Kirche zu schicken! ... sie hatten sonst keinen Raum in der Herberge - hier reicht die Geschichte offenbar mitten in die Erfahrung aus des ausgehenden 20. Jahrhunderts mit all seinen Asylsuchenden; eine der Teilnehmerinnen stellte die Verbindung mit Johannes 1,11 her: Die Seinen nahmen ihn nicht auf. Daß das Kind in Windeln gewickelt in einer Krippe liegt, ließ die Unterschiede zwischen Höhlentraditionen des Ostens und den Stallvorstellungen im Westen ausgleichen, wobei jemand auch ein Bild kannte, auf dem das gewickelte Kind, der Erlöser!, den Verschluß des Höllenschlunds bildet. Die Tiere der alttestamentlichen Weissagungen werden durch das Stichwort Krippe gleichsam spürbar, auch wenn sie von Lukas gar nicht genannt sind.
Die Friedensbotschaft des Engels hatte eine doppelte Wirkung, einmal im Blick auf die Engel, zum andern im Blick auf den Inhalt ihrer Botschaft. Ein Teilnehmer aus einer nichtlandeskirchlichen Gemeinschaft nahm Anstoß daran, daß der Engel und mit ihm die himmlischen Heerscharen als Boten unterbewertet würden; dieser erklärtermaßen aus einer mystischen Auffassung stammende Einwand führte immerhin zu einer deutlicheren Erfassung des Furcht und Schrecken verbreitenden Erscheinens der Majestät Gottes, wie Lukas sie in Anknüpfung an prophetische Visionen schildert. Daher erhielt auch der Frieden von V. 10 und V. 14 deutlicheres Profil. Hier entspann sich eine Debatte darüber, ob der Friede nun nur den Glaubenden, den Menschen seines Wohlgefallens, gelte, oder doch qua Heiland der ganzen Welt. Der Zusammenhang von 10 zu 14 legte den meisten eine Hoffnung für alle nahe.
Von den Engeln über die Hirten führt Lukas zurück zu Maria und Joseph und dem Kind und bis hin ins Herz der Maria - gemeinsam staunten wir noch einmal über die kunstvoll-einfache Art, in der der Evangelist den Bogen seiner Erzählung vom Winkel in Palästina zur Höhe des Himmels und wieder zur Beherzigung im Innersten spannt. Weihnachten, so zeigte sich erneut, ist schier unlösbar mit dieser Geschichte verbunden!

Zum Gottesdienst

Gisela Fähndrich

Exegetisch-homiletische Skizze

Die Weihnachtsgeschichte, wohl die bekannteste biblische Geschichte. Ausgeschmückt in Liedern, Legenden und Bildern. Nacherzählt und gedeutet in unzähligen Krippenspielen. Sie hat ihren Platz in jedem Heiligabend-Gottesdienst, sonst wären die Erwartungen der vielen, die gerade an diesem Tag erwartungsvoll kommen, enttäuscht. Sie hören die Geschichte mit all den Bildern, Erinnerungen und Erfahrungen, mit den Wünschen und Hoffnungen, die sich an Weihnachten festmachen. Nicht übersehen werden darf allerdings, daß da auch Enttäuschte, Einsame und Verunsicherte in den Gottesdienst kommen. Träume und Wirklichkeit treffen sich für sie nicht mehr, wenn sie denn noch Träume haben. An Heiligabend sind solche Erfahrungen besonders hart, da die Tradition Harmonie, Freude und Gemeinschaft vermittelt. Was dagegen spricht, darf heute nicht sein. Der Text der Weihnachtsgeschichte ist weit entfernt von den Sentimentalitäten der Ausschmückung. Das Kleine, fast Alltägliche, die Geburt eines Kindes, wird zum Zeichen göttlichen Handelns. Das können nur die hören und sehen, die sich freimachen von allen mächtigen Messiaserwartungen, von allen Gottesbildern, die ihn als mächtig, als Herrscher, als den fernen beschreiben. Die Königsherrschaft des Gottessohnes sieht anders aus, als viele sie erwarten und erfordert unser Umdenken. Man kann Zeitgenosse sein und nichts davon mitbekommen. Man kann die Botschaft hören und sich auf den Weg machen.
Lukas stellt die Geschichte in diesen Zwiespalt mittenhinein. Der mächtige Kaiser Augustus läßt durch seine Vasallen Menschen in Bewegung bringen. Die Macht der Gewalt, der Angst. Der Weg in die Heimatlosigkeit. In diesem Szenarium von Unerbittlichkeit, ihm gegenübergestellt, schreibt Gott seine Geschichte. So wird der mächtige Augustus zum Werkzeug Gottes. Sein Befehl führt Maria und Joseph in die kleine Stadt, mit der Gott Großes vorhat. Die Davidsohnschaft wird an Joseph festgemacht. Die Tradition der Jungfrauengeburt beschäftigt Lukas nicht.
Wichtig sind dem Lukas dagegen die Zeichen, an denen Jesus als Sohn Gottes, als Heiland zu erkennen ist: Sohn menschlicher Eltern, keinen Raum in der Herberge, die Krippe, die Windeln, kein Empfang durch die Mächtigen der Welt, sondern angekündigt den Hirten, von ihnen staunend empfangen. Zeichen der Normalität menschlichen Lebens: Gott wird Mensch. Zeichen aber auch der Niedrigkeit Christi, die dem Evangelisten wichtig ist. Und diese ganze Geschichte wird mitten hineingestellt in die Weltgeschichte. Dabei ist es nicht bedeutsam, ob zu dieser Zeit eine solche Volks- und Steuerzählung stattgefunden hat, ob wirklich alle mit ihren ganzen

Familien in den Herkunftsort reisen mußten. Wichtig ist, daß das so möglich gewesen wäre, daß Mächtige ihre Macht spüren lassen, daß sie nicht fragen, wer wie darunter leidet oder ganz zugrunde geht.
Lukas erzählt seine Geschichte ohne Kommentar. Er beschreibt die Abläufe, die Handlung: Steuerbefehl, Wanderung, Herbergssuche, Geburt, das Kind in der Krippe.
So ist es geschehen, und Gott enthüllt den wahren Sinn des Geschehens. Der Engelsgesang faßt zusammen, was Christus für die Menschen ist: Beendigung der Trennung zwischen Gott und Mensch. In die doppelte Bewegung wird der Mensch hineingenommen, die allein ihn nur ganz sein läßt: »Ehre sei Gott in der Höhe und Friede auf Erden bei den Menschen seines Wohlgefallens.« Beide Bewegungsrichtungen zusammengedacht bilden das Kreuz der Versöhnung als Zeichen der Liebe Gottes bis in die ohnmächtigste Tiefe.
Hier weitergedacht erscheint eine Deutung unmöglich, die »Wohlgefallen« nur auf ausgewählte Menschen bezieht. Das Geschenk der göttlichen Liebe spart niemanden aus. »Nur in dem, der hier geboren wird, ist der Friede gegenwärtig, hier ist er es aber real, vollkommen und nicht für sich selbst, sondern ›euch‹, nämlich den Menschen, die nun Gegenstand des göttlichen Wohlgefallens sind.« (Gollwitzer, Die Freude Gottes, Gelnhausen 1979). Damit schließt sich auch die Lesart der Vulgata aus: »die Menschen, die guten Willens sind«. Der Aufbau der Geschichte nach Lukas zeigt, daß zuerst das Geschenk der Rettung in der Geburt des Heilandes ist, vor allem menschlichen guten Willen.
Es ist erlaubt, diese Geschichte auszumalen. Es ist nicht nötig. In ihrer Einfachheit und Kürze spricht sie eine ermutigende und tröstliche Sprache: Gottes heilmachende Liebe kommt zu den Kleinen, sie bleibt nicht bei den Großen hängen. Sie kommt da hin, wo sich das einfache alltägliche Leben der Menschen abspielt. Die Schachzüge der Mächtigen können sie nicht hindern.

Vorschläge zur Liturgie

Zum Eingang
Heute ist Heiligabend. Nach den Aufregungen und der Hektik der Vorbereitungen kann nun Ruhe einkehren. Wir sind zusammengekommen, um miteinander auf die Geschichte zu hören, daß Gott uns in einem kleinen Kind nahe gekommen ist. Es ist die Botschaft von der Freude und dem Frieden für alle. Gott kommt mit seiner heilmachenden Liebe zu uns. Davon dürfen wir auch in diesem Jahr wieder neu erfahren in den Liedern, die wir singen, in der Weihnachtsgeschichte, die wir hören, in den Gebeten, die wir sprechen.
In den Gottesdienst eingebaut werden sollte ein Dankeschön an alle Kirchensteuerzahler, an alle, die als Ehrenamtliche Zeit und Kraft schenken,

an alle, die mit zusätzlichen Spenden die Arbeit der Gemeinde und der Kirche unterstützt haben. Es ist ein wichtiges Dankeschön, wenn so viele da sind, um es selbst zu hören.

Gebet

Gott, du hast durch die Geburt Jesu,
deines Sohnes, unseres Bruders und Heilandes,
einen hellen Schein in unsere dunkle Welt gesandt.
Hilf, daß dieses Licht auch uns erleuchtet.
Laß es widerstrahlen in allem, was wir tun,
damit die Welt es sehe. Amen.

Fürbitten

Gott, zu dir beten wir, daß unser Herz sich öffne für deine Liebe. Als schwaches Kind ist deine Liebe zu uns gekommen. Gib uns,
daß wir uns der Schwachheit nicht schämen, daß unser Herz lieber verwundbar sei als hart,
daß wir in unscheinbarer Ohnmacht lieber leben als hochmütig und unzugänglich.
Wir bitten dich: Gott, erbarme dich.
Gott, zu dir beten wir für alle, die sich dem Dienst am Nächsten hingeben, daß sie ihr Werk der Liebe von deiner Liebe getragen tun können. Gib ihnen die nötige Kraft und Treue zu ihrem Dienst.
Wir bitten dich: Gott, erbarme dich.
Gott, zu dir beten wir für alle, die mit Macht bekleidet sind, daß sie offen werden für das Geschenk deines Friedens, damit sie am Frieden arbeiten, für Benachteiligte sorgen und der Wahrheit dienen.
Wir bitten dich: Gott, erbarme dich.
Gott, zu dir beten wir für uns alle, daß wir das Werk des Dienens weiterführen mögen, das Jesus Christus gekommen ist an allen Menschen zu tun. Gib uns die Kraft, dein Evangelium zu gestalten und zum Glauben anzuregen.
Wir bitten dich um Frieden für diese zerrissene Welt und um Einheit für die ganze Kirche Gottes, damit die Welt glaube und erkenne, daß du ungeteilte Liebe bist.

(Nach Huub Oosterhuis, Ganz nah ist dein Wort, Verlag Herder, Wien, 10. Aufl. 1972)

Vorschlag zur Predigt

Möglicher Anfang

Liebe Gemeinde, im Schaufenster sieht der alte Mann das Buch liegen mit dem lockenden Titel: »Die schönste Geschichte der Welt«. Sofort betritt er die Buchhandlung, läßt sich das Buch reichen, blättert es durch und legt es enttäuscht wieder fort. Und so begann sein Suchen. Er blättert, er sucht.

Zunächst im ungeschriebenen Buch seines Lebens. Viel Zeit nimmt er sich. Er hat sie ja auch. Aber da ist nicht eine Geschichte unter all den vielen Erlebnissen, Erkenntnissen, Erinnerungen, von der er annähernd behaupten könnte, daß es die schönste Geschichte der Welt sei. Er sucht, er forscht. Er findet nicht. Zweimal ist wieder Winter geworden. Heiligabend. Sein Weg führt ihn wie jedes Jahr in den großen Dom der Stadt. Alles ist wie immer. Die Kerzen brennen an der hohen Fichte. Die Krippe wird vom geheimnisvollen Flackern der Kerze umspielt. Die Orgel braust auf in weihnachtlichem Jubelklang. Die Weihnachtsgeschichte wird verlesen. Und plötzlich horcht der alte Mann auf. Es ist, als höre er jene Geschichte zum erstenmal. Da war er ein dreiviertel Jahrhundert auf der Welt, und jedes Jahr, solange er zurückdenken konnte, hatte er sie gehört, jene Geschichte von der Geburt Jesu, von der großen Freude, die die Engel verkünden. Als Kind hatte er sie auswendig aufsagen müssen unter dem Christbaum. Aber heute - jetzt! Jetzt ist er mitten im Stall, sieht das Licht, spürt die Wärme. Er braucht nicht mehr zu suchen, er hat sie erlebt: die schönste Geschichte der Welt.

Zum weiteren Verlauf
Was finden wir in der Krippe: Zeichen der göttlichen Liebe. Er wird arm um unsretwillen. Leiden an Ungerechtigkeit, an Einsamkeit, an verpaßten Gelegenheiten, an Schuld begegnet dem Gott, der selbst arm ward um uns Menschen willen, der Mensch wurde und unter uns wohnte.
Gott kennt diese Menschenwelt und er liebt sie. Er sieht ihre Gemeinheit und Lieblosigkeit deutlicher als sie selbst es sehen kann und liebt sie trotzdem. Wie eine Mutter ihr fortgelaufenes, ungeratenes Kind. Nein, viel, viel mehr. Er schenkt dieser Welt einen Heiland.
Es ist eine Geschichte für Träumer und solche, die wirklich suchen. Eine frohe Botschaft, *die* frohe Botschaft: große Freude, der Heiland ist da, Friede auf Erden, weil Gott die Menschen liebt. Da gehen Träume in Erfüllung, Hoffnungen werden wahr.
Da mögen aber auch Skepsis und Zweifel wachsen. Eine schöne Seifenblase nur, die sofort wieder platzt. Erfahrungen unseres Alltags in der Welt, in der wir leben, sprechen dagegen, persönliche und gesellschaftliche Bedingungen mögen Träume nicht zulassen.
Da mögen falsche Erwartungen wachsen. Der Wunsch nach dem, der Ordnung schafft in all der Unordnung unserer Welt. Das geht nur mit Macht, mit Gewalt. Gewalt scheint nur die Sprache von Gegengewalt zu verstehen. Lukas hat davon gewußt. Er hat diese schönste Geschichte der Welt hineingestellt in den geschichtlichen Zusammenhang. Die Herrschaft des römischen Reiches, die Gewalttätigkeit der Besatzungsmacht sind der Alltag, in den hinein die große Freude kommt.
Da könnte der Traum ausgeträumt erscheinen: ein Kind ist euch geboren, arm und schwach. Da werden doch die Herren dieser Welt nur lachen. Keine Gefahr, können sie sagen und ihr Handwerk weiter betreiben.

Gottes Kommen geschieht im Verborgenen. Nur Gottes Wort führt dahin, Gottes Heil zu sehen. Es ist der schwierige Weg des Glaubens, keine anderen Zeichen, gar mächtige Manifestationen zu erwarten.
Und trotz allem gilt: Friede auf Erden! Nicht gewünscht und angestrebt, sondern er ist hier, aber nur in dem, der hier geboren wird. Nicht der gute Wille, die schon erbrachte Friedensleistung des Menschen sind gefragt. Vor all dem spricht Gott sein Wohlgefallen aus.

Möglicher Schluß
Die Hirten brechen eilends auf, um zu sehen, was sie gehört hatten. Der alte Mann ist nicht eilend gekommen, er hat viele Jahrzehnte gebraucht, um diese Geschichte zu sehen, die Gott uns kundgetan hat, um die Weihnachtsfreude in sein einsames, suchendes Herz aufzunehmen, die Freude, daß Gottes heilmachende Liebe in unsere Welt gekommen ist, zu uns, den Nahen und Fernen. Zum erstenmal in seinem Leben begriff er es: Gott ist ganz nah, wohnt unter uns, trotz der vielen anderen Erfahrungen in seinem Leben. Er spürt die Wärme in sich, wie neues Leben durchströmt sie ihn. Dieser Welt einen Heiland schenken - gibt es eine größere Liebe?! Längst haben die anderen den Dom wieder verlassen. Manche werfen einen verwunderten Blick auf den alten Mann, der da sitzt und lächelt, aus dem ein Licht strahlt, als spiegelte sich in seinem Gesicht das Licht der Krippe. Der alte Mann hatte gefunden, was er gesucht hatte: die schönste Geschichte der Welt. Von ihr wollte er anderen weitersagen, solange er lebte.

Kontexte

Max Bollinger, Stepan Zavrel, Das Hirtenlied, eine Adventslegende für Kinder und Erwachsene, © by bohem press Zürich, 5. Aufl. 1985.
Es ist die Geschichte eines kleinen Hirtenjungen, der von seinem Großvater über die Messiaserwartung hört. Er stellt ihn sich groß, mächtig und schön vor. Für ihn übt er auf seiner Flöte die schönste Melodie. Die Botschaft der Engel läßt alle Hirten aufbrechen. Der Hirtenjunge läuft voraus und blickt als erster auf das Kind, tief enttäuscht. Er flieht. Das Weinen des Kindes ruft ihn zurück. Er spielt seine Melodie.

Martin Luther: Predigt am 25. Dezember 1529 zu Lukas 2,1-12.
»Gott muß den Menschen herzlich lieben, weil du dieses Werk hörst, daß Gott mich nicht nur liebt, sondern kommt mir ganz nahe, wird Mensch für mich. Er tritt in die Natur und wird, was ich bin. Da sollen alle Herzen schmelzen. Es wäre ein freundenreiches Spiel, wenn der Fürst sich herabließe und würde bei dem Bauern leben.« (freie Übersetzung einer teilweise lateinischen Nachschrift)

Albrecht Goes, Anbetung

Wir suchen dich nicht,
Wir finden dich nicht,
Du suchst und du findest uns,
Ewiges Licht.

Wir lieben dich wenig,
Wir dienen dir schlecht,
Du liebst und du dienst uns,
Ewiger Knecht.

Wir eifern im Unsern
Am selbstischen Ort,
Du mußt um uns eifern,
Ewiges Wort.

Wir können dich, Kind
In der Krippe, nicht fassen.
Wir können die Botschaft nur
Wahr sein lassen.
(aus: Albrecht Goes, Lichtschatten du, © 1978 S. Fischer Verlag GmbH, Frankfurt am Main)

Angelus Silesius

Wird Christus Tausendmal
In Bethlehem geboren
Und nicht in dir: du bleibst
Doch ewiglich verloren.

Jean Anouilh hat in seinem Gedicht »Das Lied vom verlorenen Jesus-Kind« die biblische Geschichte folgendermaßen abgeändert: Plötzlich ist das Jesuskind aus seiner Krippe in Bethlehem verschwunden. Fieberhaft wird es gesucht. Doch nirgendwo findet man es, obwohl alle Menschen laut klagen: »Wo bist du, Jesuskind?« Bis sie doch eine leise Kinderstimme hören, die sagt: »Ich bin im Herzen der Armen. Ich bin im Herzen der Kranken ...«

1. Weihnachtstag

Annäherungen an den Predigttext Lukas 2,(1-14) 15-20

Heiderose Gärtner

Was steht eigentlich in der Weihnachtsgeschichte, war die erste Frage, die wir uns gestellt haben. Ein vorbereitetes Blatt erleichterte uns den Zugang. Etwa 50 Begriffe waren vorgegeben, von denen wir die ankreuzen konnten die, wie wir meinten, in der Weihnachtsgeschichte nach Lukas stehen würden. Danach lasen wir den Text Lukas 2,1-20. Viele Aha-Erlebnisse gingen durch die Reihen des Bibelgesprächskreises. Viele Begriffe, wie Kerzenlicht, Engelschor und Stall kamen in dem gelesenen Text gar nicht vor. Viele Begriffe und Vorstellungen der Weihnachtsgeschichte waren in unserem Kopf geprägt durch die Tradition, wie wir Weihnachten feiern, und durch viele Krippenspiele.

Da war nun unsere allzu bekannte und doch so sperrige Geschichte! Was bleibt da noch, war die Frage. Eine junge, wohl nicht sehr reiche Frau bekommt ein Kind, und gleichzeitig wird einer der verachtetsten Gruppen der damaligen Gesellschaft, den Hirten, von der Liebe Gottes erzählt. Das ist ja eigentlich eine sehr revolutionäre Geschichte, steht unserem Weihnachtenfeiern diametral entgegen! Gott, heißt das ja ganz konkret, kommt zu den Armen und Verachteten. Also müßten wir eigentlich an Weihnachten dort zu suchen sein, wo die Armen und Verachteten leben.

Aber warum feiern dann Menschen Weihnachten, so wie wir es tun? Und hat dieses Weihnachtenfeiern dann überhaupt keine Berechtigung mehr? Eigentlich ist es doch ein menschliches Urbedürfnis, mitten im Winter, in der kalten und dunklen Jahreszeit ein Lichterfest zu feiern und Geborgenheit zu erleben. Wir Menschen brauchen das, wurde festgestellt, damit wir nicht emotional verarmen. Also eigentlich ist es doch legitim, Weihnachten so zu feiern, wie wir es feiern, da es ein menschliches Urbedürfnis ist. So wie wir unser Weihnachten feiern, da spielen die arme, junge schwangere Frau und die zwielichtige Existenz der Hirten keine große Rolle. Bei unserem Weihnachtenfeiern steht »das Kind« im Mittelpunkt. Ein Kind zu feiern bedeutet, Hoffnung zu haben, bedeutet, sich selbst in dem Kind, egal wie alt man ist, wiederzufinden. Auch werden Erinnerungen an die eigene Kindheit wach. Die alten Bedürfnisse nach Geborgenheit tauchen auf und werden größtenteils auch befriedigt.

Gleichzeitig wurde festgestellt, daß vielen Menschen heute diese Form des emotionalen Erlebens an Weihnachten zu bedrängend erscheint. Sie fliehen in Urlaub in südliche Gefilde. Andere fliehen, weil sie die emotionale Wärme, die sie brauchen, nicht bekommen, in den Selbstmord.
Menschen haben ein Recht darauf, Weihnachten so zu feiern, Nähe und Heilsein zu suchen. Eine Aufgabe für Weihnachten heute wäre es, den Menschen das an Nähe und Geborgenheit zukommen zu lassen, was ihnen fehlt, diese emotionale Wärme spürbar zu machen, all die Streicheleinheiten, die die Menschen in ihrem Leben nicht bekommen haben, nachzureichen. Die weiche Seite Gottes soll an Weihnachten zum Leuchten kommen. Zärtlichkeit und Barmherzigkeit schienen uns die Begriffe für diese umfassende Liebe Gottes zu sein. Der hebräische Begriff Barmherzigkeit hat ja noch eine andere Bedeutung, nämlich Gebärmutter. Dieses Bild des umfassenden Schutzes und der Wärme des Mutterleibes erschien uns sehr hilfreich.
So Weihnachten zu feiern heißt nicht, in »Gefühlsduseleien« aufzugehen. Es geht darum, Gottes Liebe in aller Konsequenz sichtbar und fühlbar zu machen. Dieses Bemühen um die Menschen an Weihnachten wird so in keiner Weise ausgrenzend sein, eben auch nicht dadurch, daß man die Erwartungen an Weihnachten emotional überhöht oder indem man es zu einem Familienfest macht.
Gemeinsam erzählen wir denen im Kreis, die die Geschichte noch nicht kannten, die Erzählung von Don Valentino (Dino Buzzati aus »Weihnachtsgeschichten«, Hg. J. Hoffmann-Herreros, Mainz 1975). Gott ist dort, wo man miteinander lebt und »Gott« und Glauben teilt. Will man ihn nur für sich haben, so verliert man Gott.

Zum Gottesdienst

Rolf Heinrich

Exegetisch-homiletische Skizze

Die Situation

Die Weihnachtsgeschichte des Lukas wird am ersten Weihnachtstag anders gehört als am Heiligen Abend. Das Kind ist da, gefeiert ist es auch schon, vielleicht bis tief in die Nacht... Die Geschenke sind ausgepackt. Die Stimmungen des Heiligen Abends klingen nach. Jetzt ist es Tag und hell, ein Vormittag, ein Stück Alltag bereits, jedoch mit feierlichen Gefühlen und Sehnsüchten gefüllt. Das Alltägliche ist noch durchbrochen. Sehne ich mich erst dann nach Wärme und zärtlicher Berührung in der Kälte der Welt,

wenn ich einen Mangel spüre, wenn mir etwas fehlt, wenn ich etwas verloren habe oder in Gefahr gerät, was meinem Leben Halt gab? Das Alltägliche ist durchbrochen, auch wenn es nicht immer gelang, wenn die eigenen Erwartungen enttäuscht wurden, wenn die Versuche verkrampft waren, Mütter und Väter überfordert waren, hält dieses Fest eine Sehnsucht wach, die tiefer verankert ist als die oberflächlichen Erscheinungen von Schenken und Beschenktwerden, von Essen und Trinken, von Fernsehen und Familie, von der Flucht vor Weihnachten in die Disco oder nach Mallorca: Hinter den Erwartungen und Enttäuschungen an den Weihnachtstagen verbirgt sich eine tiefe Sehnsucht. Es ist die Sehnsucht, daß es im Leben mehr gibt als Kaufen und Verkaufen, Macht und Ohnmacht, Gewinner und Verlierer. Es ist das Gespür dafür, wie brüchig, widersprüchlich und ambivalent das eigene und das öffentliche Leben ist, wie nah und dicht beieinander feiertägliche Entspannung und verdrängte Probleme sind. Es ist die Sehnsucht danach, daß alles ganz anders sein könnte, daß Menschen »zuhause sind und alle sind da«.
Der 1. Feiertag ist ein Tag zwischen den Zeiten und erinnert an eine vertraute Geschichte, deren bevorzugter Ort der Heilige Abend ist und die am 1. Feiertag zu einer unzeitigen Geschichte wird. Das könnte eine Chance und ein Anlaß sein, dem Fremden, dem Widersprüchlichen und bisher Übersehenen nachzuspüren.

Die Erinnerung
Lukas ist eine schillernde und widersprüchliche Persönlichkeit. Für die einen ist er ein Anwalt der Ausgebeuteten und Verachteten, der Armen und Erniedrigten, für die anderen ein Theologe des Almosengebens, der Seelsorger der Reichen und ein politischer Opportunist, der soziale Spannungen und Ungerechtigkeiten durch Almosen abfangen will, und damit den politischen Absichten des römischen Kaisers entspricht, der das Almosengeben institutionell einführt, um die verarmten Massen vor der Revolte zu »bewahren«. Für Lukas liegt die Lösung sozialer Probleme im Almosengeben und im Verzicht auf Luxus, sein Interesse ist die Bußforderung an Reiche, die geldgierig waren und anderweitig lieblos mit ihrem Besitz umgingen (Lukas 16,27-31; 19,1-10). Zugleich und auf den ersten Blick im Widerspruch dazu hat Lukas stärker als andere Evangelisten Traditionen überliefert, die die Hoffnungen der Armen aussprechen, obwohl dies nicht aus der Interessenlage seiner Theologie begründet werden kann. Er hat sie nicht so umgedeutet, daß sie ihren Inhalt verloren. Er hat Respekt vor ihnen, auch wenn sie als Bruch oder gar Widerspruch empfunden wurden: Die Geburt des Messias ist Gottes Tat des Erbarmens, sie beendet die Not der Armen und stürzt die Gewaltigen vom Thron. Lukas hat die umstürzlerische Botschaft des Magnifikat nicht umgedeutet (Lukas 1,46–55). Die Rettung geht nicht von Kaiser Augustus aus, sondern vom göttlichen Kind in der Krippe, er singt nicht von Augustus, sondern vom Kind in der Krippe.

Windel, Krippe und Stall sind Zeichen der Armut, der Obdachlosigkeit und Erniedrigung. Die Engel erscheinen nicht in der Umgebung der Krippe, sondern bei den Hirten, die draußen sind, die ausgegrenzt sind. Sie sind landlose Schichtarbeiter, Tagelöhner, sie entsprechen in ihrem Leben denen von den Hecken und Zäunen, sie haben einen zweifelhaften Ruf, stehlen die Schafe ihrer Herren, um zu überleben, können vor Gericht nicht als Zeuge auftreten wegen ihres zweifelhaften Rufes. Kann ich Lukas vorwerfen, daß er die konkrete Lebenssituation der Hirten nicht deutlicher beschrieben hat, so daß ich zu den Hirten auch ihre Berufstreue assoziieren kann und an die Hirten denken kann, die das verlorene Schaf suchen und deren Leben das paradiesische Leben widerspiegelt? Spiegeln aber diese möglichen Hirtenbilder nicht die Widersprüchlichkeit meiner eigenen Empfindungen und Lebenslagen wider, die zwischen feiertäglicher Entspannung und verdrängten und verschwiegenen Problemen anzusiedeln sind?

Kann ich Lukas vorwerfen, daß er die Herrschaft des Kaisers Augustus zur Unkenntlichkeit verharmlost? Beschaulich beschreibt Lukas die Steuer des Kaisers Augustus, sie hat den Geschmack harmloser Weihnachtsfeiern, in Wirklichkeit war sie eine unbarmherzige Steuereintreibung und Soldatenaushebung. Kann ich Lukas vorwerfen, daß über Lukas 2,1 ff. »wie ein blauer, nur durch einige Wolken getrübter Himmel, jene Harmonie« waltet, »die göttlicher Leitung ansteht« und es so scheint, »als würde das konstantinische Zeitalter über zwei Jahrhunderte hinweg vorausgeahnt«. (E. Käsemann, Der Ruf der Freiheit, Tübingen, 1972, S. 25 f.) Lukas will überleben, deshalb haben die politischen Ereignisse bei ihm nicht die Spuren direkter theologischer Kritik überlassen. Nichts ist direkt davon zu spüren, daß Paulus und Petrus hingerichtet sind, Tausende massakriert wurden, Juden und Christen, der Statthalter Neros, Flavus sich - laut Josephus - wie ein Henker benahm und es bald an Raum für die Kreuze und an Kreuzen für die Leiber gebrach (F. Josephus, Geschichte des jüdischen Krieges V. 11,1, Wiesbaden 1978, S. 389). Lukas will überleben nach Verfolgungszeiten, deshalb stellt er dem Lobgesang der Engel »Sein Friede gilt allen auf Erden« korrespondierend den Lobgesang der Jünger zur Seite (Lukas 19,38) »Im Himmel Friede und Herrlichkeit in der Höhe«, damit hat er aber nicht einfach die messianische Reichs-Hoffnung von Markus 11,9 f. getilgt, die auf Erden anbricht. Die Weltgeschichte ist präsent - damals bei Lukas und heute bei uns - ob sie ausgesprochen wird oder nicht. Die Geburt dieses Kindes berührt Kaiser Augustus nicht, aber die Entscheidungen des Kaisers Augustus bestimmen die Lebensumstände dieses Kindes und seiner Eltern. Die Weltgeschichte ist präsent, damals bei Lukas und heute bei uns, ob sie nun direkt ausgesprochen wird oder nicht. Die große und die kleine Weltgeschichte, Kriege und Hungersnöte, Armut und Obdachlosigkeit, Krankheiten und die ganz normale Einsamkeit, all das ist direkt und indirekt, ausgesprochen oder verschwiegen, gleichwohl präsent, nicht nur dort draußen in der rauhen Wirklichkeit der Welt und des Alltags, sondern auch in mir selbst.

Kann ich meine moralische und theologische Empörung gegen Lukas richten, weil er nicht eindeutiger und mutiger bekannt hat, nicht entschiedener für ausgleichende Gerechtigkeit und Befreiung der Armen gekämpft hat? Wie stehe ich da, wenn ich mich zu verantworten hätte, wie ich heute der sozialen Demontage und dem Unrecht in unserer Gesellschaft widerstehe?
Es kann eine befreiende, barmherzige und ermutigende Wirkung haben, wenn ich die Weihnachtsgeschichte des Lukas nicht einfach umdeute in eine Befreiungsgeschichte der Armen und Entrechteten, sie aber auch nicht ausschließlich verstehe aus der Perspektive von oben, von der Sonnenseite der römischen Wirklichkeit her, sondern dem Fremden, Widersprüchlichen und Übersehenen nachspüre!

Die Vergegenwärtigung
Ich spüre dem Fremden, Unerwarteten und Widersprüchlichen nach, indem ich eine Person aus der Weihnachtsgeschichte narrativ vergegenwärtige, die am Rande steht und immer im Hintergrund ist, ohne die aber die Geschichte für uns nicht vorstellbar ist: Josef, der Übersehene. Von Josef wird nur im Zusammenhang der Geburts- und Kindheitsgeschichte Jesu berichtet. Joseph, der im Heilsplan Gottes als Bindeglied zwischen Erstem und Zweiten Testament mit seiner Abstammung aus dem Davidsgeschlecht (Lukas 2,3; Lukas 3,23–38) eine so wichtige Rolle spielt, steht als Vater und als der Mann Marias im Schatten. Als Schutzpatron der Zimmerleute, der Menschen in Wohnungsnot und der Familie erfährt er eine regional sehr unterschiedliche Heiligenverehrung in der katholischen Kirche. Josef, der unbekannte und unbedeutende Zimmermann wird zum Opfer der römischen Weltgeschichte, er wird auf den Weg nach Bethlehem gezwungen (Lukas 2,3), den er freiwillig nicht gegangen wäre. Er widersetzt sich der römischen Anordnung nach Lukas nicht, obwohl es zu seiner Zeit Männer gab, die gegen diese Anordnung entschieden und auch gewalttätigen Widerstand leisteten. Lukas weiß um diesen engen Zusammenhang zwischen dem Zensus und der Empörung, die diese Zwangsmaßnahme der Besatzungsmacht im Volke auslöste. Apostelgeschichte 5,37 berichtet über den Aufstand des Judas, der »in den Tagen der Schätzung aufloderte«. Die Eintreibung der Kaisersteuer, die der Zweck der Schätzung war, wurde mit einer rücksichtslosen Brutalität durchgeführt, die viele Tausende zur Steuerverweigerung veranlaßte – auch wenn sie deshalb Haus und Hof verlassen mußten. In jüdischen Schriften jener Tage hieß diese Besteuerung »Aussaugung des Landes«. Die Gewissensfrage der Juden lautete: »Ist es uns erlaubt, dem Kaiser Steuer zu zahlen?«, lange bevor Jesus mit dieser Frage öffentlich in Jerusalem konfrontiert wurde. (Vgl. Lukas 23,1-3: Zusammenhang zwischen Geburts- und Kreuzigungsgeschichte). Gehörte Joseph vielleicht auch zur Gruppe derer, die den Zensus und die Schätzung verweigerten? Es ist merkwürdig, daß Joseph seine hoch schwangere Frau

mit auf die gefährliche Wanderung und mehrtätige Durchquerung von Galiläa, Samaria und Judäa nahm, obwohl es durch den römischen Zensus keine zwingende Notwendigkeit dafür gab. Wollte er seine Frau und sie ihn nicht alleine lassen? Oder mußte Joseph mit seiner Frau fliehen, weil er zu den Männern gehörte, die der römischen Einschreibung leidenschaftlichen Widerstand entgegensetzte? Das würde auch erklären, warum sie nur schwer eine Unterkunft fanden. Wie dem auch sei, die Ereignisse der Politik und Weltgeschichte beeinflussen und prägen das ganz private und bescheidene Leben der Menschen damals und heute.
Joseph wird begleitet von der schwangeren Verlobten Maria. Er begleitet sie, steht zu ihr und hält zu ihr, obwohl das Kind, das sie erwartet, nicht von ihm sein kann. (Vers 5). Maria hat Ehebruch begangen, worauf die Todesstrafe steht. Obwohl Joseph die Verlobung hätte auflösen, sich von Maria hätte trennen können, bleibt er bei ihr. Das wird keine einfache oder spontane Entscheidung gewesen sein, er wird einen inneren Kampf mitgemacht haben zwischen Vernunft, dem, was er als Mann damals tun mußte, und seiner Liebe zu Maria, die er trotz allem verspürte. Er tut mit einer unbegreiflichen Gewißheit und einem Mut das Ungewöhnliche (Geheimnis der Liebe). Er wächst über sich hinaus, über das, was ihn bisher als Mann geprägt hat und auch über das hinaus, was die Gesellschaft von ihm erwartet. Er bekennt sich zu seiner Frau Maria und seinem Sohn Jesus, und damit nimmt er in Kauf, daß der, der sich zu den Ausgegrenzten einer Familie oder Gesellschaft bekennt, selbst ausgegrenzt wird. Seine eigenen Pläne und Wünsche läßt er sich durchkreuzen, er läßt sich in die Unsicherheit und Ungeborgenheit schicken. Er gibt sich selbst, sein Mißtrauen und seine Verletztheit aus der Hand. Joseph erlebt die Geburt seines Kindes. Das wird nicht nur eine Freude gewesen sein, nicht nur eine beglückende und befreiende Erfahrung. Die Situation, die Umstände, die Geschichte, die harten Daseinsbedingungen lassen Kinder zur Last werden. Wirklich willkommen ist unter diesen Bedingungen erst das heranwachsende Kind, das sich schon selbst helfen kann. Wir halten kindliche Wärme und Geborgenheit, kindliche Unbeschwertheit für natürlich, sie sind aber das Ergebnis besonders günstiger und gesicherter Lebensumstände. Wie erlebt Joseph in der Geburt dieses Kindes die Rettung, die Befreiung, die Nähe und Barmherzigkeit Gottes? Gott hat die Nähe dieses Kindes nicht nur ausgehalten, sondern gesucht, er hat die Nähe des Menschen gesucht. Die Barmherzigkeit Gottes zeigt sich in seiner Nähe zu diesem Kind: Gott im Kind. Barmherzigkeit kommt im Hebräischen von »Mutterschoß«. Es besagt eine Verbundenheit, die im Bereich der Mütterlichkeit gedeiht, eine Verbundenheit mit einem hilflosen, schützenswerten und von Anfang an bedrohten Leben, dessen Leben ganz und gar abhängig ist. Wärme, Nähe, Vertrauen, Zärtlichkeit gerade hier, weil nirgendwo das Leben so bedroht ist wie im eben geborenen Kind. Nicht einer verklärten Kindheit, sondern einem konkreten Kind, dessen Leben bedroht ist, gilt die Nähe Gottes.

Deshalb bedeutet sein Name »Gott rettet Leben«. Dieser Name klingt wie ein Bekenntnis gegen den Angriff der Menschen auf dieses Leben und wie ein Einspruch Gottes gegen des Menschen Selbstzerstörung. Gott hat eine Schwäche für den Menschen, den schwachen Menschen. Deshalb repräsentieren Joseph und Maria, dieses Kind und die Hirten die ganze Menschheit: Wenn es den Schwächsten und Schutzbedürftigsten gut geht, dann geht es allen gut. Menschlichkeit und Barmherzigkeit einer Gesellschaft zeigen sich darin, wie die Schwächsten unter ihnen leben können, und das kommt auch den scheinbar Starken und Gesunden zugute, die ihre eigene Schwäche nicht mehr verdrängen und kaschieren müssen.
Joseph steht am Rande und ist den Menschen am Rande verbunden. Er hat seinen Sohn erzogen vermutlich wie seine übrigen vier Söhne und drei Töchter (Markus 6,3), er hat ihn in die Synagoge mitgenommen und ihn mit der Schrift vertraut gemacht. Er hat ihm vielleicht das Zimmermannshandwerk beigebracht und gehofft, seine Kinder würden einmal in einem freien, nicht besetzten Land leben können. Hat Jesus seine irdischen Erfahrungen mit seinem Vater aufgenommen, wenn er Gott, den Unbenennbaren, einen »gütigen, einen barmherzigen Vater« nennt, hat er die Erfahrungen mit seinem Vater vor Augen, wenn er Gott zärtlich »Abba«« Väterchen nennt oder spiegeln diese zärtlichen Worte die Sehnsucht wider, weil der reale Vater diesem Traum vom Leben nicht entsprach?
Im Gottesdienst ist eine narrative Predigt vorstellbar oder eine Meditation zu einem Josephsbild (zum Beispiel »Ruhe auf der Flucht« von Ernst Barlach) oder ein fiktives Gespräch von Joseph (vgl.: Pinchas Lapide, An Joseph von Nazareth, in: Liebe Maria, lieber Petrus! Briefe, hrsg. v. Raul Niemann, Gütersloh 1987, S. 14–23)

Vorschläge zur Liturgie

Eingangsspruch
Gott, du kommst anders als wir dich erwarten.
Im Menschen Jesus bist du geworden, wie wir wirklich sind,
hilflos und gefährdet.
Gib, daß wir uns in dir erkennen und menschlich werden.

Sündenbekenntnis
Ich bekenne, daß ich Jesus übersehe / den Jesus, der in einer Futterkrippe liegt / und als uneheliches Kind zur Welt kommt. / Ich bekenne, daß dieser Jesus mir unbequem ist / zu dessen Geburt Hirten kommen / die von frommen Leuten gemieden werden. / Ich bekenne, daß dieser Jesus meine Gedanken und Gefühle stört / der als Erwachsener Reiche stören wird / Armen helfen wird / und aufdeckt, was nicht stimmt. / Manchmal decke ich diesen Jesus zu / mit Lametta und Goldkugeln. / Ich höre dann lieber vom

süßen Knaben mit lockigem Haar / der von Königen bei seiner Geburt besucht wird. / Aber ich tue das, weil ich selbst Angst habe / und dem Dunkel der Welt ausweichen möchte. / Ich bitte dich, komm du, Jesus / in mein Denken, Fühlen und Handeln. / Du bist dem Dunkel nicht ausgewichen. / Du wohnst in der Finsternis / und hast sie doch erhellt.

Lesung
Die Träume des Zimmermanns lasten schwer seit er aufbrach aus Galiläa mit der hochschwangeren Frau nach Juda, weil Rom befohlen hatte zu zählen die Köpfe wegen der Steuern, die Kraft der Hände der Männer, die Schöße der Frauen für mögliche Söhne.
Dort in Juda, in der Davidstadt war er geboren - Josefs Sohn - in einem Unterstand für Vieh, denn es war kein Raum in den Herbergen. Dort in Juda herrschte Herodes und fürchtete um seinen schiefen Thron, fürchtete die Konstellation der Himmelskörper, die Hirten als Sternstunden erfuhren und Weise als Zeitenwende, die Wende zum Guten, weil Gott rettet. Und Josef träumt schwer in den Nächten. Herodes wacht und plant den Mord an dem Kind. Jesus - Gott rettet Leben.
Steh auf, nimm das Kind und seine Mutter mit dir und flieh nach Ägypten und bleib dort, bis ich's dir sage! So sprach der Engel hinein in die schwarzen Träume von Josef, dem Zimmermann aus Galiläa. Und Josef steht auf und reiht sich ein in den Zug der Flüchtlinge vor seiner Zeit, von denen das Heilige Buch erzählt; wie er waren sie auf der Flucht: Abraham und Sara aus Hunger nach Gott, Jakob und seine Söhne aus Hunger nach Brot, wie Elimelech mit Noemi aus der Davidstadt und er, David, vor den Schergen Sauls, wie Elia vor den Mordknechten Isebels, wie Josefs Volk vor der Schreckensherrschaft des Pharaos aufstand und floh aus der Knechtschaft. Josef steht auf und flieht mit dem Kind und der Mutter. Gott rettet auf Fluchtwegen. Er geht mit auf dem Weg in die Fremde. Er geht mit auf dem Weg in die Sprachlosigkeit. Er geht mit in die Ungewißheit des Wartens in Lagern. Er geht mit in die Anspannungen der Verhöre. Er geht mit in die Kleiderkammern und nimmt entgegen, was an Überflüssigem bleibt. Er reiht sich in die Kette der wartenden zur Ausspeisung, seit er sich hingab, seit er sich preisgab, an die Menschen guten Willens in diesem Kind Jeshua. Gott rettet das Leben.
(Barbara Rauchwarter, aus: Handreichungen der Ev. Frauenarbeit in Österreich, Dezember 1991)

Kollektengebet
Gott, wir bitten dich, laß uns wie Josef deinen Ruf hören und ihm nachgehen,
laß uns wie Josef an unserem Platz bleiben,
laß uns wie Josef auf die Stunde warten, in der du uns brauchst,
laß uns wie Josef in den Widrigkeiten des Tages deinen Willen erkennen,

laß uns wie Josef auf dein verborgenes Tun im Vertrauen antworten,
laß uns wie Josef aufbrechen und zurücklassen, Gefahren sehen und nicht ausweichen,
laß uns wie Josef deinen Ruf hören und das Alltägliche tun.

Lieder
Weil Gott in tiefster Nacht erschienen, EG 56,1–4
Uns wird erzählt von Jesus Christ, EG 57,1,2,4
Die Nacht ist vorgedrungen, EG 16,1,4,5
Sankt Josef, Sproß aus Davids Stamm, Gotteslob

Vorschlag zur Predigt

Möglicher Anfang
»Es begab sich aber zu der Zeit, daß ein Gebot von dem Kaiser Augustus ausging, daß alle Welt geschätzt würde, und diese Schätzung war die allererste und geschah in der Zeit, da Cyrenius Landpfleger in Syrien war …« Vertraut ist mir der Anfang, war das nicht erst gestern? Immer wenn ich diesen Anfang höre, tauchen in mir die Bilder, die Gefühle und Stimmungen meiner Kinderzeit auf: Unser Wohnzimmer mit dem geschmückten Weihnachtsbaum. Alles war vergessen, was vorher war, die Schule und ihre Noten, der Ärger und die Hektik der Eltern. Die Weihnachtsgeschichte, die nach Lukas vorgelesen wurde, war mir immer zu lang, weil ich es nicht erwarten konnte, endlich die Geschenke auszupacken. Der Tisch war feierlich gedeckt, es wurde festlich gegessen, es wurde erzählt von früher, wir waren zuhause, und alle waren da. Die Geschichte von Augustus, von Maria und Josef, den Hirten und Engeln, sie war ein wichtiger Teil meiner Spannung und Erwartung, sie bereitete das vor, was anschließend geschah. Sie wirkte auf mich geheimnisvoll mit Namen, die ich nicht verstand. Kaiser Augustus und Quirinius, Syrien, Hirten auf den Feldern und Engel, die sangen, es geschah etwas, dessen Tragweite und Hintergründe mir fremd waren und gerade weil sie mir fremd waren, fühlte ich mich angezogen und merkwürdig berührt. Ich spürte etwas von dem, was mir selbst einmal in die Wiege schien und worin ich noch nie wirklich war. War es nicht erst gestern? Die Vorbereitungen für das Krippenspiel in der Kirche. Die Mädchen rissen sich darum, die Rolle der Maria zu spielen. Die Jungen wollten Hirten und Wirte sein, auch die Rolle der Sternträger und Engel waren leicht zu besetzen, aber Josef. Wer wollte den Mann einer schwangeren Frau spielen und sich öffentlich zu einem Mädchen bekennen, zumal, wenn es schwanger war? Welcher Junge, der sich auf dem Weg fühlt, ein richtiger Kerl zu werden, will schon einen Vater spielen, der nicht der wirkliche Vater ist? Als ich ein Kind war, wollte ich unbedingt den Josef spielen, weil ich in das Mädchen verliebt war, das die Maria spielte. Ich wußte

damals nicht, daß Maria mit Josef nur verlobt war, ich wußte nicht, daß das erwartete Kind nicht das Kind Josefs sein konnte, daß Maria ein uneheliches Kind erwartete. Und wenn ich es gewußt hätte, ich hätte trotzdem den Josef gespielt, auch wenn alle anderen hinter meinem Rücken gegrinst hätten, weil ich die Maria liebte. »Und es begab sich aber zu der Zeit...« War es nicht erst gestern und heute? Ist mir nur meine Sehnsucht geblieben nach meiner weihnachtlichen Kinderzeit, weil die übrige Zeit als Kind in der Nachkriegszeit alles andere als glücklich war? Ist mir die Erinnerung an Josef geblieben, weil ich in die Maria verliebt war? Wer war dieser Josef, den ich als Kind spielte, ohne zu ahnen, wen ich da spielte?
Ich lade Sie ein, mit mir an einen Mann zu denken, der immer im Hintergrund war, der zwar zur Heiligen Familie dazugehört, der aber nicht besonders herausragt.

Zum weiteren Verlauf
a) Meditation zur Plastik von Ernst Barlach, Ruhe auf der Flucht.
(Anregungen dazu: Ulrike Börsch, Josef - Du im Vordergrund? Betrachtungen einer Plastik von Ernst Barlach, in: Anhaltspunkte, hrsg. vom Ev. Frauenbund, November/Dezember 1987)

Ernst Barlach hält in dieser Plastik einen Augenblick der Flucht fest, einen Augenblick, in dem Angst und Schrecken keinen Platz haben, obwohl sie allgegenwärtig sind. Mitten in der unbarmherzigen Kälte der Welt, mitten in Unheil und Bedrohungen erleben Menschen Liebe und Geborgenheit. Josef, Maria und das Kind bilden eine Einheit. Maria hat ihre Hände offen auf dem Schoß liegen. Sie ist versunken im Anblick ihres Kindes, sie ist ganz zur Ruhe gekommen, sie hat für einen kurzen Augenblick die um sie herum tobenden Gefahren vergessen. Behutsam bereitet Josef seinen Mantel um die beiden. Er bildet mit seinem Mantel und Körper zusammen ein Zelt, in dem Mutter und Kind sich geborgen fühlen. Das ist keine Geste männlicher Macht oder Stärke, es ist ein Zeichen dafür, daß Josef seine Verantwortung für Maria und Jesus übernimmt. Josef hat das Kind, seinen Sohn, im Blick. Er hat ihm den Namen Jesus – das heißt »Gott

rettet Leben« gegeben. Der Name klingt wie ein Bekenntnis gegen den Angriff der Menschen auf dieses Leben. Josef, der unbekannte, unbedeutende Zimmermann, tritt in dieser Plastik aus dem Schatten heraus. Er übernimmt es, das Kind und seine Mutter zu beschützen. Große Worte liegen ihm nicht, er tut schweigend, was nötig ist. Vielleicht fühlen wir uns mit diesem Mann, der nur für kurze Zeit aus dem Schatten tritt, verbunden. Der behutsam über Maria und dem Kind ausgebreitete Mantel drückt für mich die Übernahme der Verantwortung eines zärtlichen Vaters aus. Söhne, Töchter und Mütter, denen diese Erfahrung fehlt, haben es schwer. Vielleicht ist das Josefs unentdeckter Anteil an der Botschaft Jesu und seine Bedeutung an uns in einer vaterlosen Gesellschaft.
Und Maria singt unter dem Mantel Josefs:
Ich lache gegen die Angst,
Denn du bist bei mir Leben.
Du machst mich lebendig,
Bei Tag und bei Nacht.
Du gibst mir Traurigkeit.
Du gibst mir Mut.
Ich spüre dich bei mir.
Du willst verändern,
Nicht Stillstand.
Du bist auf der Seite der Verzweifelten.
Ich weiß es.
Du schaffst den Hungernden Brot.
Du beseitigst Ungerechtigkeit.
Wer bin ich,
Daß du bei mir wohnst?
Was habe ich Besonderes,
Daß du mich anhauchst?
Du bist das Lachen,
Du bist das Weinen.
Du bist das Zelt, unter dem ich mich bergen kann.
Du tröstest mich.
Leben.

oder b)
narrative Erzählung über Josef (vgl. Exegetisch-homiletische Skizze)

oder c)
Gespräch mit Josef (vgl. Pinchas Lapide, An Joseph von Nazareth, siehe oben)

Möglicher Schluß
Josef, wo bleibst du? Deine Spuren gehen für mich weiter. Du trittst nicht einfach ab nach der Geburt Jesu. Ich erfahre etwas von dir und deinem

Leben. Jesus nimmt die negativen und positiven Erfahrungen mit dir, mit seinem irdischen Vater, in sein Leben auf. Er beschreibt Gott im Gleichnis vom verlorenen Sohn als einen barmherzigen Vater, der vergeben kann. Er nennt Gott, den Unbenennbaren und Unbeschreibbaren einen »gütigen Vater«, er lehrt seine Freunde beten »Abba«, »Vater unser«, was soviel heißt wie »Väterchen«. Diese Anrede drückt ein zärtliches Vertrauen aus. Ich meine etwas zu erfahren von deinem unbeschriebenen Leben, wenn dein Sohn Gott beschreibt als einen Vater, der seine Kinder liebt, der vergeben kann, der offene Arme hat, der bei dem Bruder um den Bruder wirbt und dem das Leben höher steht als jedes Prinzip. Und selbst wenn dein Leben als Vater ganz anders aussah, die Sehnsucht nach dem barmherzigen und zärtlichen Vater bleibt.

Literatur

H. Gollwitzer/P. Lapide, Ein Flüchtlingskind. Auslegungen zu Lukas 2, München 1981

E. Hammerschmidt, Art. Joseph 2, in: RGG, Bd. 3, Sp. 861-862

Chr. Küching/D. Stiftel-Völker, Jesus - Josefs Sohn, Ev. Frauenhilfe in Westfalen, Juni 1989

K. Wengst, Pax Romana. Anspruch und Wirklichkeit, München 1985, S. 127ff.

2. Weihnachtstag

Annäherungen an den Predigttext Johannes 1,1-5 (6-8) 9-14

Hannes-Dietrich Kastner

Aus einer »Offenen Gesprächsrunde« mit erwachsenen Gemeindegliedern

Wir lesen den ganzen Abschnitt in der Übersetzung Martin Luthers (Revision 1984).
Ist das ein Weihnachtstext, auf den man sich freuen könnte?
- Mich stören einige Brüche. In manchen Teilen klingt der Abschnitt wie ein Psalm, also richtig schön und festlich. Aber dann kommen plötzlich Einschübe und Reflexionen. Wozu z.B. die Erwähnung des Johannes in Vers 6f. oder diese komplizierte Erklärung, wer zu den Kindern Gottes zu rechnen sei V. 12c und 13?
- Ich will zunächst nicht von dem Störenden sprechen, sondern von dem, was mich anzieht. Dieser Text ist für mein Gefühl sehr weit, offen, hat klare Bilder (Licht, Leben, Finsternis), vermeidet vordergründige Einzelheiten wie z.B. den Ort Bethlehem. Er lenkt nicht ab, läßt Überflüssiges weg, reduziert auf das Wesentliche. Das spricht mich an.
- Von wem stammen wohl die Einfügungen, die uns stören? Vom Evangelisten? Brauchte er die Gestalt des Täufers, um die Leser des Evangeliums in eine Erwartungshaltung zu versetzen?
- Mich stört kaum etwas an diesem Text. Ein großer Gedanke, ich kann auch sagen: ein erhabener Text wird geerdet V. 9 ff. »Er war in der Welt« und »er kam in sein Eigentum« und »er wohnte unter uns«. Das ist so einfach ausgedrückt; und es reicht dennoch aus. Johannes ist es sicher so ergangen wie uns, als wir einmal die Geburtskirche in Bethlehem besuchten. Da störte uns so vieles, was überflüssig ist. Das Äußere und Dekorative ist zu verlassen, damit wir zum Wesentlichen finden.
- Mich berührt, wie Johannes, der Evangelist, das Weihnachtsgeschehen auf die ganze Völkerwelt, die ganze Menschheit bezieht. Das Licht scheint nicht nur für ein einziges Volk. Bei dem Wort »Eigentum« stellen sich jedenfalls bei mir zwei Gedankenverbindungen ein: Ich denke an das Gottesvolk der Juden *und* an die Schöpfung Gottes.
- Mir fällt auf, daß es in V. 12 nicht »Christenleute« heißt, sondern »Gotteskinder«, daß also auf den Ursprung aller verwiesen wird.

- Das korrespondiert auch mit dem 1. Kapitel des Buches Genesis. Da geht es ja auch um den Ursprung, der durch das Wort gesetzt ist, durch die Sprache, die uns zu Menschen Gottes macht.
- Aber es geht trotzdem um die Person Jesu?
- Das schon, aber Jesus verweist immer an den »Vater«; er will nicht angebetet und hofiert werden.
- Nicht die Person Jesu ist für mich das Wesentliche, sondern die Inhalte dessen, was er sagt und an neuen Einsichten vermittelt.
- Aber ich kann trotzdem nicht davon absehen, daß Gott sich durch diese unverwechselbare Person uns mitteilt. Er will in mir geboren werden, wie es bei Angelus Silesius heißt.
Die Gruppe liest den Text in der Übertragung von Walter Jens, danach in der Übersetzung von Fridolin Stier.
- Das klingt überraschend, wie bei Jens plötzlich ER (Gott) und Jesus verwechselbar werden, Jesus ganz in der Sache Gottes aufgeet.
- Und Jens schneidet die Gestalt des Täufers Johannes aus dem, Text. Gut so!
- Also - wir sollten diesen festlichen Text in dieser Fassung Weihnachten lesen.
- Mir gefällt auch manche Zeile bei Fridolin Stier. In V. 14 schreibt er statt »wohnen« »zelten«. Das klingt so angenehm leicht, nicht nach Festung, sondern nach Hütte, nach Beweglichkeit. Ob das im griechischen Urtext auch so heißt, zelten?
- Ich habe, weil ich wußte, welchen Bibeltext wir heute lesen würden, nach Gedichten Ausschau gehalten, die uns vielleicht noch aufmerksamer machen. Eins stammt von Vicente Aleixandre (1977) und lautet so: »Das Wort ward eines Tages / Menschenlippe. / War das Licht als junger Morgen; / mehr noch: Blitz / in dieser nackten Ewigkeit. Es liebte / jemanden. Ohne gestern, ohne morgen. / Und da kam / das Wort. Wort nur rein / auf immer - Liebe in der Unendlichkeit, / der schönen.«
- Nichts gegen »schöne« Texte. Aber ich frage mich doch selbstkritisch, ob ich in der heutigen Zeit diese »schönen«, verknappten Texte verkrafte, ob ich zu Weihnachten nicht vielleicht doch eher erzählende Texte brauche, die mehr das Gefühl oder auch das Gemüt ansprechen.
- Nein, auf keinen Fall! Nach meiner Israel-Reise habe ich zu vielen Dingen keinen Zugang mehr. Da ödet mich jetzt vieles an.
- Verschiedene Hirtenfelder in Bethlehem, ein katholisches, ein evangelisches usw. - Oder »Stille Nacht, heilige Nacht« - gesungen in sengender Juni-Hitze - von Touristen mit Sonnenhut.
- Wenn ich im 11. oder 12. Jahrhundert in einer Ordensgemeinschaft lebte, in einem Kloster, dann würde mir dieser Text aus dem Johannesevangelium zu Weihnachten vermutlich vollauf genügen, wie er vom Wort spricht und vom Licht im Dunkeln. Aber wenn ich den Text heute hören soll, dann spüre ich bedrängend, daß ich im Grunde ganz anders leben müßte. Ich müßte vieles loslassen.

- Richtig. So ist das. Ich muß *mein* Weihnachtsfest wollen und dann auch so gestalten. Das ist mir doch zuzumuten.
- Ich habe meine Art, Advent und Weihnachten zu begehen, nach meiner Israel-Reise und etlichen Studien danach gründlich verändert. Zugegeben: Der Sog, immer wieder zurückzufallen und träge alles Überflüssige mitzumachen, ist gewaltig.
- Vielleicht wäre es wichtig, wenn wir - angestoßen durch diese Überlegungen - wieder einmal tägliche Adventsandachten hielten, in unserer Krypta zum Beispiel, oder wenn wir wieder eine »Fastengruppe« bildeten.
- Sich aus innerer Freiheit eine Strenge leisten.
- Wie in der Zeit vor Ostern. Die Bezüge zwischen Ostern und Weihnachten sind mir bei diesem Evangelium besonders aufgegangen; und ich finde es gut, daß das in unserer Gemeinde auch durch die Verwandtschaft der Liturgien zu diesen beiden Festzeiten zum Ausdruck kommt.

Zum Gottesdienst

Wilfried Lenzen

Exegetisch-homiletische Skizze

Dem Prolog im Johannesevangelium liegt ein urchristlicher Hymnus zugrunde, der durch Einschübe, redaktionelle Zusätze überarbeitet, umgestaltet wurde (V. 6-8, V. 12b-13, aber auch V2, V. 5, V. 9 und 10). Den gedanklichen Hintergrund bildet die jüdisch-hellenistische Vorstellungswelt. Der Logosbegriff kommt der Weisheitsspekulation nahe: Die Sophia war vor aller Zeit bei Gott. Sie war Schöpfungsmittlerin, als Gott die Welt schuf. (1. Mose 1 klingt an). Im Prolog geschieht aber die Selbstoffenbarung Gottes nicht mehr durch Gottes Weisheit, durch die Tora bei den Menschen, sondern durch den Schöpfungslogos als dem fleischgewordenen Gott, der in Jesus unter den Menschen wohnt (zeltet, sein Lager aufschlägt, Wohnung nimmt). Die spezifische und genuin christliche Deutung mit einer antignostischen Spitze liegt in Vers 14. Nun muß das Evangelium von Jesu Wandel auf Erden, von seinem Sein unter den Menschen erzählen. Der Prolog wird als Einleitung, aber auch als Summe des Evangeliums angesehen. Er ist Leitmotiv für das, was mit Jesus in die Welt gekommen ist (3,19; 12,46; 14,6). Unbeachtet lasse ich, daß der Prolog in V. 18 auf die Präexistenz des Eingeborenen zielt. Die Perikopenwahl und die homiletische Situation legt den Schwerpunkt auf Vers 14. Das ist m.E. auch der Skopus, der der Predigt am 2. Weihnachtstag die Richtung geben sollte. Um der Konzentration willen entscheide ich mich, nicht auf die besondere Stellung des Täufers als dem Vorläufer einzugehen - (im Sinne der Klammersetzung, zumal auch V. 15 abgetrennt ist).

Immer schon hat der Prolog zur theologischen Gedankenbildung angeregt – von der Christologie der ersten Jahrhunderte bis zu Karl Barth. Predigten über diesen Text waren oft kurzgefaßte Glaubenslehren (Rolf Heue, in Predigtstudien I,1 1972/73). Die einprägsamen Worte haben fast Katechismuscharakter und wurden auswendig gelernt (Rudolf Steiner). Sie dienten aber auch als Wahlspruch (z. B. »Lux lucet in tenebris« in der Waldenserkirche). Das Bedenken und Festhalten der tiefen und umfassenden Wahrheit tröstet und macht gewiß. Ein Grund für die bedeutsame Wirkungsgeschichte und die Kraft dieses Textes mag auch in der reichhaltigen Symbolik liegen (Anfang, Wort, Gott, Licht, Finsternis, Fleisch, Herrlichkeit, Vater, Gnade, Wahrheit). Symbole haben Beziehung zur Wirklichkeit, aber sie gehen nicht in ihr auf, sondern transzendieren sie. Auch die theologische Spannung (an Weihnachten) bleibt erhalten: Gott ist in Jesus Christus Mensch geworden und »wir sahen seine Herrlichkeit« (V. 14). Erfüllung ist geschehen. Freude leuchtet auf. Aber auch diese Konkretion bleibt Geheimnis, eine Wahrheit für die, »die an seinen Namen glauben, denen er Macht gab, Gottes Kinder zu werden« (V. 12). Und jede religiöse Wahrheit gilt letztlich unter eschatologischem Vorbehalt. Ich halte auch Melanchthons Hinweis für bedenkenswert: Mysteria divinitatis rectius adoraverimus quam vestigaverimus. (Die göttlichen Geheimnisse sollten wir besser anbeten als erforschen.)
Der 2. Weihnachtstag bietet Gelegenheit, Bilanz zu ziehen, auf das Fest zurückzuschauen, auf erfüllte und unerfüllte Erwartungen. Was bedeutet mir, uns Weihnachten nach Heiligabend, Bescherung und Kinderfreuden, nach Familienfest und Familienstreit? Der 2. Weihnachtstag wäre Anlaß für die Feier eines »gereiften« Festes. Es bietet die Möglichkeit, vertieft wahrzunehmen und das Weihnachtsereignis ankommen zu lassen: Weihnachten als eine Liebe »auf den zweiten Blick«.

Vorschläge zur Liturgie

In der *Begrüßung* oder als *Präfamen* zum Evangelium
Das Zeugnis des Neuen Testaments von der Menschwerdung Gottes ist vielfältig: Neben dem Bericht von Christi Geburt im Stall von Bethlehem stehen andere Aussagen über das Geheimnis der Menschwerdung Gottes, das wir an Weihnachten feiern. Hören wir heute die Botschaft des Johannes: Das Wort ist Fleisch geworden und hat unter uns gewohnt und wir sahen seine Herrlichkeit. (Johannes 1,14a – auch Wochenspruch)

Sündenbekenntnis
In seinem Namen können wir unsere Schuld bekennen:
- daß wir selbst unser Leben ausfüllen mit Nichtigkeiten,
- daß wir uns ins rechte Licht setzen wollen und

– daß wir so tun, als könnten wir das Leben in Fülle kaufen.
Die Zeit ist reif, daß du kommst und uns losmachst von falschen Bindungen.

(Liturgieentwürfe für das Kirchenjahr, Beratungsstelle für Gestaltung von Gottesdiensten und anderen Gemeindeverastaltungen, Frankfurt 1985, S. 44)

Einleitung zum Kyrie

Wir fragen nach Leben und suchen Gott, immerzu: In der Finsternis schauen wir aus nach Licht. Wir rufen: Kyrie, eleison …
»Das Licht scheint in der Finsternis, und die Finsternis hat es nicht ergriffen.« Wir rufen: Christe, eleison …

Einleitung zum Gloria

»Wir sahen die Herrlichkeit als des eingeborenen Sohnes vom Vater voller Gnade und Wahrheit. Und von seiner Fülle haben wir genommen Gnade um Gnade!« Darum laßt uns Gott lobpreisen und singen: Ehre sei Gott in der Höhe …

Eingangsgebet

Vom Anfang an warst du bei uns, Gott, Schöpfer der Welt.
Wir danken dir.
Deinen Sohn hast du uns geschenkt, Mensch aus Fleisch und Blut.
Er zeigt uns den Weg. Er ist Licht in unserer Dunkelheit.
Wir freuen uns.
Und wir bitten dich: Erleuchte uns, daß wir leben in deinem Geiste, als Kinder Gottes aus deiner Gnade und Wahrheit. Amen.

Glaubensbekenntnis

Das Nicänum (EG 805)

Fürbittengebet

Du, unser Gott, Licht vom Licht in der Dunkelheit dieser Welt, unser Bruder bist du geworden in Jesus Christus: Kind und Herr, Trost und Hoffnung für uns alle.
Gib uns den Mut und die Kraft, menschliche Menschen zu sein, wo wir leben, lieben und arbeiten. Schenke uns, wir bitten dich, Worte, die aufhorchen lassen und aufrichten, Worte, die froh machen und orientieren in unserer Zeit. Ermutige uns zu hilfreichen Taten für die Nahen und Fernen, denen wir beistehen können. Verleihe uns Geduld dafür und langen Atem. Sie gehören doch alle zu dir, die Nachbarn und Kollegen, Eltern und Kinder, die Fremden und Wohnungslosen vor unserer Tür, die Mächtigen auch und die Armen. Hilf uns, zu glauben, zu lieben und zu widerstehen, wo Unrecht sich breit machen will. Denn dein Wort ist Fleich geworden und hat unter uns gewohnt und sein Licht scheint in unser Dunkel und läßt uns unsre Angst überwinden.

Vater Jesu Christi, gib deinen Geist als hellen Schein in unsre Herzen, daß wir als deine Kinder im Glauben leben und bleiben.

(verändert, aus: Neue Eingangs- und Fürbittengebete für die Sonn- und Feiertage des Kirchenjahres, hrsg. v. W. Brinkel und H. Hilgendiek, Gütersloher Verlagshaus, Gütersloh 1994, S. 19)

Dankgebet nach dem Abendmahl

Du hast deine Wohnung unter uns genommen, Herr, unser Gott,
du bist zu uns gekommen als Kind in der Krippe,
du bist zu uns gekommen in den Gaben deines Heiligen Mahles,
du bist zu uns gekommen mit deinem Licht in unsere Dunkelheit.
Wir danken dir, Herr, unser Heiland, für alles, was wir empfangen haben und für jede Gnade deiner Gegenwart.
Sei mit uns, wenn wir unsere Wege in diese Tage gehen:
Mit deinem Frieden komme und bleibe, wenn unser Herz unruhig ist. Das bitten wir dich, unsren Herrn und Heiland Jesus Christus. Denn in dir ist Gottes Liebe sichtbar unter uns erschienen. Durch dich preisen wir den Vater in der Einheit des Heiligen Geistes jetzt und in Ewigkeit. Amen.

Lieder

Brich an, du schönes Morgenlicht (EG 33)
Gelobet seist du, Jesu Christ (EG 23)
Jesus ist kommen, Grund ewiger Freude (EG 66)
Weil Gott in tiefster Nacht erschienen (EG 56)

Vorschlag zur Predigt

Möglicher Anfang

»Am Anfang war das Wort. Und das Wort war bei Gott.« So fängt das Evangelium nach Johannes an. Ein altes Wort der Bibel, das sich einprägt. Es erinnert an ein anderes – ebenso bekanntes Wort, mit dem die Bibel insgesamt beginnt: »Am Anfang schuf Gott Himmel und Erde ... Und Gott sprach ...« Am Anfang steht Gott, sein Wort.
Zuerst hören wir. Schon im Mutterleib. Noch bevor wir das Licht der Welt erblicken. Danach sehen wir. So auch am Anfang der Welt. »Und Gott sprach: Es werde Licht!« Und im Evangelium des Johannes: »Und das Licht scheint in der Finsternis!«
Das Evangelium holt weit aus: Ganz am Anfang sind wir, ganz nah am Ursprung. Dort, wo alles Leben beginnt ...
Und im Anfang ist schon alles enthalten – wie in einem Gen, in einem Keim, in einer Zelle, wie im ersten Wort einer Begegnung schon alles enthalten ist ...
Ein tiefes Wissen kommt uns entgegen – nicht um Vergangenes, sondern um die Gegenwart des Geheimnisses Gottes.

An Weihnachten suchen wir Verbindung zu diesem Geheimnis. Wir hören die alten Worte der Bibel von der Menschwerdung Gottes, von der Geburt des Christus in Bethlehem. Wir zünden in dunkler Zeit helle Lichter an. Wir rücken näher zusammen. Wir fragen nach menschlichen Bindungen. Fragen wir in all dem nach alten Verläßlichkeiten? Fragen wir nach Anfang, Ursprung in unserem Leben? Enthält nicht dieses Fest unseren Wunsch nach Vergewisserung - nach einer Gewißheit, aus der Hoffnung auf neues Leben entstehen kann: Licht, das auch uns in der Finsternis leuchtet?
Der Anfang, der Ursprung des Lebens liegt aber nicht irgendwo, in fernen Welten und Zeiten. Das Geheimnis enthüllt sich mitten unter uns. Das ist ja die Botschaft zu Weihnachten: »Und das Wort ward Fleisch und wohnte unter uns.«

Zum weiteren Verlauf
- »Und das Wort ward Fleisch.« Ein Mann aus Fleisch und Blut. Am Anfang allen Lebens, in seinem Ursprung, steht der lebendige Austausch (von Angesicht zu Angesicht wie mit einem Freund, Mutter und Kind nach der Geburt, Weihnachtsgeschichte als Geschichte der Geburt Jesu, die Hirten schauen das Kind an). Das kommt mit Jesus in die Welt.
Im Kontext und aus der Begegnung mit Menschen »leben« wir ... Nicht Gewohnheiten und Prizipien machen unser Leben aus, dürfen auf Dauer unser Denken und Fühlen, unser Urteilen und unser Handeln bestimmen.
- »Und wohnte unter uns.« Ich erinnere mich, wenn sich zu Hause Besuch ansagte. Da wurden Vorbereitungen getroffen, die Stube geputzt, der Tisch gedeckt und Essen aufgefahren. Hoher Besuch gereichte zur Ehre. Früher hieß es: »jemand macht seine Aufwartung.«
Nicht jeder Besuch unter Menschen glückt. Störungen kann es geben von beiden Seiten, vom Gast und vom Besuchten ... Besuche können mißlingen - auch an Weihnachten. Und wie ist es, »wenn keiner mehr kommt«, weil Krankheit, Schwäche, Alter uns unattraktiv erscheinen lassen, wir nicht mehr anziehend, einladend sind? - Gott besucht uns. Er zeltet bei uns, schlägt sein Lager neben dem unseren auf, stellt seine Hütte an die unsere und teilt unsere Alltäglichkeit. Er gibt unserem menschlichen Leben aus Fleisch und Blut seine Würde zurück, seine Gottesebenbildlichkeit:
In unser armes Leben, / das wir so oft veracht',
hast du dich ganz gegeben / und hast es wert gemacht.
Kurt Reuber zeichnet die Madonna von Stalingrad. An den linken Bildrand schreibt er: »1942 - Weihnachten im Kessel.« Am rechten Bildrand steht in hartem Kontrast: »Licht - Liebe - Leben.« In der Mitte hält Maria Jesus als Kind: »In ihm war das Leben und das Leben war das Licht der Menschen!«
- »In ihm war das Leben und das Leben war das Licht der Menschen.«

Davon erzählt das Evangelium ... vom ersten Wirken an, als er auf der Hochzeit zu Kanaa Wasser in Wein verwandelt und die Hoch-Zeit des Lebens gelingen läßt (Joh 2), vom Gespräch mit Nikodemus in der Nacht (Joh 3), vom Kranken am Teich Bethesda, der seit 38 Jahren vergeblich wartet und doch gesund werden will und dem Jesus sagt: Steh auf...! (Joh 5), von der Speisung der fünftausend (Joh 6), vom Blindgeborenen, an dem die Werke Gottes offenbar werden (Joh 9), vom Gekreuzigten. Erzählen möchte ich vom Christus und (wieder) von der Liebe zu Christus auch in Liedern und Darstellungen auch in unseren Kirchen. Beeindruckt hat mich ein erfahrener Psychoanalytiker, der erzählte, wie er in einer burgundischen Kirche den Christuskorpus meditiert habe, als er einmal sehr krank war. Durch den dargestellten Körper sei eine innere Bewegung in ihm selbst entstanden. Er habe es körperlich gespürt und die feste Überzeugung mitgenommen, daß diese Begegnung in der Kirche, die »unbeabsichtigt« entstanden sei, zu seiner Genesung beigetragen habe. Psychologisch könne er sich den Vorgang erklären. Aber diese Figuren sind geschaffen worden, bevor psychologische Erklärungen uns bekannt waren. Denn »Jesus wußte, was im Menschen war«. (Joh 2,25b) In ihm findet sich der Urgrund. In ihm finden wir unseren Anfang, unseren Grund wieder. (Falls das Abendmahl gefeiert wird, kann auf die Symbolik von Fleisch und Blut Bezug genommen werden.)

- »Er kam in sein Eigentum und die Seinen nahmen ihn nicht auf.«

Wir sind Gottes Eigentum. Gott kennt uns. Er kommt und fühlt sich bei uns zu Hause. Aber sind wir auch zu Hause, »bei uns«? Oder sind wir »außer uns«? Sind wir gar nicht »da« (beschäftigt, abgehoben), wenn er kommt? Picasso soll einmal auf die Frage, woher er seine Motive habe, gesagt haben: »Ich suche nicht, sondern ich finde!« Ich glaube, daß wir mit unserer ständigen Suche (nach Liebe, nach Gerechtigkeit, nach Sinn, nach Gott) verhindern, daß wir fündig werden, daß wir gefunden werden. Gott kommt. Gott stellt sich ein. Tiefe Erfahrungen, bewegende Begegnungen, beglükkende und schmerzhafte sind oft sehr »einfach«. »Kompliziert und schwierig« wird es dort, wo wir unsere Energie dazu aufbringen, die Tür von innen zuzuhalten. Dabei bleibt diese Welt ambivalent, widersprüchlich. Religiöse Erfahrung hat daran Anteil. Erfüllung ist nicht machbar.

Möglicher Schluß

»Er wohnte unter uns und wir sahen seine Herrlichkeit.« Wir haben etwas mitbekommen: Ein Geschenk. Einen hellen Schein. Klangvolle Lieder. Ein Wort. Vielleicht menschliche Wärme und Zuneigung. Vielleicht aber war dieses Fest gebrochen durch menschliche Unzulänglichkeit, durch Kälte. Weihnachten erinnert uns an den Ursprung unseres Lebens, an Gott, der bei uns wohnt, an das Licht, das in unsere Dunkelheiten scheint.

Kontexte

ich wurde nicht gefragt / bei meiner geburt / und die mich gebar / wurde auch nicht gefragt / bei ihrer geburt / niemand wurde außer dem einen / und der sagte / ja
(Kurt Marti, zart und genau, Evangelische Verlagsanstalt Berlin 1985, S. 146, Rechte beim Verfasser)

christusbilder:
nur leben / entwirft / vom leben / lebendige / bilder
(Kurt Marti, a. a. O., S. 167)

Erbarme dich / Herr / meiner Leere /
Schenk mir / das Wort / das eine Welt / erschafft
(Rose Ausländer, Ich zähl die Sterne meiner Worte, Gedichte, Fischer Taschenbuch Verlag GmbH, Frankfurt a. M. 1985, S. 18)

»Am Anfang war die Tat.«
(Goethes Faust)

1. Sonntag nach Weihnachten

Annäherungen an den Predigttext Lukas 2,(22–24) 25–38 (39–40)

Jutta Konowalczyk-Schlüter

Eine Gruppe junger Erwachsener (J) unserer Gemeinde, die den vier Pastor(inn)en (P) auch bei der Planung und Durchführung des Konfirmandenunterrichts hilft, hat sich bereit erklärt, sich mit mir einen Abend lang über die Perikope zu unterhalten. Wir treffen uns am zweiten Januar, der kirchenjahreszeitliche Bezug der Perikope (zwischen Weihnachten und Epiphanias) wird nicht nur mir in diesen Tagen sehr deutlich. Obwohl die jungen Leute recht geübt im Umgang mit biblischen Texten und Inhalten sind, bleibt ihnen der Bibelabschnitt fremd.

Erste Gesprächsrunde

P 1: Wir lesen den Text einmal laut vor, dann jeder für sich noch einmal und dann sagt ihr bitte, was euch spontan daran auffällt oder dazu einfällt!

J 1: Geht es hier überhaupt um Jesus? Ach ja, die Weihnachtsgeschichte steht ja direkt davor. Also ich weiß gar nicht, was ich dazu sagen soll, man braucht so viel Hintergrundwissen. Wenn man die Gesetze nicht kennt, auf die da angespielt wird, weiß man gar nicht, warum wer was macht.

J 2: Und man kennt die Leute auch nicht, um die es da geht. Maria und Joseph schon. Aber wer ist dieser alte Mann, der gerne sterben will? Und was soll die alte Witwe in der Geschichte? Die ist für Jesus und sein Leben doch ganz unwichtig!

J 3: Also ich finde den Text schon sehr schwer zu lesen, und wenn man ihn dann nur einmal im Gottesdienst hört... Man muß Gedankensprünge machen und sich in die alte Sprache reinfinden. Es scheint mir so, als ob mehrere verschiedene Geschichten und Handlungen miteinander verknüpft sind.

J 4: Ja, erst der letzte Absatz (Lukas 2,39 f.) ist wieder verständlich und paßt zum Anfang: Bezieht sich die Aussage auf das Gesetz, das vorher erklärt wird und dessen Erfüllung nun eingetreten ist? Aber die Jesusgeschichte würde man auch ohne Simeon und Hannah verstehen.

P 2: Was ist denn für euch die Kernaussage dieser Geschichte bzw. Geschichten?

J 3: Die Geschichte sagt für mich nicht viel aus ... Außer vielleicht, daß Simeon und Hannah an Gott glauben.

J 4: Alle männlichen Erstgeburten mußten zu damaliger Zeit sich einer bestimmten, taufähnlichen Prozedur unterziehen, das ist die Kernaussage. Und nach Vers 39 und 40 hat die Prozedur dann ja auch Wirkung gezeigt.

J 2: Simeon und Hannah waren fromme und gottesfürchtige Leute. Aber welche Funktion sie in dieser Geschichte haben, kann ich auch nicht sagen.

P 3: Welche Funktion hatten denn die Engel und die Hirten in der Weihnachtsgeschichte?

J 1: Daß auch die einfachen Menschen von der Weihnachtsbotschaft betroffen waren.

J 4: Engel sind Boten zwischen Gott und den Menschen. Sie loben Gott, überbringen seine Botschaften und sind Zeichen für Gottes Nähe. Ich glaube an Engel, besonders an Schutzengel. Sie stellen zwei verschiedene Ebenen und Denkweisen dar, verbinden das Göttliche mit dem Menschlichen.

J 3: Die Engel und die Hirten bezeugen das, was in Bethlehem im Stall passiert ist, die Geburt von Jesus und wer er war und so. Vielleicht bezeugen die alte Frau und der alte Mann das, was mit Jesus im Tempel passiert ist.

Zweite Gesprächsrunde

P 4: Schaut euch noch einmal die Verse 25–38 genauer an, die von Simeon und Hannah erzählen!

J 4: Also, die Gospelsängerin Amy Grant bringt mir die biblischen Texte viel näher als die Bibel selbst ... Aber Hannah scheint mir jetzt klar zu sein: Ihr Mann ist gestorben, sie ist zu Gottes Dienerin geworden. Warum, das erfährt man leider nicht.

J 1: Vielleicht hat sie ihren Mann so sehr geliebt, daß sie nie wieder geheiratet hat.

Ein längeres Gespräch über Leviratsehe, Witwenschaft in Israel und das Leben am Tempel schließt sich an, die jungen Leute sind sehr interessiert. Sie machen sich viele Gedanken darüber, wie Hannahs Leben wohl bisher verlaufen ist und ob sie es ggf. auch so gemacht hätten wie die Prophetin.

J 4: Hier, Vers 38 klärt den Zusammenhang: Hannah hat nicht noch einmal geheiratet, weil sie die Weisheit erlangen mußte, um zu erkennen, was für ein Baby Jesus ist, nämlich der Erlöser Israels. Wahrscheinlich hat sie selbst noch nicht einmal gewußt, worauf sie wartet.

J 2: Simeon muß auch schon alt sein, der will ja sterben. Es ist gar nicht deutlich zu erkennen, ob er froh ist, endlich den Löffel abzugeben, oder ob er es als große Ehre betrachtet, den Heiland gesehen zu haben.

J 1: Sollte Simeon Jesus denn nicht taufen im Tempel, nach Moses Gesetz? Er hat ihn doch schon auf den Arm genommen.

Ein längeres Gespräch über die alttestamentlichen Reinigungsriten, den Brauch der Beschneidung, das Opfern von Tieren nach der Geburt eines Kindes und unsere Taufpraxis schließt sich an.

J 4: Vers 35 ist etwas ganz Verkorkstes: Jesus muß leiden, damit die Leute endlich klar sehen können. Nur Ärger als Auserkorener. Armer Kerl!

J 3: Aber Joseph hat auch eine ganz unglückliche Rolle, er läuft nur als Stoffel nebenher. Und warum? Weil das Kind Gottes Sohn ist und Gott die Macht hat.

J 2: Aber irgendwie ist doch alles durcheinander: Hier ist er schon der Heiland, wie Simeon sagt, und in anderen Geschichten fängt er erst als Erwachsener an, im Tempel zu predigen.

J 4: Aber die Erfüllung ist schon von vornherein da: Ein paar Leute erkennen ihn als den Heiland, andere wieder nicht. Es ist so ähnlich wie bei einem Talent, das manchen Leuten angeboren ist: Manche erkennen das schon von Geburt an, andere nie.

J 1: Schade, daß ich kein besonderes Talent habe. Ich wäre auch gerne was Besonderes!

Abschlußrunde

P 5: Was würdet ihr mir raten, wenn ich über diesen Bibelabschnitt predigen müßte?

J 1: Das ist ein Text für eine Bibelgruppe, nicht für eine Predigt. Hätte ich den Text alleine gelesen, hätte ich ihn beiseite gepackt.

J 2: Auf jeden Fall würde ich über Simeon und Hannah nur das Nötigste erzählen und den Anfang und Schluß ausdehnen, in moderne Sprache übersetzen und erklären.

J 3: Ich würde kurz und knapp von Jesus erzählen und dann ausführlich schildern, daß es zwei Menschen gab, einen frommen, alten Mann und eine weise, alte Frau, die gleich erkannten, wer Jesus war.

J 4: Ich finde, den Bibeltext selbst kann man gar nicht in die Gegenwart übersetzen. Aber das Gefühl gibt es immer noch, daß man einem fremden Menschen begegnet und sofort weiß, wer er ist oder was mit ihm los ist. Darüber würde ich predigen.

P 6: Mal sehen, worauf die Predigt hinausläuft. Ich danke euch für das Gespräch!

Zum Gottesdienst

Traugott J. Simon

Exegetisch-homiletische Skizze

1. »Zwischen den Jahren«: nicht mehr ganz Weihnachten, noch nicht ganz Jahreswechsel, Zeit dazwischen, Übergang im Schatten des Festes - »Zeit ohne Anlaß«, »ohne eigenen Wert«?
Auch der biblische Text redet von einer Zwischenzeit: die Geburt Jesu im Hinterhaus der Weltgeschichte vorüber, die Engelsgesänge verstummt, die Hirten wieder weitergezogen, die Könige oder Weisen (nach Mt) - mit oder ohne Schleife zu Herodes - auf dem Heimweg. Alltag also, Alltag im Glanz des Gewesenen, das Erinnerung wird. Alltag kehrt wieder ein, der das Seine fordern wird - im Leben und in der Religion. So rasch kann alles vorbei sein! Was dann?
Ist Melancholie angesagt? Verklärung? Abschied vom Glanz und einfach weiterleben wie bisher - oder was? Und »unser Text«, der uns so kurz hinter Weihnachten begleiten soll?
Der zum Vorlesen am Stück viel zu lange Text klingt mehr wie ein nachklappendes Nachklingen der Weihnachtsgeschichte - wie es der Sonntag nach Weihnachten auch sein kann. Aber auch die Gesprächserfahrung mit den wirklich sehr interessierten Jugendlichen aus Bremen (s. o.) läßt am Ende alles offen: nur von Jesus erzählen (V. 27-29 +39 f.) oder nur von Simeon und Hanna erzählen (25-38) oder - sozusagen im Schatten des Textes - von Menschen reden, die bei der ersten Begegnung schon durchblicken, wie und wer man/frau ist?
Das alles an diesem Sonntag angesichts wohl eher leerer Kirchen und eher älterer Gottesdienst feiernder Menschen ist nicht eben ermutigend: Fest und Glanz sind vorbei!
Übergang halt, daran bleibe ich immer wieder hängen. Mit diesem geschärften und ernüchterten Blick will ich mir den Text exegetisch und theologisch noch einmal ansehen. Vielleicht trägt das etwas aus für den kirchenjahreszeitlichen Kasus »zwischen den Jahren«.

2. Die »Darstellung Jesu im Tempel« stellt selbst einen Übergang dar. Beim Weg von der Geburt zum Alltag des Lebens soll nach jüdischem Gesetz ein Junge beschnitten werden (1 Mose 17,12; 3 Mose 12,3), der als Erstgeborener ganz Gott gehört (4 Mose 18,15). Die Mutter soll sich reinigen (3 Mose 12,1-4). Beim Erfüllen dieser Rituale im Rahmen des religiös Gewohnten (Gesetz) vollzieht sich etwas *Außer-Gewöhnliches,* die »Darstellung« eben, für die es keine zwingende jüdische Vorschrift gibt: ein Übergang vom Gewohnten zum Besonderen also (Kommentare z. St.). Für theologisch geschulte Augen und Ohren hat das Bedeutung. Einen Schlüssel zum

Verständnis finde ich bei Eugen Drewermanns Auslegung der Kindheitsgeschichte Jesu: »Im Grunde tun Simeon und Hanna von Jerusalem nichts anderes, als die Hirten in Bethlehem bereits getan haben: sie verkünden die Bedeutung des göttlichen Erlöserkindes.« (Drewermann 168). Freilich ist ihr hermeneutischer »Ort« ein anderer: waren die Hirten Zeugen und Boten der frohen Botschaft Gottes angesichts ganz anderer, »säkularer« Pläne weltlicher Herrscher (z. B. des römischen Kaisers Augustus), stehen Hanna und Simeon für das neuschaffende Wirken des Geistes Gottes *im Vollzug gewohnter religiöser Rituale!* Sie verkörpern die Bereitschaft, im Rahmen jüdischer Tradition für das ganz überraschende Wirken Gottes offen zu sein, da » ... sie beide trotz ihres hohen Alters niemals aufgehört haben, zu hoffen und zu warten«.

3. Der Erzähler nimmt diese beiden alten Menschen mit ihrem ganzen Leben und Dienst im Tempel ganz in die Deutung der Weihnacht hinein, während er den Übergang von der Geburt zum Alltag erzählt und sich dabei vom Ritual führen läßt: Jesu Eltern haben das Besondere der Weihnacht hinter sich und sind auf dem Weg ins »normale« Leben. Da offenbart sich dieser Besuch als eine »von Gott geführte Begegnung«, wie das Lukas-Evangelium sie liebt (EKK z. St.): Jesus wird als »Heiland« gepriesen (V. 34), als »Licht zu erleuchten die Heiden« (V. 32), als »Zeichen, dem widersprochen wird« (V. 34), als Botschaft für alle, »die auf die Erlösung Jerusalems warteten« (V. 39). Und das alles, während das übliche Ritual vollzogen wird.
Neben dieser Botschaft selbst - in diesem Jesus erfüllt sich den Glaubenden die angekündigte Verheißung des Messias, als Erlöser für alle Völker und als Heiland jedes einzelnen Menschen - interessiert mich allerdings: *Wie* kommen Simeon und Hanna zu dieser befreienden Botschaft? Denn weder ihre Zeitgeschichte noch ihre Lebensgeschichte begründen dies hinreichend. Die Antwort liegt in der nie verlernten Hoffnung, die Simeon (immer wieder?) in den Tempel treibt, und die Hanna dort (ständig) beten und weissagen läßt. »Vielleicht ist Weihnachten nicht so sehr das Fest der Liebe, sondern das Fest der Hoffnung«, meint Hannelore Frank (Zuversicht, Stuttgart 1978, 3. Aufl., S. 356). Einschließlich der Hoffnung, daß »Liebe stark ist wie der Tod« (Hoheslied 8,6), wie das Dunkel, wie alle gegenläufigen Erfahrungen der Zeit und des persönlichen Lebens. So würde ich angesichts dieses Textes und unserer Zeit heute hinzufügen!

4. Was also - frage ich an den so benannten Übergängen - ist das Hoffnungsvolle *dieser Begegnung?* Was ist die *neue Hoffnung,* die *an den Grenzen des Lebens* (Geburt und Tod) anbricht? Was ist das Neue von *Weihnachten für unseren Lebens- und Glaubensalltag?* Mit Drewermann gefragt: »Wie verhält sich in unserem Leben die Tatsache fortschreitenden Alterns zu der Dynamik und Leidenschaft unseres Verlangens nach Erfüllung?« (vgl. zum Ganzen: Kontext 4).

Wie Simeon und Hanna, dem Leben mit und vor Gott vertraut, ein ganzes Leben lang Hoffnung bewahren können, das hat - lese ich den Text richtig - zwei unterschiedliche Gründe: Beiden gemeinsam ist, daß sie ihr Leben durch Gebet, geistliche Übung und Dienst im Tempel prägen lassen (V. 25.37), weil sie auf die Erlösung Israels warten. Das dürfte eine ebenso religiöse wie politische Hoffnung sein. Zusätzlich wird Simeon in seinem Warten als der erzählt, der in dem Kind, das er »auf seine Arme nimmt«, entgegen jüdischer Erwartung (!) Gottes Erlösung erkennt. Paul Tillich deutet das - für mich - überzeugend schön: »Wo immer sich Erlösung vollzieht, hat sie ein Moment des Überraschenden, des Unerwarteten, etwas, das im Widerspruch steht zu allen frommen Traditionen und intellektuellen Forderungen. *Das Geheimnis der Erlösung ist das Geheimnis des Kindes*... Ein Kind ist zugleich etwas Wirkliches und noch nicht Wirkliches, es ist *in* der Geschichte und doch noch nichts Geschichtliches. Sein Wesen ist zugleich sichtbar und unsichtbar, es ist hier und doch nicht hier. Und genauso verhält es sich mit der Erlösung. *Erlösung hat die Natur des Kindes.* Jedes Jahr erinnert uns das größte aller christlichen Feste daran, daß das Jesuskind, so sichtbar es auch sein mag, ebenso wie die Erlösung immer unsichtbar bleibt. ... Es war und ist und wird ein Geheimnis bleiben, das Geheimnis des Kindes.« (S. 95 f.).
So möchte ich die Übergänge in den Blick nehmen angesichts des gealterten Jahres, zwischen Abschied und Neuanfang: nach dem Fest lebend - im Übergang der Zeit, an den Grenzen des Lebens, eingedenk manch dunkler Zeitbeschreibungen - dem Warten, der Hoffnung nachspüren. Damit unser Alltag hier und da im Glanz der Weihnachtsbotschaft funkeln kann. Damit wir - schenke es Gott! - wie das Jesuskind wachsen und stark werden »voller Weisheit«, geleitet durch »Gottes Gnade« (V. 40).
Nach diesem exegetischen Ausflug kehre ich zu meinem ursprünglichen Fragen zurück, was solche Sicht für die Auslegung des Textes »zwischen den Jahren« bedeuten kann: Vielleicht sollten doch nicht nur ältere Menschen als Gottesdienst»besucherInnen« erwartet werden. Ob es nicht doch verlockend wäre, *rechtzeitig* und *extra* in den Gottesdienst *einzuladen* - zu einer Fest-Nachlese oder einem Weihnachts-Nachklang, evtl. auch *konkrete Zielgruppen* (z.B. Familien, Kinder, Jugendliche, Ehrenamtliche etc.) - und danach ein Thema verabreden?!

Vorschläge zur Liturgie

Liturgisches ist zahlreich vorhanden für die Weihnachtszeit. So möchte ich anderes anregen:
Nach den Weihnachtstagen mit meist ausgiebiger Chormusik wäre *meditative Musik* vielleicht wohltuend. »Geboren aus der Mitte des Schweigens« ist eine wertvolle und (be-)sinnliche Instrumentalmusik, gregorianischen

Klängen nachempfunden. Mit der Musik von Enrico Intra könnten auch Lesungen und Auslegungen gut untermalt bzw. unterbrochen werden. (1993 im Kreuz-Verlag als CD erschienen). Ebenso ließe sich mit Texten, Musik und Liedern von Jörg Zink und Hans-Jürgen Hufeisen aus dem Buch/und CD »Wie wir feiern können« (Kreuz-Verlag 1992) eine schöne Liturgie zusammenstellen nach dem »Abendgebet im Advent« (a.a.O. S. 70–85). Hier finden sich schöne biblische Textübertragungen und Gebete, auch einfach Lieder für eine »andere« Liturgie.

Kyrie könnte sein (Wilhelm Willms, in: Berg, Warten 67):
»es erbarme sich unser / der barmherzige gott / dessen erbarmen in jesus / in seinem wort / in seinem leben / zur sprache kam / in einer welt / ohne erbarmen / zur sprache kam.«
Dazu als *Gloria* zwei Verse des Johannes-Prologs: Joh-Ev. 1,14+16!
Ein *Gebet* »aus Brasilien«, das sich mitsamt alltäglichen Erfahrungen Gott (=»Herr«?) überläßt:
»In den Tagen der Angst und der Einsamkeit / bei schwierigen Übergängen und in Bedrängnis, / gibst du, Herr, mir Stärke. // Im Kampf für Wahrheit und Gerechtigkeit, / im Einsatz und in der Enttäuschung, / machst du, Herr, mich gewiß. // Wenn ich traurig bin oder wenn ich lache, / bei den alltäglichen Dingen und bei der Arbeit / bist du, Herr, mein Begleiter. // Immer bist du, Herr, / die Freude in meinem Leben / und der Friede auf meinem Weg.« (Thiele, Rucksackfibel 64)

Vorschläge für die Gottesdienst- und Predigtgestaltung

Nach Weihnachten fühlen sich viele »leergepredigt« oder »leergefeiert«. Trotzdem möchten oder müssen sie »noch im Schein des Festes« Gottesdienst feiern bzw. predigen. Der Sonntag nach Weihnachten eignet sich m.E. gut, um Weihnachten gerade in seiner Bedeutung über das Fest hinaus thematisch zu konzentrieren. Ich wähle drei Themen aus, für die ich nicht ausgefeilte Predigt-Entwürfe, sondern Bausteine anbieten möchte – zur je eigenen liturgischen und homiletischen Gestaltung, auch je nach (evtl. eingeladener / mitwirkender) Zielgruppe:

1. Weihnachten als Fest der Hoffnung: Simeon und Hanna warten auf Erlösung (V. 25–38).
2. »Das Geheimnis der Erlösung ist das Geheimnis des Kindes«: Simeon und Hanna als Beispiele »kindlich« offenen Glaubens (V. 25–35; v.a. 27f.).
3. In Ritualen Gott begegnen – Alltag und Religion: (V. 22–24,39f. als »Rahmenhandlung = Ritual begreifen).

1. Vorschlag: Weihnachten als Fest der Hoffnung (V. 25–38)
Simeon und Hanna zeichnet das Warten auf Erlösung aus. Es ist »ihr

Leben«, könnte man sagen. Im Rückblick auf Weihnachten kann man sich wohl die Frage stellen: Was ist Weihnachten eigentlich? Neben (allzu?) bekannten Antworten bietet der Text eine bedenkenswert einfache Antwort: Es ist Warten auf die Erlösung (V. 25–38).
Symbol dafür könnten sein: offene Arme, siehe Simeon; ein Kaleidoskop, mit immer neuen Sichtweisen; Blicke suchender Menschen; Bilder mit Horizont-Motiven.
Ernst Lange erzählt von einem Übersetzer in eine afrikanische Sprache, die kein Wort hatte, »um auszudrücken, was die Bibel mit Hoffen, mit Glauben an die Verheißung meint«. Nach langem Suchen übersetzte er Glauben als »durch den Horizont sehen«. Dieses Bild könnte an Simeon und Hanna entfaltet werden: zwei Menschen, alt geworden, die noch warten können, die sich nicht abfinden, die am Leben und an Gott festhalten, Feste feiern – und Augen und Herzen offen halten für einen neuen Horizont, das un-erwartete Handeln Gottes.
Für diesen Gottesdienst-Entwurf würde sich Erzählendes eignen: Menschen, die so warten, suchen, hoffen, staunen, aber auch (in) Hoffnung zupacken können – wie Simeon, wie Hanna.
Als gedankliche Bausteine, z. T. auch zum Vorlesen geeignet, bieten sich an: Beginnend mit E. Lange käme der weite Horizont des Glaubens in den Blick, genährt von der Hoffnung auf den versprochenen Erlöser. (Kontext 1)
»Der Satz« von Jochen Mariss führt mit einer »heutigen« Erzählung weiter: Was erwarten wir (noch)? Was beschäftigt und prägt uns heute? Am Ende die Frage an sich selbst? Wer bist du? (Kontext 2)
Verena Kast (Kontext 3) entwirft in ihrem Kapitel Lebensleidenschaft das Bild einer Hoffnung, die sich im Schatzsuchen entwickeln kann – eine schöne Möglichkeit, zur Suche nach eigenen Weihnachts-Hoffnungs-Schätzen anzuregen.
Mit Drewermann (Kontext 4) ist bei Simeon und Hanna anzuknüpfen: Was darf ich hoffen? Zum Abschluß zwei Texte zur Wahl (Kontext 5): einige anregende Gedanken zum »Warten« von H. G. Behringer und/oder »Ich bin ein Sucher« von Günter Kunert.

2. Vorschlag: »Das Geheimnis der Erlösung ist das Geheimnis des Kindes.« (v. a. 27 f.)
»Kinder haben die wunderbare Gabe, sich in alles zu verwandeln, was immer sie sich wünschen.« Diesen Satz Jean Cocteaus finde ich auf einer hübschen Karte mit einem Kinderbild (Verlag Neues Buch, Postfach 5122, 61125 Nidderau-Ostheim, Best.-Nr. 289). Diese Karte spricht Kleine wie Große an, auch Jugendliche. Ich habe es ausprobiert! Wozu verwandelt uns Weihnachten, das Fest des Jesuskindes? Wozu kann uns der alte Simeon verwandeln, der das Jesuskind mit offenen Armen empfängt, um in ihm den Erlöser Israels und den Heiland zu sehen? Wie kindlich ist solcher Glaube, solche Lebenshaltung? Wie wächst solcher Glaube?

Für diese Fragen würde ich von Drewermanns abschließender Auslegung unserer Geschichte ausgehen (Kontext 6). E. Lange spannt diesen Bogen vom Jesus-Kind weiter zum Umgang mit Kindern in unserer Welt und stellt sehr schön Simeon als *das* Beispiel menschlichen Umgangs in Gottes Reich dar (Kontext 7).

Ein schönes Beispiel dafür - zugleich Auslegungs»material« für das »Kindsein« als erwachsene Glaubenshaltung ist die Meditation von Friedemann Steiger (Kontext 8). Solche staunende Lebenshaltung ist selbst zum Staunen ein Wunder: Dort »hat alle christliche Theologie ihren Ursprung in dem Wunder aller Wunder, daß Gott Mensch wurde ... : »Ein Kind, von Menschen geboren, ein Sohn, von Gott gegeben. Das ist das Geheimnis der Erlösung der Welt.« (aus: Bonhoeffer-Brevier, zitiert in: Achtnich 30)

So könnte Weihnachten die Geheimnisse Gottes in Sprache, Kunst und Musik feiern (Kontext 9)! Denn: »Das Evangelium lädt ein, den Heiligen Geist dort zu empfangen, wo uns noch immer das Herz der Kindheit schlägt« weiß Roger Schütz, Prior der Gemeinschaft von Taizé.

Eine ganz hübsche, mehrfach reiz-volle Variante, was es heißen kann, kindlich zu leben, erzählt Elke Heidenreich in ihrer Geschichte »Erika«. Sie ist einfach bis derb, aber köstlich! (Kontext 10)

3. Vorschlag: In Ritualen Gott begegnen: Alltag und Religion (Vers 22–24.39 f.)

Diese Sichtweise des Textes verdanke ich u. a. meinem eigenen Stolpern über die »Rahmenerzählung« zum Text. Die Ausleger bestätigen meine Vermutung, daß der Rahmen von Ritualen den Alltag begleiten, stützen, festlich werden lassen kann. Dies ist »nach dem großen Fest« doch auch einige Gedanken wert: Was trägt das Feiern z. B. von Weihnachten für unser Alltagsleben aus? Wie finden wir den Übergang in den Alltag, ohne nur in Brüchen zu leben?

Beginnen könnte ich mit Gedanken, wie sie M. Wester in seinen »Tagebuchnotizen auf der Suche nach einem Text« als ein kleines, fast alltägliches Feier-Ritual beschreibt (Kontext 11).

Ich würde mit einer Meditation aus dem schon erwähnten Barlach-Buch fortfahren, die sehr treffend Fragen und Antworten gegenüberstellt mit den Formulierungen »Das ganze Jahr über« und »Jetzt« (Kontext 12). Danach könnte die »Rahmenhandlung« des Textes (Beschneidung, Darstellung Jesu im Tempel, Heimkehr nach Nazareth) ausgelegt werden (s. o. II). Mit Harvey Cox ließe sich abschließend fragen, warum Weihnachten »nötig« sei (Kontext 13).

Weihnachten nach-feiern, nach-klingen lassen mit diesem Text: sei es als Fest der Hoffnung, als Geheimnis des Kindes oder als Ritual, das im Alltags-Leben das Gespür für Gottes Wirken wachhält: Ich schätze, die Mühe lohnt sicher!

Kontexte

Zu Vorschlag 1: Fest der Hoffnung

1. »Durch den Horizont sehen« ist die Perspektive bei Ernst Langes Auslegung zu Simeon:

»Es heißt vor allem: er wartet auf die Tröstung Israels. Er tröstet sich nicht selbst. – Und das ist wichtig. Simeon ist also nicht einfach ein Traditionalist. Unser Freund Peter Koch hat einmal gesagt: In der Verwaltung kommt man mit zwei Grundregeln aus. Die eine heißt: Das ist schon immer so gewesen. Und die andere heißt: Da könnte ja jeder kommen. Genau das ist Traditionalismus. Was immer schon so gewesen ist, das gilt. Und Ausnahmen darf es nicht geben, wo kämen wir denn da hin? Simeon ist das Gegenteil. Für ihn ist gerade wichtig, was noch nicht gewesen ist, was noch kommen muß. Das bestimmt sein Leben. Er wartet auf die Tröstung Israels. Was heißt das? – Sehen Sie, man könnte einfach sagen: Israel ist von Anfang an ein Volk von Leuten, die sich nicht abfinden mit dem, was ist, die sich mit der Realität nicht abfinden können.« (Es folgt das Übersetzer-Beispiel mit Glauben als »durch den Horizont sehen«; 60 f.) ... »So einer, der die Welt im Licht der Möglichkeiten Gottes wahrnimmt und sich darum nicht begnügt mit dem, was ist, ist Simeon.« (63) ... Der Glaube hört mehr, als die Dinge aus sich heraus sagen, denn er hört auf die Verheißung Gottes und was sie von der Wirklichkeit sagt: daß die Welt eine Werdewelt ist. Und eben darum begnügt er sich nicht mit dem geschlossenen Horizont der Realität. Zweitens: Der Glaube sieht mehr, er sieht dialektisch, er sieht die Dinge und die Menschen und die Sachverhalte auf ihre guten Möglichkeiten hin an, auf ihre Verbesserbarkeit, so wie Jesus seine Umwelt wahrgenommen hat. Und schließlich: Der Glaube will mehr. Er sieht die Dinge nicht nur an, er geht mit ihnen um in Liebe und Hoffnung und hilft der Zukunft, die in ihnen angelegt ist, der guten Möglichkeit, die sie haben, ans Licht.« (69)

2. Fast ein Gegenbild dazu ist »Der Satz«, eine Geschichte über Jablonsky, einer wie wir, der in den Gesichtern der Menschen zu lesen versucht. Schließlich fragt er sich: Wer bist du?:

»Verkaufsoffener Samstag. In der Stadt ist der Teufel los. Jablonsky steht an der Ecke und sieht die Menschen an. Ihren Gang, ihre Hände, ihre Kleidung. Ihre Augen. Jedem steht ein Satz ins Gesicht geschrieben. Ein einziger Satz. Jablonsky versucht, ihn zu lesen. »Mein Herz ist ein Labyrinth«, liest er in den Augen einer jungen Frau. Das Gesicht eines alten Mannes sagt: »Bestimmt wird es regnen.« »Ich möchte ans Meer fahren.«, sagt ein anderes. Oder: »Ich bin ein Haus mit offenen Türen.« Jablonsky überlegt nicht lange. Ein Blick, ein Satz. »Ich tanze, solange ich kann.«, liest er. Und »Mir ist kalt.« Jablonsky sieht einen rundlichen Herrn mit Hut und Brille, tritt ihm in den Weg, sagt ihm seinen Satz ins Gesicht: »Das Leben ist das Wartezimmer des Todes.« Der Mann schaut ihn an. Erschrocken, geduckt. Dann murmelt er: »Wem sagen Sie das?«, geht zögernd weiter. Jablonsky tritt einer Frau gegenüber, sieht ihr ins Gesicht. Fragend, eindringlich. »Ich bin so müde«, sagt er ihr. Sie blickt zu Boden, geht langsam weiter, ohne ein Wort. Einem Geschäftsmann sagt er: »Es ist zu spät.« Einem Mädchen: »Ich bin eine Falle.« Jablonsky sagt den Menschen: »Ich bin ein trauriger Clown.« Er flüstert: »Bitte sag doch ein Wort.« Er schreit: »Sprich mich bloß nicht an!« Die Menschen haben es eilig. Sie lachen über ihn. Sie sehen zu Boden. Alles im Vorübergehen. Schließlich steht er vor einem seltsamen Mann. Der Mann sieht ihm ins Gesicht. Fragend, eindringlich. Sehr lange. Nichts geschieht. Jablonsky kann seinen Satz nicht lesen. Er wendet sich ab, geht nach Hause, wäscht sich die Hände. Blickt auf, sieht im Spiegel den seltsamen Mann. Fragend, eindringlich. »Wer bist Du?«, sagt er zu sich.« (J. Mariss 108 f.)

3. Die Lebensleidenschaft ist Quelle neuer Lebenshaltung, aus der Hoffnung wächst, Offensein für das, was kommen wird. Ein Vorschlag dazu ist die Schatzsuche:
»In diesem Motiv der Schatzsuche steckt eine Hoffnung, etwas ganz Außergewöhnliches zu finden, das dem Leben neuen Sinn und neue Richtung geben kann. Im Motiv der Suche ist das Motiv des Gestaltens mitenthalten, auch das Motiv des Dranbleibens, des Nicht-Lockerlassens, das ja ein aggressives Motiv ist - und ein Motiv Hoffnung. Solange wir eine Zukunft haben, haben wir eine Hoffnung. Vielleicht könnte gerade da der neue Wert entstehen, das neue Ziel: Wenn wir auch angesichts eines ungewissen Zieles den Willen zur Gestaltung nicht aufgeben, vielmehr erwartungsvoll sehen, was sich dabei ereignet, - denn Gestalten ist letztlich ein schöpferischer Prozeß, dessen Ergebnis ja nicht vorausgesehen werden kann. Schöpferisch leben heißt auch, Risiken auf sich nehmen, ins Offene hinein leben.« (S. 154 f.)

4. Die Botschaft unseres Textes erschließt E. Drewermann (a. a. O.) am Beispiel der beiden Alten, Simeon und Hanna, unter dem Stichwort Hoffnung:
»Wie wirkt sich - im Kontext der Kindheitsgeschichte des Lukas - die Weihnachtsbotschaft in unserem Leben aus? Kommt sie buchstäblich zu spät, weil wir uns womöglich bereits selber überlebt haben, oder hat uns die Zauberkraft der Sehnsucht jung genug erhalten, um die Wirklichkeit des »göttlichen Kindes« in uns aufzunehmen? »Was darf ich hoffen?« - diese Menschheitsfrage kristallisiert sich in den beiden alternden Menschen Simeon und Anna am Rande des physischen Todes. Was bleibt noch zu erwarten, wenn das Leben sich dem Ende zuneigt? Ist nicht der Tod, die Endlichkeit des Daseins, das Ende von allem, auch der Hoffnung? (...) Wenn die Botschaft des Weihnachtsmorgens in den Strahlen des Sonnenaufgangs verkündet wurde, so stellt sich jetzt die Frage, wie sie sich »einsehen«, wie sie sich als erfüllt »begreifen« läßt angesichts der immer länger werdenden Schatten des Sonnenuntergangs. (168) ... Zweifellos hat Lukas recht mit dieser Akzentuierung. Wenn es irgend etwas von Grund auf Charakteristisches und Entscheidendes über einen Menschen zu sagen gibt, so ist es dies: er war jemand, der bis zu seinem Lebtagsende nicht aufgehört hat, daran zu glauben, daß er selbst, mit seinen eigenen Augen, das Heil sehen werde. Denn man muß hinzufügen: es sind nur Menschen von dieser Art, die in dieser Welt so etwas wie »Heil« zu entdecken vermögen. (169 f.) ... Trotz allem, was ihm (Simeon) widerspricht, wird er die Sehnsucht nicht verlieren, daß sich in seinem und in der anderer Menschen Leben doch noch etwas werde ändern können; ja, er wird bedingungslos daran festhalten, daß sein Leben überhaupt nur dazu gemacht sei, um Heil zu werden, auf diesen Glauben setzt er sein Leben; denn so nicht zu glauben wäre für ihn gleichbedeutend mit dem Tod. Und es mag auch ein ganzes Leben dauern - mag über seine Hoffnung auch ein Jahr ums andere hinweggegangen sein - er wird nicht müde, daran festzuhalten: er werde nicht sterben, ehe nicht seine Augen das Heil gesehen hätten. Ähnliches wird man auch von Anna, der Tochter Phanuels, sagen müssen. An sich hörte in der Antike eine Frau zu leben auf, wenn ihr Mann starb - soziologisch und rechtlich war sie nichts als ein Annex des Mannes. Annas Leben hätte demnach bereits mit dem frühen Tod ihres Mannes zu Ende sein müssen, oder sie hätte wenigstens alles daran setzen müssen, von neuem in das Haus eines anderen Mannes aufgenommen zu werden.

Statt dessen tat sie keines von beiden, und dennoch ist sie weder eine Verzweifelte noch eine Abhängige, vielmehr fand sie die Kraft, all ihre Lebenserwartung auf Gott zu richten und für dieses ihr irdisches Leben auf andere Weise zu hoffen. (170 f.)
Dies hält sie wach und läßt sie leben - und dies ist ihr ganzes Leben: zu warten und zu warten und auf mehr zu hoffen, als sich mit Billigem und Vordergründigem zu »begnügen« und nach Maßgabe der »normalen« Leute »zufrieden« zu sein. Woher Menschen dieses Schlags dazu die Kraft bekommen? Von nichts auf Erden, was man menschlich fassen und erklären könnte. Immer, wo man auf Menschen wie Simeon und Anna trifft, steht man davor betroffen und verwundert und kann im Grunde nur so denken, wie Lukas es tut: daß eine solche Haltung von Gott sein muß, daß hier etwas wirksam geworden ist, das sich nicht durch andere Menschen oder durch andere Willensanstrengung einsuggerieren läßt - etwas, daß der Geist Gottes selber in das Herz eines Menschen gepflanzt haben muß.« (171)

5. »Warten«: Stille halten / Ruhe geben / sitzen / schweigen / lauschen // Warten auf / die Stimme / die leise Stimme // Der Stille / lauschen - / ihr - / IHM (Behringer 48)
oder »Ich bin ein Sucher«: Ich bin ein Sucher / Eines Weges. / Zu allem was mehr ist / Als / Stoffwechsel / Blutkreislauf / Nahrungsaufnahme / Zellenzerfall. // Ich bin ein Sucher / Eines Weges / Der breiter ist / Als ich. // Nicht zu schmal. / Kein Ein-Mann-Weg. / Aber auch eine / Staubige, tausendmal / Überlaufene Bahn. // Ich bin ein Sucher / Eines Weges. / Sucher eines Weges / Für mehr / Als mich. (G. Kunert, in: Schwarz, Grenzen 31)

Zu Vorschlag 2: »Kindlich« offener Glaube
6. Drewermann faßt seine Auslegung zum Text mit Hinweis auf das Kind zusammen:
»Zweifellos ist die Verkündigung und Verheißung des Simeon für einen Außenstehenden in der Tempelszene durchaus unbeweisbar; sie lebt nur in ihm selber, und vollends die Vision ihrer Erfüllung läßt sich im Grunde keinem Unbeteiligten demonstrieren; ja, objektiv betrachtet, erscheint sie ebenso kindlich und naiv wie die lebenslange Hoffnung des Simeon selbst. Was hat denn dieser alte Mann schon in der Hand, das ihn so jubeln läßt? Im Grunde nur das, was in ihm selbst lebt: ein Kind. Er selbst, muß man sagen, ist mit seinem Glauben solch ein wunderbares Kind geblieben; denn einzig solche Kinderaugen, wie Simeon sie nach wie vor besitzt, werden imstande sein, in dieser Welt etwas wie Heil zu sehen: unter dem Wust der Schuld der Urgestalt der Unschuld, unter dem entstellten Angesicht der Schande die wahren Züge dessen, was eigentlich nicht zu schänden ist, unter der Maske der Anpassung die Schönheit des ursprünglichen Wesens. Dies heil Gebliebene und Unzerstörbare, dies Bild des »Kindes«, das in jedem Menschen wohnt, ist nunmehr Simeons Gewißheit: Sein Dasein endet nicht in stoischer Resignation, mit dem heroischen Schwanengesang des Fatalismus auf den Lippen - es schließt sich für ihn in der ruhigen Zuversicht: sein Ende wird Vollendung sein. In Heil und Frieden entläßt Gott jetzt seinen Diener. Und dieses Kind, das er auf seinen Armen trägt, wird, einst erwachsen, mit seinem Leben selbst beweisen: kein Mensch darf je in seinem Leben sich zufriedengeben mit etwas, das weniger als Gott ist, und mit etwas Geringerem, als was ihn selbst in seinem Dasein meint und leben läßt. Ein Mensch lebt nur als Mensch in dieser heiligen Sehnsucht und maßlosen Unerfülltheit, die sich einzig und allein mit Gott genug sein läßt.« (173)

7. E. Langes Deutung fügt sich gut an, konkretisiert sie auf unseren Umgang miteinander:
»Und das steckt auch in der Geschichte von Simeon. O ja, hier wird nun dies eine, unvergleichliche Kind so begrüßt, in dieser überschwenglichen Freude darüber, daß Gottes Liebe sich vollendet. So wie dieses eine Kind ist kein Kind. Aber wie dieses eine Kind sollen alle Kinder, alle Kinder werden: das ist Gottes Zukunft mit ihnen. Und eben darum ist dies Kind ein einzigartiges Kind, weil mit ihm für alle Kinder die Zukunft der Kinder Gottes eröffnet wird. Da draußen gehen wir mit unseren Kindern noch sehr gedankenlos und hoffnungslos um. Aber hier üben wir mit diesem einen, einzigartigen Kind den neuen Umgang mit allen Kindern ein, an dem einen Gottessohn den neuen Umgang mit allen werdenden Gottessöhnen. Und man könnte sich das Reich Gottes ganz bestimmt nicht besser vorstellen als so, daß einmal alle Menschen mit jedem Nächsten, mit jedem Stück Wirklichkeit dann Anlaß sein wird zu einem nicht endenden Loblied auf Gott: »Herr, nun entläßt du deinen Diener in den Frieden nach deiner Verheißung. Denn gesehen haben meine Augen dein Heil, ein Licht, das alle Menschen, die ganze Welt erleuchtet und deine ersten Kinder, den Abraham, den Mose, den David und den Jesus von Nazareth, als treue Bürgen des Kommenden sichtbar macht.« (Lange 70)

8. Wie auch in Erwachsenen solche spielerischen Frei-Räume des Glaubens und Vertrauens wachsen können, zeigt F. Steigers Meditation zu Barlachs »Der singende Mann«:
»Ein Raum / wächst in dir, / durch Seine liebende Bewegung, / ein Punkt, ein Kreis, ein Ort, / wo Er geboren wird, / außen plakatiert dich / der Tod, innen die Krippe, / strahlt Leben, / du leuchtest von innen, / Er kommt auf dich zu, / wird geboren in dir jeden Tag, / du singst, / nichts lenkt dich ab, / nichts läßt dich verzagen, / du singst, / fragst nicht, / wie du erreichst, / was hab ich davon, / du Mann, Frau und Kind, / du singst das Lied / der Freude über Ihn, / von innen, / ganz von innen, / der Raum, Er, / nur Er.« (Steiger 92)

9. Noch einmal Drewermann (18) zum Stichwort Geheimnisse:
»Wäre es möglich, die Geheimnisse Gottes in den Texten der Bibel in dieser Weise auszulegen: in der Weise der Musiker, der Maler, der Dichter, so berührte ihre Kunde das Herz jedes Menschen auf Erden, und Gott würde hörbar in den Gesängen der Freude, in den Visionen der Schönheit und in der betenden Poesie der Andacht und der Liebe. Wir stünden am Anfang eines Christentums, das weit wie der Himmel zwischen Sonnenaufgang und Sonnenuntergang, umfassend wie die Güte Gottes selbst und ohne Trennung zwischen »Gut« und »Böse« (Mt, 5.45)«.

10. Elke Heidenreichs »Erika« schafft mit ihrem übersteigerten Weihnachtsgeschenk, dem riesigen Plüschschwein Erika eine gewisse Leichtigkeit und natürliche Weihnachtsfreude:
»Erika war fast lebensgroß, fast so groß wie ein ausgewachsenes Schwein. Sie war aus hellrosa Plüschfell, hatte vier stramme, dunkelrosa Beine, einen dicken Kopf mit leicht geöffneter Schweineschnauze, weichen Ohren und etwa markstückgroßen himmelblauen Glasaugen mit einem unbeschreiblichen Ausdruck - vertrauensvoll, gutmütig, neugierig und mit einer Art gelassener Pfiffigkeit, die zu sagen schien: was soll all die Aufregung, nimm es, wie es kommt, sieh mich an, ich bin nur ein rosa Plüschschwein mitten im KaDeWe, aber ich bin ganz sicher, daß das Leben einen wenn auch verborgenen Sinn hat. (...) wer Erika ansah, mußte lächeln. Ein Penner,

der im Eingang stand und sich im abgestandenen Kaufhauswind wärmte, streckte verstohlen eine Hand aus und zog Erika am Hinterbein. (102) ... Ich trat auf die Straße und sah mich nach einem Taxi um. »Mein Gott, wie schön, da wird sich das Kind aber freuen!«, sagte eine alte Frau und legte ehrfürchtig eine Hand auf Erikas großen, weichen Kopf, und ich dachte daran, daß das Kind, auf dessen Gabentisch dieses Schwein landen würde, Franz hieß und achtunddreißig Jahre alt war. Der Taxifahrer sagte kopfschüttelnd: »Für wattie Leute allet Jeld ausjehm« und starrte Erika mißtrauisch von der Seite an. (S. 103)
Allmählich geriet ich in eine fast ausgelassene Stimmung. In nur wenigen Stunden hatte Erika mein Leben bereits verändert, das heißt, mein Leben mit Erika war anders abgelaufen, als es das ohne Erika getan hätte: Ich hatte mit wildfremden Menschen gesprochen, sogar mit dem Taxifahrer, Leute hatten mich angestrahlt und ich hatte zurückgelacht, und überall da, wo Erika und ich aufgetaucht waren, hatten wir die Stimmung und die Gesichter der Menschen für einen Augenblick lang aufgehellt.« (S. 106)
Elisabeth, die mit »Erika« einen früheren Freund beglücken will, sich plötzlich nicht mehr mit ihm treffen will. Ein wildfremder italienischer Koch gewährt ihr Weihnachtsquartier. Erika erinnert ihn an seine Frau, die den Unglücklichen verließ. – Der nächste Morgen:
»Als ich aufwachte, war es gegen Morgen und das Feuer war ausgegangen. Steif geworden hing ich in meinem Stuhl, das Grappaglas lag in Scherben auf dem Boden. Tageslicht drang durch die Vorhänge, und quer über dem Tisch lag der dicke Franco, den Kopf auf Erika gebettet, und schlief. Ich stand leise auf, nahm meine Tasche und ging. Der Schlüssel steckte in der Haustür, die ich hinter mir zuzog. Die Straße lag still und leer da, ich sah zur Pensione Montalbina hoch und dachte: »Alles Gute, Erika, tröste ihn, du kannst es!« (120)

Zu Vorschlag 3: Alltag und Rituale
11. Der Bedeutung weihnachtlicher Riten geht F. Steiger in guter Spannung nach: »Kennst du die Erzählung / von Peter Rosegger / »Die Weihnachtsfreude«? / Rosinen, Zucker und Mehl / holte der steirische Junge / aus dem Dorf unten im Tal, / wanderte dazu über die verschneiten Almen, / voller Erwartung. // Wie sieht unsere Weihnachtsfreude aus, / woher holen wir sie, die einfachen Dinge? // DAS GANZE JAHR ÜBER / machen wir alles so hell wie möglich, / Tiefstrahler, Neon, Halogen. / Jetzt zünden wir die Kerzen an. // DAS GANZE JAHR ÜBER / sind wir so sachlich wie möglich, / nüchtern, gerade wie die Rasenkante, / die Schrankwand poliert. / Jetzt holen wir uns einen Baum ins Zimmer. // DAS GANZE JAHR ÜBER / lassen wir uns etwas vorsetzen, / Spannung, Stuß, unendliche Ballwechsel. / Jetzt aber erzählen, singen, spielen wir wieder. // DAS GANZE JAHR ÜBER / ertränkt uns die Flut der Bilder. / Jetzt schauen wir auf das Kind, die Krippe. // DAS GANZE JAHR ÜBER / Arbeit um Arbeit, Hetzen und Jagen aneinander vorbei. / Jetzt haben wir Zeit füreinander, Ruhe. // DAS GANZE JAHR ÜBER / sind wir unterwegs, im Eiltempo bleiben / unsere Seelen zurück. / Jetzt sind wir zu Hause. // Die einfachen Dinge, Kerzenschein und Tannenbaum, / Singen, Spielen, Erzählen, ein Bild betrachten, / Zeit haben, zu Hause sein, / anbeten, / einen letzten Winkel im Herzen hat jeder, / er kann sich erinnern, / unser Leben ein Leben mit Ihm, / in uns steht die Krippe, / wird er geboren. / Spiel mit Ihm. / Er gibt dir Atem, den du brauchst. / Er öffnet dir die Augen, / damit du siehst. / Spiel mit Ihm. / Lob und Dank und Ehre und Preis.« (zu Barlachs »Flötenspieler«: Steiger 24)

12. »Im Fest wohnen« nennt M. Wester einen Tagebuch-Eintrag, der zu Ritualen anregt:
»Gestern verkroch sich unsere Älteste nicht wie sonst nach dem Nach-Gottesdienst-Frühstück wieder in ihrem Zimmer. »Leg eine Platte auf«, sagte sie, überließ sogar die Auswahl der Musik mir - und kramte aus der Schublade den Kasten mit alten Photos. Auf dem Boden sitzend breitete sie um sich her, was sie fand: wieder unsere Geschichte - wie ein Haus, in dem man es lustig und warm hat! Die gleiche Geschichte, der sie sonst so oft den Rücken kehren, von der sie sich frei machen wollen in ihrem Erwachsenwerden! Vielleicht wollen sie sich gar nicht freimachen davon, sondern nur frei sein darin? Das Haus der Tradition nicht als Vorschrift und Verpflichtung - wohl aber als warme Wohnung, die man feiern kann wie ein Fest? - Ich finde das sehr behaglich und es paßt gut zu dem Jesus, dessen Ankunft wir feiern. ... Das Fest der Gewohnheiten, die sich in unserem Leben - auch in unserem Glaubensleben - sammeln, so zu feiern, daß man darin wohnen und doch frei sein kann! Ich hoffe so, daß uns das immer wieder einmal glückt ...« (35 f.)

13. H. Cox spürt diesem Fest der Hoffnung als Alltagsritual nach (Achtnich, Advent, 28)
»Warum können wir also nicht ganz auf Weihnachten verzichten? ... Der Mensch ist festlich. Er lebt auf Parties, bei Festen, Ferien; bei Unterbrechungen der Routine, bei Gelegenheiten zum Zuprosten, indem er die alten Lieder singt, sich erinnert, hofft ... Und der Mensch ist auch ein Phantast. Er träumt immer weiter von einer Welt ohne Napalm und Krebs und Hunger, obwohl er jahrhundertelang enttäuscht wurde. Er will nicht aufhören zu hoffen. Die zentralen Symbole von Weihnachten, zugleich heidnisch und christlich, sprechen diese unauslöschbare Hoffnung aus. So verschmilzt Weihnachten die Wünsche des Menschen zu feiern und zu hoffen. Wenn es zerstört würde, müßten wir etwas anderes erfinden, was seine Stelle einnimmt.«

Nachweise

Elisabeth Achtnich u.a., Für Advent und Weihnachten. In Familie, Gruppe, Gemeinde/Gelnhausen/Wien 1976

Sigrid und Horst Klaus Berg (Hrsg.), Warten, daß er kommt. Advent und Weihnachten. Biblische Texte verfremdet 2, München/Stuttgart 1986

Hans Gerhard Behringer, Wachsen, Wandeln, Wagen, Meditative Gedichte und Texte, Hof 1994

François Bovon, Das Evangelium nach Lukas, EKK NT Bd. III/1, Zürich/Neukirchen 1989

Eugen Drewermann, Dein Name ist wie der Geschmack des Lebens. Tiefenpsychologische Deutung der Kindheitsgeschichte nach dem Lukas-Evangelium, Freiburg 1992, S. 158–173

Elke Heidenreich, Kolonien der Liebe, Hamburg 1992, hier »Erika«: S. 96–120

Ernst Lange, Dialektisch sehen, in: ders., Die verbesserliche Welt, Stuttgart, S. 58–70

Jochen Mariss, In flagranti, Blickfänge und Sprachspuren, Bielefeld 1987

Paul-Gerhard Müller, Lukas-Evangelium, Stuttgarter Kleiner Kommentar, NT Bd. 3, Stuttgart 1984

Verena Kast, Sich einlasen und loslassen, Neue Lebensmöglichkeiten bei Trauer und Trennung, Freiburg 1984, 3. Aufl.

Gerhard Schneider, Das Evangelium nach Lukas, Ökum. Taschenbuchkommentar Bd. 3/1, Gütersloh 1977

Jürgen Schwarz (Hrsg.), Grenzen überschreiten. Ein Begleitbuch zur Weihnachtszeit und zur Jahreswende, Eschbach 1982

Friedemann Steiger, Landschaft einer Seele. Betrachtungen zu und mit Ernst Barlach, Leipzig 1990

Johannes Thiele (Hg.), Rucksackfibel. Gedanken und Gebete für unterwegs, Stuttgart 1989

Paul Tillich, Das neue Sein, Stuttgart 1957, S. 93–96

Manfred Wester, Zeit für Weihnachten. Tagebuchnotizen auf der Suche nach einem Fest, Gelnhausen 1981

Altjahrsabend

Annäherungen an den Predigttext Lukas 12,35-40

Günter Gottschämmer

Das Gespräch wurde geführt in der Arbeitsgruppe Kindergottesdienst der Evangelischen Johannesgemeinde Darmstadt (Fernande Dilfer, Günter Gottschämmer, Anneliese Handel, Karin Krämer, Iris Rehm, Markus Seeger, Thomas Seeger)

1. Spontane Einfälle
»Feuerwehr! - Tag und Nacht muß ich bereit sein.«
»Das ist eine unmenschliche Anforderung, immer bereit und auf dem Sprung zu sein.«
»Zu wachen fällt am Silvesterabend nicht schwer. Da schläft sowieso keiner.«
»Da brennen nicht nur die Lichter im Haus; da ist auch der Himmel erleuchtet. - Wenn ein Pfarrer so seine Predigt anfängt, wird er irgendwann einmal sagen: ›Aber so einfach, liebe Gemeinde, ist's freilich nicht.‹ Und die Gemeinde wird (wie immer!) denken: ›Wußt' ich's doch, daß da noch ein Haken kommt‹«
2. »Mir erschien die Anforderung, allzeit bereit zu sein, auf den ersten Blick unmenschlich. Jetzt sehe ich, daß die Zeit nicht unbegrenzt ist. Der ›Tag, an dem der Herr kommt‹, ist ein bestimmter Tag.«
»Aber darauf kann man lange warten, das ist wie der St. Nimmerleinstag.«
3. »Aber ich freue mich auf diesen Tag. Mich hat der Vers 37 sehr angesprochen, wenn es heißt: ›Jesus wird mich an diesem Tag bedienen‹.«
4. »Das sind ja verdrehte Verhältnisse. Wenn der Herr den Knecht bedient, dann paßt das nicht zu unseren Vorstellungen.«
»Ja, das stimmt. Das Bild als Bild ist absurd. Aber vielleicht hat die Absurdität auch ihre Bedeutung. Wenn das Bild als Bild keinen Sinn ergibt - ein Herr dient einem Knecht nun einmal nicht -, dann muß es zwangsläufig übertragen werden, damit es Sinn macht. In der Übertragung spricht das Bild von der Umkehrung der Verhältnisse am Jüngsten Tag. Es geht also nicht nur ums Warten, sondern, wie in vielen Gleichnissen, auch um eine Beschreibung des Reiches Gottes.«
5. »Wenn man nur die Verse 35-40 liest, sieht das Warten ziemlich passiv aus. Ich kann nicht viel tun, letztlich hängt alles vom Verhalten des Herrn

ab. Ich habe mal ein Stückchen weitergelesen bis zum Vers 48. Das ist das Warten gefüllte Zeit, ein aktiver Wartestand.«

»Obwohl die Bilder ganz schön kraß und absolut sind, ›in Stücke hauen‹ und so, lassen sie dem Einzelnen doch mehr Verantwortung. Der, der nur die ›Lenden gegürtet hat und die Lichter brennen läßt‹, kommt mir fast ein wenig entmündigt vor. In Vers 41f. wird mehr Handlungsspielraum erlaubt.«

»In anderen biblischen Berichten vom Jüngsten Tag, z.B. Mt 25, werden diese beiden Seiten auch gegenübergestellt: Gericht wird nach den Werken gehalten: Danach, ob einer Hungrige gespeist, Durstige getränkt usw. hat. Letzten Endes reichen diese Werke jedoch auch nicht aus, letzten Endes entscheidet der Richter am Jüngsten Tag ›ohne des Gesetzes Werke‹.«

»Noch mal zurück zu Vers 35: Ich sehe da nicht nur Passivität drin. Da ist auch schon Engagement von mir verlangt; denn es heißt nicht: ›Lasset die Lichter brennen‹, sondern ›lasset eure Lichter brennen‹.«

»Dazu paßt auch, daß das Licht damals bewacht werden mußte, wenn es brannte. Wurde nicht darauf aufgepaßt, konnte schon mal das Haus abbrennen.«

»Dazu fällt mir noch eine ganz andere Idee ein: Wenn ich nachts Lichter in einem Haus brennen lasse, dann dient das nicht nur mir selbst oder einem Gast im Haus, dann ist dieses Licht auch ein Zeichen für den, der den Weg zu diesem Haus sucht; es ist wie ein Leuchtfeuer.«

6. »Ich habe mal in der alttestamentlichen Verweisstelle zu Vers 35 nachgesehen. Zu wachen und die Lenden umgürtet zu halten, das ist die Situation der Israeliten vor dem Auszug aus Ägypten, während des ersten Passahmahles.«

»Ja, da erinnere ich mich: Zum Passahritus gehört es auch heute noch dazu, ›die Lenden umgürtet‹ zu halten.«

7. »Ich frage mich schon die ganze Zeit: ›Wäre ich bereit, wenn Jesus heute käme? – und ich kann die Frage nicht vollmundig mit Ja beantworten.«

»Es gäb' noch viel zu tun!«

»Ja, auch. Aber vor allem weiß ich nicht, wie das Gericht mit mir ausgehen wird. Es ist so zwischen Angst und Hoffnung. Obwohl ich immer mehr dazu komme, darauf zu vertrauen, daß Gott alles ›zurecht richten‹ wird. Aus einer Predigt ist mir mal ein Bild dazu im Gedächtnis geblieben: Gott wird so richten, daß ein entgleister Waggon wieder auf die richtigen Gleise gerät. Dieses Bild rufe ich mir ins Gedächtnis, wenn die Angst sich in mir zu sehr aufbaut.«

»Das heißt aber auch, daß ich es allein nicht schaffe. Ein auf die Seite gefallener Waggon braucht einen Hebekran. Hilfe von außen ist nötig.«

8. »Ich kann es mir auch nicht vorstellen, daß Gottes Gericht schlecht für die Menschen ausgeht. Ich kann mir nicht vorstellen, daß Gott das, was er angefangen hat, nicht gut zu Ende führen wird. Er liebt doch seine Schöpfung; dann wird er auch dafür sorgen, daß es mit ihr gut ausgeht.«

9. »Zu dem »selig« habe ich einmal als Erklärung gehört, es leite sich ab von ›Saal‹, also ›saalig‹, d. h. selig sind die, die im Saal - gedacht ist an den Speisesaal in einem Herrscherhaus - versammelt sind; gemeint sind also die, die mit dem Herrscher im Saal an der gemeinsamen Tafel sitzen.«
»Eine solche Ableitung von ›selig‹ würde auch dem Bild in unserem Text entsprechen: Da geht es auch um ein gemeinsames Essen; nur, daß da der Herr die Knechte bedient.«
»Mich erinnert dieses Bild ans Abendmahl.«
»Das betrifft dann die, die das Gericht schon hinter sich haben. Selig würde dann heißen: Ich bin durch das Gericht hindurch. Gott hat mich gerecht gesprochen. Ich bin entlastet. - Das ist toll, daran zu denken.«
»In der Offenbarung heißt es dazu: Selig sind die, die den 2. Tod nicht sterben werden.«
10. »Zum Richten gehört auch die Rechenschaft. Am Jüngsten Tag, am Ende meines Lebens, muß ich Rechenschaft ablegen über das, was ich getan habe. Unter diesem Gedanken kann ich auch verstehen, warum der Text für den Altjahrsabend ausgewählt wurde: Am Ende eines Jahres ist es gut, das Jahr noch einmal Revue passieren zu lassen und sich Rechenschaft zu geben über das, was war.«
11. »Wenn es um das Gericht nach den Werken geht: Kommt da nicht auch ein Leistungsgedanke mit hinein?«
»97 Punkte für den Angeklagten!«
»Und was wird mit denen, die noch nichts von Jesus gehört haben? Sind die verloren? Haben die null Punkte?«
»Nein. Entlastend in dieser Frage wirkt für mich Vers 48: Nur bei dem, dem viel gegeben ist, wird man viel suchen.

Zum Gottesdienst

Hanne Köhler

Exegetisch-homiletische Skizze

Mit Claus-Peter März (Zur Vorgeschichte von Lukas 12,35-48 - Beobachtungen zur Komposition der Logientradition in der Redequelle; in: Karl Kertelge u. a. Hrsg., Christus bezeugen, Leipzig 1990, S. 166-178) gehe ich davon aus, daß die Verse 35-38.39 f. 42-46 bereits vorlukanisch zusammenstanden. »Es geht Lk 12,35 Q und der gesamten Spruchgruppe ... nicht nur um die generelle Lebenshaltung der eschatologischen Wachsamkeit, sondern auch um die konkrete ethische Bewährung angesichts der noch ausstehenden Parusie.« (a. a. O. S. 169) Der Predigtabschnitt ist durch zwei

Mahnworte (35 und 40) gerahmt. Zunächst wird in 37–38 der Versuch unternommen, mit einer Seligpreisung und einer Lohnverheißung zur Wachsamkeit zu motivieren. Dann wird in 39–40, gewissermaßen als Kontrast zur Lohnverheißung, die Möglichkeit eines negativen Ausgangs in Erinnerung gerufen.

Die Mahnung zur Wachsamkeit wird mit sehr konkreten Schilderungen aus der damaligen sozialen Situation anschaulich (vgl. Luise Schottroff, Lydias ungeduldige Schwestern – Feministische Sozialgeschichte des frühen Christentums, Gütersloh 1994, S. 239 f.): Die Türsklavin oder der Türsklave, die nachts, wenn der Hausherr nicht da ist, nicht einschlafen dürfen; das angespannte Wachen des Hausbesitzers in der Nacht, der fürchtet, daß ein Dieb kommt. Gleichzeitig wird deutlich, daß die an einzelne Türsklavinnen und Türsklaven delegierte Aufgabe des Wachens nun allen gilt. In den »Knechten« ist die ganze Gemeinde im Blick, die nun trotz der Parusieverzögerung zur Wachsamkeit gemahnt wird.

Das Kommen des Erwarteten wird je nach (sozialem) Kontext in der Erzählung unterschiedlich erfahren. Die Sklavinnen und Sklaven erleben, daß ihr Hausherr nachts vom Fest zurückkommt und die Verhältnisse umkehrt, selbst den Tischdienst, damals eindeutig Aufgabe der sozial am niedrigsten stehenden Person, übernimmt. Hier lohnt es sich, wach zu bleiben. Solche Aussichten können das Warten verändern. Auf der anderen Seite steht die Angst des Hausbesitzers davor, daß ein Dieb in der Nacht in sein Eigentum einbricht. Aufgrund dieses Befundes haben einige PredigerInnen gefragt, wie wir denn das Kommen Christi in unserer Situation erleben würden. Wäre es Grund zur Freude oder eher angstbesetzt? Letzteres wird zuweilen mit dem unmittelbar vorhergehenden Vers Lukas 12,34 »Denn wo euer Schatz ist, da wird auch euer Herz sein« verbunden.

Ich entscheide mich in diesem Jahr statt dessen eher zur Betonung des Momentes der Überraschung. Am Altjahrsabend erwarte ich eine Gottesdienstgemeinde, die Besinnung und Stille sucht, die sich Rechenschaft über das vergangene Jahr gibt, und die bereit ist zu hören. Am Altjahrsabend – kirchlich zwischen Weihnachten und Epiphanias – möchte ich Mut machen, zwischen allem, was festgelegt ist, mit dem Überraschenden, dem Unverfügbaren zu rechnen. In der Liturgie wird dies bereits durch behutsame Veränderungen und Umstellungen sichtbar.

Vorschläge zur Liturgie

Votum

Im Namen Gottes feiern wir Gottesdienst
Gott umfängt das Gestern, das Heute und das Morgen.
Jesus Christus kommt uns entgegen.
Durch Gottes Geist lesen wir hellwach die Zeichen der Zeit.

Eingangspsalm
(nach Psalm 121 im Wechsel gelesen)
Ich hebe meine Augen auf zu den Bergen.
    Woher kommt mir Hilfe?
Meine Hilfe kommt von dir, Gott.
    Du hast Himmel und Erde gemacht.
Du wirst meinen Fuß nicht gleiten lassen.
    Du behütest mich und schläfst nicht.
Du, Gott Israels, wirst nicht müde
und schläfst nicht ein.
    Du behütest auch mich.
Du gibst mir Schatten und stehst mir zur Seite.
    Bei Tag wird mir die Sonne nicht schaden
noch der Mond bei Nacht.
    Du behütest mich vor allem Bösen.
Du behütest mein Leben.
    Du behütest meinen Ausgang und Eingang
von nun an bis in Ewigkeit.

Als Antwort singt die *Gemeinde* »Ausgang und Eingang« EG 175 (dabei kann ggf. »Herr« in »Gott« geändert werden)
oder:
Gott ist meine Hilfe.
Zwischen Gottes Himmel und Erde
bin ich behütet.
Zwischen allen Tagen und Nächten
bin ich behütet.
Gott ist meine Hilfe
jetzt und immerfort.
(Beide Texte aus: Heidi Rosenstock/Hanne Köhler; Du Gott, Freundin der Menschen; Kreuz Verlag, Stuttgart 1991, S. 35 – der erste Text ist von mir, der zweite von Vera-Sabine Winkler.)

Eingangsgebet mit Schuldbekenntnis
Gott von Ewigkeit zu Ewigkeit
Der heutige Tag und damit dies ganze Jahr sind fast vorüber,
wie alle Tage und alle Jahre
aufgehoben in deiner Zeit.
Wir können an ihnen nichts mehr ändern.
So manche Scherbe halten wir in Händen.
Damit Zerbrochenes uns nicht immer wieder verletzen muß,
beten wir zu dir, Gott:
Gib uns die Kraft, einander ehrlich zu vergeben.
Daß Schuld sich nicht auf Schuld türmt

und nicht Gewalt auf Gewalt folgt,
dazu mache mit uns einen Anfang.
Was dann noch bleibt,
all das Zerbrochene,
das wir mit aller Liebe nicht mehr heilen können,
weil die Zeit dazu vorüber ist,
das hilf uns in deine Hände zu legen,
du, Gott des Lebens,
und verzeih uns unsere Schuld.
Dies bitten wir durch Jesus Christus,
als dessen Schwestern und Brüder wir berufen sind.

Gnadenzusage
Was gewesen ist,
brauchen wir nicht zu vergessen und nicht zu verleugnen.
Wir wollen es bewahren
als Erfahrung und als Hilfe für die Zukunft
und daran denken:
Gott will uns aufrichten, wenn wir gefallen sind.
Bei Gott ist mehr Freude
über einen Sünder oder eine Sünderin,
die ein neues Leben anfängt,
als über neunundneunzig andere, die das nicht nötig haben.
Ehre sei Gott in der Höhe!

Lesung
Jesus Sirach 17,1-13: Wir Menschen sind Teil der Schöpfung Gottes und Gott verantwortlich, oder Matthäusevangelium 13,33: Vom Sauerteig (Balance Aktivität und warten/wachen)

Schlußgebet
Gott von Ewigkeit zu Ewigkeit,
am Abend dieses Tages und am Abend dieses Jahres
sind wir vor dir versammelt,
um Dank zu sagen für die geschenkte Zeit.
Laß uns bewahren, was gut war
und vergeben, was zu vergeben ist.
Laß uns in dir verwurzelt bleiben,
damit wir erleben können,
was wir jetzt miteinander singen:
    Du Gott stützt mich, du Gott stärkst mich,
    Du Gott machst mir Mut. (EG EKHN 592)
Gott von Ewigkeit zu Ewigkeit,
viele Probleme aus dem vergangenen Jahr

liegen schwer auf uns an diesem Abend.
Wir wollen unsere Sorgen für diese Welt
in der Stille noch einmal vor dir ausbreiten:
Stille
Gott, wir glauben, hilf unserem Unglauben,
damit wir erleben können,
was wir jetzt miteinander singen:
Du Gott stützt mich, du Gott stärkst mich,
Du Gott machst mir Mut. (EG EKHN 592)
Gott von Ewigkeit zu Ewigkeit,
weil vor dir jedes einzelne Kind,
jede Frau und jeder Mann zählt,
bitten wir dich für alle,
die keine Kraft mehr haben
für die Hoffnung auf bessere Zeiten.
Laß sie glaubwürdigen Christinnen und Christen begegnen,
auch in uns,
damit sie erleben können,
was wir jetzt miteinander singen:
Du Gott stützt mich, du Gott stärkst mich,
Du Gott machst mir Mut. (EG EKHN 592)

Meditation zum Abendmahl
Auf dem Altar stehen Brot und Traubensaft.
Du, Gott des Lebens, wir danken dir
für diese sichtbaren Zeichen deiner Liebe.
Wir danken dir,
daß du uns im vergangenen Jahr behütet hast,
daß du uns Kraft gabst zum Durchhalten in manchen Schwierigkeiten.
Wir danken dir, für alle Freude und alle Liebe,
die uns geschenkt war.
An der Schwelle von einem zum anderen Jahr
wollen wir uns von dir stärken lassen
durch dein Brot und deinen Saft
in der Gemeinschaft deiner Gemeinde.
Wir wollen uns von dir stärken lassen,
daß wir Mut schöpfen gegen alle Angst,
daß wir Hoffnung fassen, wo Resignation droht,
daß wir deine Liebe leben lernen.
Gott, wir wollen uns von dir stärken lassen,
für alle Aufgaben, die du uns zutraust.
Sei du mitten unter uns,
wenn wir jetzt Brot und Traubensaft teilen.
Amen.

Segen
Gott allen Trostes und aller Verheißung
segne uns und behüte uns
begleite uns mit deiner Liebe
die uns trägt und fordert
laß dein Angesicht leuchten über uns
und sei uns gnädig
denn deine Güte schafft neues Leben
wende dein Angesicht uns zu und schenke uns Heil
lege deinen Namen auf uns
und wir sind gesegnet!
(Christel Voß-Goldstein; Abel, wo ist deine Schwester; Patmos Verlag Düsseldorf, 2. Aufl. 1988, S. 177)

Liedvorschläge
EG 58 Nun laßt uns gehn und treten (Strophen 1-3,9-11);
Das Gestern vergeht (T.: S. Fritsch; M.: F. Bartruweit)
EG 153 Der Himmel, der ist
EG 428 Komm in unsre stolze Welt
EG 432 Gott gab uns Atem
EG EKHN 543 Alles ist eitel, du aber bleibst
EG EKHN 560 Es kommt die Zeit
EG EKHN 572 Gottes Wort ist wie Licht in der Nacht
EG EKHN 789.2 Bleibet hier und wachet mit mir

Neuer Text zu Psalm 121

Ich hebe meine Augen auf
zum Bergesrand, zum Wolkenlauf,
Weiß, ich, ein Mensch, begrenzt und klein,
werd' immer angewiesen sein.

Wer meint es gut, ist für mich da?
Wer bleibt mir auch in Krisen nah?
Wer hilft mir, steht mir bei in Not,
birgt mich im Leben und im Tod?

Der Glaube sagt: Gott hat die Macht,
mich zu behüten Tag und Nacht.
Und daran halte ich mich fest,
daß mich mein Gott nicht fallen läßt.

Gott schläft nicht und Gott schlummert nicht.
Daß mich selbst Wut und Glut nicht sticht,
noch friert im kalten Jahr und Land,
beschützt mich Gottes gute Hand.

Was kommen mag, Angst, Not, Gefahr,
behüten wird mich wunderbar
die Quelle der Geborgenheit:
mein Gott, jetzt und in Ewigkeit.

(aus: Eugen Eckert, Gott ist mein Lied, ist meine Macht, Strube-Verlag, München 1996. Der Text kann gesungen werden zur Melodie EG 79 »Wir danken dir, Herr Jesu Christ«.)

Vorschlag zur Predigt

Möglicher Anfang

Gnade sei mit uns und Friede von Gott!

Was kommt auf uns zu? Die Ausnahmezeit »zwischen den Jahren« geht ihrem Ende entgegen. Heute lassen wir das alte Jahr noch einmal vor unseren Augen vorüberziehen und wissen doch schon, wie das neue Jahr morgen anfangen wird.

Was machen Sie morgen, in der nächsten Woche, in den kommenden Monaten? (Pause) Das alte Jahr wird sich für viele fortsetzen. Der gleiche Beruf, die gleichen Aufgaben, vermutlich ähnliche Sorgen und Nöte; in unserem privaten Leben, aber auch in der Weltpolitik wird die Vergangenheit fortgeschrieben. Es gibt nichts Neues unter diesem Himmel, hat es den Eindruck. Und selbst wenn bestimmt etwas Neues zu erwarten ist, weil ein Kind oder Enkelkind sich angekündigt hat, weil ein Schul- oder Berufswechsel ansteht, weil ein lang angestrebtes Ziel vor Augen steht ... Wir rechnen kaum damit, daß alles ganz anders kommen kann.

Der heutige Predigtabschnitt aus dem Lukasevangelium ermutigt zu einer anderen Haltung. Ich lese aus dem Kapitel 12 die Verse 35–40: *(Text)*

»Laßt eure Lenden umgürtet sein und eure Lichter brennen«; in der biblischen Sprache wird damit auf eine andere Situation angespielt. Es geht darum, so bereit, so aufbruchsbereit zu sein wie damals das Volk Israel mit umgürteten Lenden, Schuhen an den Füßen, den Stab in der Hand, noch schnell das Pas-cha feiernd, bevor sie hinwegeilen aus dem Land Ägypten. Was wären vergleichbare Bilder für unsere Situation? Die Koffer oder besser den Rucksack gepackt; Paß und Fahrkarte, Reisegeld oder die Kreditkarte in der Tasche? Auf jeden Fall bereit, das Alte hinter mir zu lassen! Auf jeden Fall voll Erwartung in eine neue Zukunft, ohne mich an das Alte zu klammern und zu binden.

Diese Zukunft kommt nicht in wohlüberlegten vorbereiteten Schritten und hält sich nicht an unsere geplanten Tagesabläufe.

Zum weiteren Verlauf

Ich erzähle den sozialen Hintergrund des Abschnittes (Aufgabe Türsklavin, warum die Lampen brennen, wer üblicherweise für den Tischdienst zustän-

dig ist etc.), denn nur dann wird verständlich, worum es geht. Hier warten Menschen auf etwas, das kommt, das überraschend kommt. Was kommt, zeigt, daß es sich lohnt, wach zu bleiben. Aber auch, es kann - überraschend - ganz anders kommen.
Der zweite Teil, die Vorstellung vom einbrechenden Dieb, muß kaum aktualisiert werden. Diese Art von Überraschungen ist uns geläufig.
Es lohnt sich auch, die Verben des Predigtabschnittes noch einmal genau durchzugehen. Bis auf Vers 35 ist in jedem Vers davon die Rede, daß etwas/jemand kommt. Die ganze Aktivität liegt zunächst einmal nicht bei den Angeredeten (aufbrechen, kommen, anklopfen, kommen, schürzen, bitten, kommen, dienen, kommen, finden, kommen, einbrechen, kommen), welch eine Entlastung! Aufgerufen wird allein zu einer Haltung, die diesem mächtigen Kommen entspricht (umgürten, brennen, warten, auftun, wachen, wissen, bereit sein). Dies scheint mir in einer protestantischen Gemeinde am Altjahrsabend nun wirklich Evangelium zu sein.
Hier kann sich eine eher meditative Sequenz zum Thema »wachen - worauf warten wir« anschließen (Stichworte u. a. offen sein, loslassen, bereit sein, hellwach sein, wenn es gefährlich wird, nicht alle können/müssen gleichzeitig wachen, aber ich bin auch einmal dran, je genauer ich alles plane und formuliere, desto eher werde ich von Überraschungen eingeholt ...)

Möglicher Schluß
An der Schwelle von einem zum anderen Kalenderjahr entdecken wir, das Gewesene ist nicht das Endgültige. Wir werden nicht dazu gerufen, die Vergangenheit zu bewachen, sondern warten auf das Neue. Allerdings gilt für uns nicht »Nichts Genaues weiß man nicht!«. In unserem kirchlichen Kalender liegt der heutige Tag zwischen Weihnachten und Epiphanias. Gott ist schon Mensch geworden, irgendwo in einem kleinen Ort am Rande der Weltgeschichte. An Epiphanias werden wir feiern, daß in diesem Menschen Jesus sich wirklich Gott der Welt zuwendet.
Heute befinden wir uns dazwischen, zwischen Weihnachten und Epiphanias, zwischen dem Glauben, daß Gott sich mit Jesus auf uns erneut eingelassen hat und der Hoffnung, daß bald deutlich in Erscheinung tritt, wie Gott diese Welt verändert.
Zur Schärfung unserer Sinne und in der Hoffnung, daß Gott uns im neuen Jahr überrascht, singen wir »Alle Knospen springen auf, fangen an zu blühen« (EG EKHN 637

Kontexte

Laß es doch manchmal,
für einen Augenblick, sein,
als ob wir gehen auf Flügeln -
so wie Menschen gehen

auf dem Weg zu einem Neubeginn.
Daß wir sehen, noch Zeit unseres Lebens,
einen Schimmer, einen Funken
deines Reiches des Friedens:
Menschen in Frieden.

Daß wir doch manchmal,
für einen Augenblick, wissen
so sicher, wie es uns gibt,
daß dauern wird deine Treue,
und wer du sein wirst, einst,
in einem neuen Himmel,
auf einer neuen Erde.
Wenn der Tod getötet ist:
Gott in Menschen.

Jetzt noch hat niemand
dich je gesehen.
Aber du wirst Gott sein,
neu und auf immer,
alles in allem.

(Huub Oosterhuis, Verlag Herder, Wien)

Der Tag X.
Sie wissen schon, was für einen Tag ich damit meine. Das X steht da für ein U, U gleich Untergang, Weltuntergang nicht gerade, aber doch etwas Ähnliches, unsere Stadt weg, alle Häuser, Schulen, Bibliotheken, alle Männer und Frauen und Kinder, alles, wofür wir gelebt haben, und es mag sein, daß dann noch menschliche Wesen irgendwo herumkriechen, aber nicht lange, und was noch geboren wird, ist schon im Keime zerstört.
Dieser Tag X beschäftigt mich, ich mache mir Gedanken über ihn, aber in meiner Familie und auch unter meinen Freunden bin ich die einzige, die sich solche Gedanken macht. Ich darf auch nicht davon reden, ach, hör doch auf, alles ist gleich, dazu kommt es nicht, und wenn es doch dazu kommt, erfahren wir es noch früh genug.
(Marie-Luise Kaschnitz)
Mit Furcht und Zittern erwarten wir, was kommt. In Gelassenheit und Hoffnung können wir wachbleiben, wenn wir wissen, daß Christus kommt.
(aus: Gesammelte Werke. Band 4: Die Erzählungen, © Insel Verlag Frankfurt am Main 1983)

Jahresrückblick mit Symbolen

Sabine Bäuerle

Gedanken zum Jahreswechsel

Heute stehen wir am Übergang von einem Jahr ins nächste. Und solche Übergänge, solche Passagen, sind schwierige Angelegenheiten in unserem Leben. Nicht umsonst gibt es gerade für den heutigen Abend viele Schwellenbräuche, die helfen sollen, den Übergang zu erleichtern.

Schon 1494 berichtete Sebastian Brant in seinem »Narrenschiff«, daß Silvester die Zeit sei für Kugelgießen, Wünschelrutenschneiden und Schatzgraben. Das Empfinden für das Besondere dieser Zeit ist bis heute geblieben. Zwar nehmen es die meisten nicht so ernst und betreiben alte Bräuche wie das Bleigießen, das Lesen aus Kaffeesatz oder Kartenziehen eher mit lächelnder Ironie. Aber lassen tun sie's doch nicht. Es könnte ja vielleicht was dran sein ... Auch an Geister glauben wir nicht mehr, aber was wäre Silvester ohne das Knallen der Feuerwerkskörper und ohne das Leuchten der Raketen, die an den alten Brauch des lärmenden Geistervertreibens erinnern.

All das sind Versuche, den Übergang rituell zu gestalten. Und gestalten müssen wir sie, die Übergänge, denn sie sind im Leben häufig schwierige Wege von einem Ufer zum anderen. Wie gut, daß wir an der Schwelle zum neuen Jahr nicht alleingelassen sind und darauf vertrauen können, daß uns Gottes Hand hält.

Lied: Nun laßt uns gehn und treten, EG 58,1–5

Symbole zum Übergang

Wieder ist ein Stück Lebenszeit vergangen. Hinter uns liegt ein Jahr mit seiner Fülle einmaliger Gelegenheiten, die wir genutzt oder verspielt haben. Da sind die Höhepunkte des Jahres, an denen uns etwas gelungen ist, und die Tiefpunkte, an denen wir versagt haben. Die guten und die schweren Tage, glückliche Begegnungen, enttäuschte Hoffnungen. Alles, was passiert ist in der Welt.

Bevor das alte Jahr zu Ende geht, wollen wir gemeinsam noch einmal zurückschauen, in unserer Erinnerung noch einmal Wege gehen, noch einmal zurückdenken. Dabei helfen uns drei Symbole. Und zwischen den Symbolen soll Zeit sein zum Nachsinnen.

(Die Symbole Apfel, Stein und Rose werden der Gemeinde mit einem ersten Satz vorgestellt, danach auf den Altar gelegt und zum Abschluß der Sequenz noch einmal gezeigt.)

Apfel

Der Apfel ist ein Symbol für all das, was wir zum Leben brauchen.

Der Apfel ist ein Lebensmittel und steht für alles, was wir zum Leben brau-

chen: Nahrung und Kleidung, ein Zuhause und unser Auskommen. Aber auch das Zusammensein mit unserer Familie, mit unseren Freundinnen und Freunden, mit Kollegen und Nachbarinnen. Zum Leben brauchen wir neben der Arbeit auch freie Zeit und die Möglichkeit, sie zu gestalten.
All das nehmen wir, solange wir es haben, für selbstverständlich. Es ist das Alltägliche. Das, was eben dazu gehört. Das, worauf wir jeden Tag bauen. Und so ist der Apfel ja auch keine exotische Frucht, sondern eher ein Gebrauchsobst für alle Tage, nichts Besonderes. Aber Lebensmittel. Mittel zum Leben.
Als Frucht ist der Apfel auch Symbol für all das, was wir in diesem Jahr ernten konnten. Dinge, die uns viel Mühe gekostet, auf die wir lange hingearbeitet haben, die uns aber auch weiterbrachten. Bei den einen sind es die Früchte ihrer Arbeit, andere haben eine Beziehungskrise miteinander gemeistert. Es können auch die Früchte der Arbeit an und mit uns selbst sein. Vielleicht ist es uns gelungen, gelassener zu werden, mehr zu vertrauen, nicht mehr so maßlos zu arbeiten, besser für uns zu sorgen.
Daran denken wir zurück: An all das, was wir zum täglichen Leben haben und an die Früchte, die wir ernten konnten.
Der Apfel ist ein Symbol für alles, was wir zum Leben brauchen.

Meditative Musik
So spricht Gott: »Hört mir zu, ... die ihr von mir getragen werdet von Mutterleib an und vom Mutterschoße an bei mir aufgeladen seid. Auch bis in euer Alter bin ich derselbe, und will euch tragen, bis ihr grau werdet. Ich habe es getan. Ich will heben und tragen und erretten.« (Jes 46,3 f.)

Stein
Der Stein ist ein Symbol für alles Schwere, was im vergangenen Jahr gewesen ist.
Wir denken an all die Steine, die uns in diesem Jahr im Weg gelegen haben. Nicht die kleinen Stolpersteine, sondern große, schwere Steine, die unser Leben beschwert haben. Manche von uns mußten einen lieben Menschen loslassen, andere mit ihrer Krankheit fertig werden. Da gab es auch die Verletzungen, die uns andere zufügten, Haß, Konkurrenz, Streit.
Oft legen wir auch uns selbst oder anderen Steine in den Weg. Da gab es auch in diesem Jahr so viel ungelebtes Leben, Beziehungen, die wir vernachlässigt haben. Viel Zeit ist ungenutzt verstrichen. Wir haben die Gelegenheit zu einem klärenden Wort oder zu einer helfenden Tat verpaßt.
Wie oft haben wir resigniert, ließen uns verhärten von schlechten Erfahrungen oder enttäuschenden Begegnungen. Und wenn wir nicht mehr hoffen können, bitter werden und starr, unbeweglich und gefangen in uns selbst, dann versteinern wir auch in unserem Körper, in unserem Herzen.
Die Steine in unserem Leben können viele Formen, Farben und Gestalten haben. Aber ganz gleich, wie sie aussehen – sie belasten und machen uns Sorgen.

Der Stein ist ein Symbol für alles Schwere, was im vergangenen Jahr gewesen ist.

Meditative Musik
So spricht Gott: »Ich will euch ein neues Herz und einen neuen Geist in euch geben und will das steinerne Herz aus eurem Fleisch wegnehmen und will euch ein fleischernes Herz geben.« (Hes 36,26)

Rose
Die Rose ist ein Symbol für alles, was uns in diesem Jahr geschenkt wurde. Auch in diesem Jahr gab es vieles, was nicht selbstverständlich war. Manche haben einen lieben Menschen kennengelernt und sind aus ihrer Einsamkeit herausgekommen. Andere haben die Geburt eines Kindes in dankbarer Freude erlebt. Da hat uns einer eine Freude gemacht, obwohl kein Geburtstag war. Eine kam auf uns zu und hat uns die Hand zur Versöhnung gereicht. In einer trostlosen Situation gab es tröstende Worte oder Gesten.
Wo solch Unerwartetes geschieht, fängt der Alltag an zu leuchten und zu blühen.
Die Rose steht für den Überschuß, für das, was wir nicht unbedingt zum Überleben brauchen, wohl aber für ein erfülltes Leben.
Die Rose ist ein Symbol für alles, was uns in diesem Jahr geschenkt wurde.

Meditative Musik
So spricht Gott: »Mein Volk soll meine Gaben die Fülle haben.« (Jer 31,14)

Ausklang
Gott hat uns dieses Jahr gegeben als eine Zeit unseres Lebens. Und in Gottes Hände wollen wir diese Zeit und alles, was wir in ihr erlebt haben, zurücklegen - dankend, bittend, aber auch klagend.
Nichts war vergebens, bei Gott gibt es keine Unzeiten, keine verlorene Zeit. Alles, was in diesem Jahr gewesen ist, jede Stunde unseres Lebens, ist bei Gott aufgehoben. Unsere Zeit, unser ganzes Leben steht in Gottes Händen.

Ausblick
Und das neue Jahr? Was wird es bringen? Was kommt auf mich zu? Wird sich etwas von dem erfüllen, worauf ich zu hoffen wage? Was ist mir wichtig, wovor habe ich Angst? Das alles sind Fragen, die sich stellen an der Schwelle zum neuen Jahr.
Doch neben dem, was uns im Hinblick auf unser eigenes Leben beschäftigt, gibt es auch Fragen nach dem, was in unserer Stadt, in unserem Land, in der Welt geschehen ist und geschehen wird. Wenn wir ins neue Jahr schauen, haben wir auch andere Menschen im Blick und spüren: Es reicht nicht, daß es uns allein gut geht. Und viele von uns sind in Sorge über die Gewalt und den Haß und das Elend der Verhältnisse. Was wird das neue Jahr bringen?
(Eine Kerze wird entzündet)

Dieses Licht ist Zeichen dafür, daß Gott bei uns ist. Zeichen unserer Hoffnung, daß Gott Licht in das Dunkel unserer Welt bringen kann.
Wir brauchen angesichts der Schrecken und der Gewalt, angesichts des namenlosen Elends und der versteinerten Verhältnisse die Hoffnung nicht zu verlieren auf ein friedvolles neues Jahr.
Mit dieser Kerze bringen wir unsere Hoffnung und unser Sehnen vor Gott, daß alle Gewalt ein Ende haben soll, daß Menschen menschlich miteinander umgehen, freundlich und gastfreundlich. Daß die Würde aller Menschen geachtet wird. Die Hoffnung auf ein gutes neues Jahr.
Beim Propheten Jesaja lesen wir Gottes Verheißung: »Das Volk, das im Dunkeln wandelt, sieht ein großes Licht, und über denen, die da wohnen im finstren Lande scheint es hell.«
Diese Verheißung begleitet uns, wenn wir aus dem alten in das neue Jahr hinübergehen. Amen.

Neujahr

Annäherungen an den Predigttext Lukas 4,16–21

Wolfgang Herrmann

Nach zwei »Annäherungen«, die Gespräche mit Erwachsenen festgehalten hatten, reizte mich ein Gespräch mit jungen Leuten, genauer: Konfirmanden. Sie gehören zu den Pflichthörern von Text und Predigt, werden aber eher selten nach ihrer Meinung gefragt. – Das Gespräch fand in der ersten Konfirmandenstunde des neuen Jahrgangs statt, – eine dem Predigttext und Predigtanlaß vergleichbare Situation. Das erste Mal ... Da ist immer etwas Prickelndes, eine Spannung. Wie am ersten Tag eines Jahres. – Der Text wurde reihum gelesen, allerdings bis V. 30, um die Reaktion der Menschen in Nazareth miteinzubeziehen. Das Gespräch bezieht sich dann aber nur auf den Predigttext.

»Das ist ein vollendetes Stück; was soll man dazu noch sagen«, war die erste Reaktion. Schweigen. Dann gleich die Schlüsselfrage für das ganze Gespräch: »Warum sehen sie zu ihm?« Ja, warum eigentlich? Jesus tut doch etwas ganz Normales; er liest im Gottesdienst aus der Bibel, wie es eben üblich ist. Was ist diesmal anders?

Ich erzähle, daß er aus Kapernaum nach Hause gekommen ist; und dort sind bemerkenswerte Dinge geschehen, zum Beispiel Heilungen. Das hatte sich natürlich bis Nazareth herumgesprochen. Und deshalb ist da eine große Spannung in der Synagoge.

»Sie erwarten jetzt Wunder; sie wollen nicht nur Worte hören, sondern Taten sehen.« – »Jetzt kann er ja auch in Nazareth die Kranken heilen.« – »Das Wort ›Heute ist es erfüllt‹, das bezieht sich auf sie selbst.« – »Das Bibelwort spricht er so, daß alle denken, er redet von sich, obwohl sie es doch bestimmt schon oft gehört hatten.« – »Dabei kennen sie ihn doch gut. Er ist der Sohn eines Schreiners aus dem Ort.«

»Vielleicht sind sie neidisch. Ist der von Gott gesandt? Sie haben ihm vielleicht gar nicht geglaubt.« – »Gibt er nur an?« – »Allen anderen Leuten kann er helfen und uns nicht? Sie sind enttäuscht.« – »Sie glauben, daß er das in Kapernaum getan hat, ohne daß sie es gesehen haben.« – »Aber warum der Bibelspruch? Er kann doch einfach auch so heilen, ohne so einen Spruch.«

Das Gespräch dringt in die Beziehung der Menschen in Nazareth zu Jesus ein: er ist plötzlich ein Fremder, steht ihnen gegenüber. »Sie kennen ihn zu gut, deshalb glauben sie ihm nicht.« - »Fremde kennen ihn ja nicht. Die können ihm leichter glauben.«
An dieser bemerkenswerten Stelle über Nähe und Distanz, bzw. Vertrauen und Fremdheit ließ die Konzentration nach, und wir beendeten das Gespräch.

Zum Gottesdienst

Albert Damblon

Exegetisch-homiletische Skizze

Aller Anfang ist schwer. Das wissen alle, die eine Predigt vorbereiten. Das wissen die, die heute ein neues Jahr anfangen. Aller Anfang ist aber auch Programm. Wie Lebensprogramme für das kommende Jahr klingen die Vorsätze, die in der Nacht zum 1. Januar gefaßt werden. Die ersten Reden und Taten von Königen, Präsidenten, Kanzlern und Päpsten werden besonders aufmerksam gehört, um in ihnen schon ein wenig vom Regierungsprogramm zu erfahren. Dieselbe Aufmerksamkeit, die den Regierenden am Anfang ihrer Regierung zuteil wird, erfuhr auch Jesus in der Synagoge von Nazareth. Unsere Perikope, die in einem großen Zusammenhang (4,14-9,50) steht, berichtet, wie Jesus sein öffentliches Wirken begonnen hat. Beziehen sich die Verse 14 und 15 auf die Markus-Parallele 1,14 f., greifen die Verse 16-30 auf Markus 6,1-6 zurück, obwohl der Abschnitt 18-21 lukanisches Sondergut ist. Markus und die Logienquelle rücken die Geschichte in einen anderen Rahmen, aus dem Lukas sie herausholt. Er macht aus dem Auftritt Jesu in der Synagoge von Nazareth das Programm für sein Evangelium. Die Perikope, erweitert um Verse 23-30, wirkt programmatisch, »weil sie in gewisser Weise das Ganze des Evangeliums enthält und weil in ihr in besonders gültiger Weise etwas Typisches aufleuchtet.« (H. Schürmann, 225) Die zwei Abschnitte (16-22 und 23-30) verhalten sich zueinander wie Anfang und Ende im Leben Jesu. Weil Anfang und Ende seiner Wirksamkeit so programmatisch zusammengefaßt sind, spricht die Exegese vom »Evangelium im Evangelium«.
Der Lesung zu Neujahr geht es wie dem Festtag selber um den Anfang, aber nicht eines Zeitraumes, sondern eines öffentlichen Lebens. V. 21 betont den »Anfang«, indem Lukas die Rede Jesu bewußt »anfangen« läßt. Andere Stellen in seinem Doppelwerk, die an den ersten Auftritt Jesu erinnern, zitieren diesen Begriff (z.B. Apostelgeschichte 10,37 »Ihr wißt, was im

ganzen Land der Juden geschehen ist, angefangen in Galiläa)«. Für den Verlauf der Heilsgeschichte war es eben wichtig, wie Jesus angefangen hatte. Da die Geschichte aus Nazareth erst im 4. Kapitel steht, nimmt man an, daß Jesus schon vorher öffentlich aufgetreten war. Insofern faßt der erste Auftritt in seiner Heimat die bisherigen Ereignisse zusammen und interpretiert sie programmatisch. Der Gottesdienst in der Synagoge holte die »Ordination« nach. Er war wie »eine nachgefeierte Primiz, als solche aber für Lukas von fundamentaler Bedeutung. Denn unverkennbar ist ihm diese selbstoffenbarende Verkündigung in Nazareth das eigentliche feierliche Anfangsereignis.« (H. Schürmann, 227) Weil dieser Anfang alles, was Jesus verkündete, erfüllt (V. 21 »heute«), bedeutet er soviel für die Konzeption des Lukas-Evangeliums. Im Anfang steckt die Vollendung.

Es fängt an, indem Jesus in seine Heimatstadt kommt. Aber sein »Kommen« bezieht sich auf einen göttlichen Auftrag, den er nach Nazareth mitbringt und der sein ganzes Leben bestimmt. Er besucht nicht seine Heimat, um alte Erinnerungen aufzufrischen, sondern um seine Sendung zu veröffentlichen. In V. 18 thematisiert gehört sie zum Kommen Jesu notwendig dazu, ohne sie wäre er nicht legitimiert gewesen. In der Verbindung von alttestamentlicher Prophetie und neutestamentlichen Anspruch beweisen die Situationsdarstellung (V. 16,17) und die vorhergehenden Verse (14,15) »die Kontinuität des Wirkens Jesu zum Alten Bund«. (J. Kremer) Lukas kannte sich gut in der jüdischen Liturgie aus, so daß er ohne Schwierigkeiten den Ablauf eines Synagogengottesdienstes beschreiben konnte. Die Einleitungsgebete sind verrichtet, die Thora ist vorgelesen, als Jesus die Prophetenrolle gereicht bekommt. Er übergeht das Recht des Synagogenvorstehers, einen Mann zu bestimmen, der vorzulesen hat. Indem Jesus die Initiative übernimmt, aufsteht und nach vorne geht, läßt er dem Leiter des Gottesdienstes keine andere Wahl mehr. (vgl. Apostelgeschichte 13,15) Er muß aufgrund seiner Sendung ungefragt aufstehen und sein Recht als jüdischer Mann wahrnehmen. Da er in Nazareth von Jugend auf bekannt ist, hindert ihn keiner.

Was er der Versammlung vorträgt, zitiert Lukas aus dem griechischen Septuaginta-Text. Die Stelle, die nicht durch die synagogale Leseordnung vorgeschrieben war, stammt aus dem Propheten Jesaja und mischt 61,1f. und 58,6. Ergänzt wird sie durch die Ankündigung des Gnadenjahres aus Leviticus 25,10. Durch die Auswahl und Zusammenstellung wird der programmatische Anspruch der Verse 18 und 19 deutlich. Weil Lukas sie Jesus in den Mund legt, werden sie unwiderruflich zu dessen Programm. Der Herr bezieht den Prophetenspruch auf sich selbst, er ist es, auf den der Geist des Herrn ruht und der vom Herrn gesalbt ist. (vgl. Apostelgeschichte 10,38 »wie Gott Jesus von Nazareth gesalbt hat mit Heiligem Geist.«) Nach der lukanischen Chronologie lag die Taufe Jesu nicht weit zurück (3,21f.). Am Jordan hatte sich der Heilige Geist auf ihn herabgesenkt, und »so ist mit größter Deutlichkeit gesagt, daß der Beginn des irdischen Wirkens Jesu

seinen Grund in dem hatte, was Gott an ihm am Jordan tat.« (H. Schürmann, 230) Wir müssen weiter zum Sitz im Leben des Propheten zurückgehen. Ihm (Trito-Jesaja) ging es nach der Zeit des Exils, in der Unterdrükkung und Not herrschte, um die Befreiung der Armen und Mißhandelten Zions. Hatte sich das Volk Israels bis dahin der Sklaverei eines fremden Herrschers unterworfen, war es jetzt frei und konnte sein Schicksal selbst gestalten. Der Text proklamierte die neue Freiheit, die wie ein Gnadenjahr des Herrn verstanden wurde. »Das Heil wird füllig in den frohesten Farben als vollendetes Heil gemalt.« (H. Schürmann, 230) Ob man das proklamierte Heil sofort wieder idealisieren darf, bleibt für mich fragwürdig. (»Zumindest primär sollen wir also nicht an die irdischen Nöte denken, aus denen Jesus mit seinen Heilungen, Dämonenaustreibungen und Blindenheilungen heraushilft.« H. Schürmann, 231) Wie so oft verlagert die Theologie Historisches, Soziales und Politisches in die Innenwelt des Menschen und stilisiert es damit zum »Eigentlichen« hoch. Wenn Jesus nach Lukas den Propheten wiederholt, erinnert er an die geschichtliche Situation, in der der Prophet gesprochen hat. Die wiedergewonnene Freiheit nach einem schrecklichen Exil liefert den Hintergrund und den Interpretationsmaßstab unseres Textes, den Predigerinnen und Prediger nicht übergehen dürfen. Sonst wird allzu schnell die politisch-soziale Konkretion des Heils vergessen, was, meiner Meinung nach, dem Lukasevangelium widerspricht. Gerade sein Autor verkündet die Befreiung für die wirklich Armen, nicht für die »Armen im Geiste«. Mit seinem Ansatz, kritisch den Trito-Jesaja zu zitieren, betreibt er eine Art Befreiungstheologie, die er sogar auf Jesus zurückführt.
Jesus erregt wortwörtlich »Aufsehen«. Die Synagogenbesucher blicken auf, vielleicht aus Interesse, vielleicht aus Ärger über die gehörten Worte. Mit ihren Augen »nageln sie ihn fest«, er kann sich ihren Blicken nicht entziehen. Sogar den Konfirmanden fiel in ihrem Gespräch auf, daß sie Jesus zielgerecht ansehen. Dabei tut er »doch etwas ganz Normales; er liest im Gottesdienst aus der Bibel, wie es eben üblich ist. Was ist diesmal anders?« (W. Herrmann) Das, was sie nun von ihm erwarten, ist anders. Vorausblickend richten sich die Augen der Zuhörer auf ihn, der die Schrift ganz neu predigt. Durch V. 21 gewinnt die Schriftauslegung Jesu eine neue Qualität, eschatologisch und messianisch. Auf diese Weise hatten die vertrauen Rabbinen die Propheten noch nie ausgelegt. Keiner wagte es wie Jesus vom »Heute« der Erfüllung zu sprechen. Es ist ungeheuerlich, welcher Anspruch hinter diesem Vers steckt. Durch das Wirken und in der Person Jesu Christi erfüllt sich die alttestamentliche Verheißung. Die Befreiung, die die Propheten verheißen haben, ist in Jesus Christus Wirklichkeit geworden. »Die im Prophetenwort verheißene Heilsproklamation geschah schon, als Jesus sie verlas. Die prophetisch-verheißende synagogale lectio ist damit zum wirksamen Evangelium geworden; V. 21 braucht Jesus dann nur noch einen Hinweis auf die geschehene Erfüllung zu geben.« (H. Schürmann, 231)

Die Exegese des Textes hat mir Spaß gemacht. Je länger ich mich mit ihm beschäftigte, je tiefer ich mich in ihn hineinlas, desto mehr ahnte ich das Unerhörte in dieser Geschichte. Ihr geht es um eine Wende in der Weltgeschichte, mit Jesus Christus beginnt ein Neues Zeitalter (ein New Age?). Deshalb wäre es zu banal, den Predigttext einfach auf den Anfang eines Jahres zu übertragen. Sicher befinden sich die wenigen aufmerksamen Gottesdienstbesucherinnen und -besucher in einer besonderen Stimmung, die Angst und Hoffnung miteinander vermischt. Aber sie empfinden nicht, daß sie »Heute« am 1. Januar 1997 eine Wende feiern, so wie sie sich damals in der Synagoge von Nazareth ereignet hat. Vielleicht heben sie sich dieses Gefühl für den 1. Januar 2000 auf, denn ein Jahrtausendwechsel provoziert eher die Stimmung einer Wende. Da wir noch nicht soweit sind, gelten die üblichen Beschreibungsmuster, die in alten »Gottesdienstpraxen« nachzulesen sind. Die Emotionen der Menschen bleiben sich zu einem Jahreswechsel treu. Aus diesem Grund wiederhole ich sie in Stichworten: »Acht Tage nach Weihnachten, Rückblick, Dankbarkeit, Bilanz, ein Jahr älter, Chance, neues Glück, Sehnsucht nach Stabilität, Ermutigung, Gesundheit, Familie usw.« Der/die PredigerIn sollte in sich selbst hineinhorchen, welches Gefühl bei ihr/ihm vorherrschend ist. Wer an diesem Tag ängstlich ist, kann nur schwer ermutigen. Das Gespräch der Konfirmanden bringt mich nicht viel weiter, weil sie nur die Anfangssituation ihres Unterrichtes mit dem ersten Tag des Jahres vergleichen. Bis auf die Assoziation »das erste Mal« gibt es keine Verbindung zwischen Neujahr, Lukas 4,16–21 und der Konfirmandengruppe. Deshalb versuche ich in der Predigt den inhaltlichen Schwerpunkt der Perikope herauszuarbeiten: Jesus Christus ist der erste Befreiungstheologe, der aber nicht nur die Befreiung lehrt, sondern sie praktiziert. Unsere krisengeschüttelte Welt braucht für das neue Jahr den Impuls einer Befreiungstheologie, die sich auf die Proklamation Jesu bezieht.

Benutzte Kommentare:
Heinz Schürmann, Das Lukasevangelium I. Teil 1, Leipzig 1970.
Jakob Kremer, Lukasevangelium, Neue Echter Bibel 3, Würzburg 1988.

Vorschlag zur Liturgie

Sündenbekenntnis
PfarrerIn:
Gott, das alte Jahr ist vergangen.
Alte Rechnungen stehen noch offen.
Eine Menge Schuld ist bisher nicht erstattet.
Manches belastet uns am Anfang des neuen Jahres.
Könnten wir doch das Vergangene, das uns schwer auf dem Herzen liegt, zurücklassen:
unsere Schuld, unsere Sorge, unsere Angst.

Gott, wir wünschen uns neu anzufangen.
Deshalb bekennen wir im ersten Gottesdienst des neuen Jahres,
daß wir gesündigt haben.
Alle:
Ich bekenne Gott, dem Allmächtigen,
und allen Brüdern und Schwestern,
daß ich Gutes unterlassen und Böses getan habe
- ich habe gesündigt in Gedanken, Worten und Werken
durch meine Schuld, durch meine Schuld,
durch meine große Schuld.
Darum bitte ich euch, Brüder und Schwestern,
für mich zu beten bei Gott, unserem Herrn.
PfarrerIn:
Der allmächtige Gott erbarme sich unser, er lasse uns die Schuld des alten Jahres nach und führe uns in ein neues Leben.
Alle: Amen

Eingangspsalm 85

Eingangsgebet
Gott, das neue Jahr ist erst ein paar Stunden alt. Aber auf unseren Lippen soll sofort dein Lob sein. Wir loben und wir preisen dich und beten dich an. Wir, das ist die Erde, das Wasser und der Himmel. Das sind die Gräser und Sträucher und Bäume. Das sind die Vögel und all das andere Getier. Das sind die Menschen hier auf der Erde. Alles, was du erschaffen hast, freut sich an deiner Sonne und an deiner Gnade und wärmt sich daran. Darum sind wir froh in dieser Morgenstunde, o Herr. Mach, daß die Tage, Stunden und Minuten im neuen Jahr nicht in unseren Händen zerrinnen, sondern in deiner Fülle münden.
(nach einem afrikanischen Gebet in: Gotteslob)

Einladung zum Gloria:
Wir dürfen ein neues Jahr beginnen. Das ist Grund genug, um zu loben.

Fürbitten
PfarrerIn:
Laßt uns am Anfang des neuen Jahres beten zum Gott unserer Freiheit. Er hat Jesus Christus gesandt, um uns zu befreien.
LektorIn:
- für die Armen dieser Welt, die selten satt werden, daß sie im neuen Jahr mehr wirtschaftliche Gerechtigkeit erfahren.
Kyrie eleison
Alle: Kyrie eleison

- für die politisch Gefangenen, die unrechtmäßig festgehalten werden, daß sie in diesem Jahr in die Freiheit gelangen.
Kyrie eleisen ...
- für die Gefolterten, die unter diktatorischer Gewalt leiden, daß die Freiheit für sie nicht zu spät kommt.
Kyrie eleison ...
- für unsere Gemeinde, die im Wohlstand lebt, daß sie im kommenden Jahr den Geist der Freiheit pflegt.
Kyrie eleison ...
- für uns, die wir mit Angst und Sorge, aber auch mit Hoffnung und Freude in das neue Jahr gehen, daß wir Mut und Kraft für unseren Lebensweg finden.
Kyrie eleison ...
- für alle aus unserer Gemeinde, die im neuen Jahr sterben werden, daß sie zur Freiheit des Ewigen Lebens finden.
Kyrie eleison ...
PfarrerIn:
Gott, du willst, daß wir als freie Menschen leben und daß wir die Freiheit aller Menschen verteidigen. Höre unsere Bitten, die alle nach Freiheit rufen, heute und in Ewigkeit.

Segen
Herr, gib Brot denen, die Hunger haben.
Herr, gib Hunger nach Gerechtigkeit denen, die Brot haben.
So segne uns ...

Vorschlag zur Predigt

Möglicher Predigtanfang
»Das erste Mal ... Da ist immer etwas Prickelndes, eine Spannung.«
Der erste Gottesdienst, die erste Predigt im neuen Jahr, das ist für mich als Prediger und für Sie als Hörerinnen und Hörer prickelnd, spannend. Für die Predigt habe ich mir viel vorgenommen, während Sie wahrscheinlich viel von ihr erwarten, zumindest mehr als an einem gewöhnlichen Sonntag. Wir sind am Beginn eine neuen Jahres in einer eigenartigen Stimmung und schwanken zwischen Angst und Hoffnung.
Sie kennen diese Gefühlslage, die sich normalerweise an jedem Neujahrstag wiederholt. Jedes Jahr in der Silvesternacht: Bleigießen, Glockengeläut, Feuerwerk und Sekt. Jedes Jahr am Morgen des 1. Januars: Neujahrsspringen, Neujahrskonzert, Neujahrsansprache und Glückwünsche der Familie! Es widerspricht nicht unserer Situation, wenn eine Fernsehredaktion dem Bundeskanzler vor einigen Jahren eine alte Silvesteransprache untergeschoben hatte. Der beliebteste Fernsehsketch in diesen Tagen ist seit

Jahren das »Dinner for one«, eben »das gleiche Verfahren wie in jedem Jahr!« Alles wiederholt sich, und trotzdem lachen wir wie beim ersten Sehen. Auf der einen Seite prickelt's an diesem Tag, auf der anderen Seite kennen Sie das Prickelns seit Jahrzehnten. Der Neujahrstag ist wieder spannend, aber das war er schon vor einem Jahr.
Um nicht nur Gewohnheiten zu pflegen, sondern uns die Spannung bewußt zu machen, lohnt es sich, meiner Meinung nach, in diesem Gottesdienst die Situation unseres Neuanfangs zu überdenken. Wahrscheinlich haben die meisten in der Silvesternacht oder heute morgen gute Vorsätze gefaßt. Das und das in ihrem Leben soll sich ändern. Weil sie wieder einmal die Chance haben, neu zu beginnen, kontrollieren sie ihr altes Lebenskonzept. Dazu paßt hervorragend der Predigttext, der die Geschichte eines einmaligen Anfangs erzählt. Sie kann sich tatsächlich nur einmal zugetragen haben, eine Wiederholung ist ausgeschlossen. Zum ersten und zum einzigen Mal, das ist wirklich prickelnd und spannend.

Weiterer Verlauf der Predigt
- Ohne in eine trockene Exegese zu verfallen, müßte die gesamte Perikope in ihrem Kontext erläutert werden. Es ist vor allen Dingen wichtig, ihren Sitz im Leben Jesu herauszuarbeiten. Viele Stichworte der exegetisch-homiletischen Skizze kann der/die PredigerIn übernehmen. Vergleichspunkt ist die Anfangssituation: die guten Vorsätze zu Beginn eines neuen Jahres, der Anfang des öffentlichen Wirkens Jesu. Seine erste Predigt in der Öffentlichkeit ist das Programm, das er wie wir die guten Vorsätze verwirklichen will. Sie ist im Erzählfluß des Evangeliums mehr als nur eine Bekanntmachung, sie ist feierliche Verkündigung, Proklamation. Der/die PredigerIn sollte schon jetzt die Konsequenz, mit der Jesus sein Programm bis zum Tod ausgelebt hat, verdeutlichen. Darin unterscheidet er sich von uns und von unseren Vorsätzen, die oft sehr plakativ gefaßt, aber selten konsequent durchgeführt werden. Achtung: Bitte nicht sofort am ersten Tag des Jahres entmutigen! Was beinhaltet nun das Programm Jesu, was proklamiert er in der Synagoge von Nazareth?
- In einem zweiten Schritt sollte der/die PredigerIn auf diese Fragen antworten, indem er/sie das Zitat des Propheten analysiert. Dessen Sitz unterscheidet sich von der jesuanischen Situation, obwohl Jesus bewußt daran anknüpft. Denn die Verheißungen des Propheten damals, ausgesprochen nach der Befreiung aus dem Exil, haben sich nach Lukas »heute« in der Synagoge erfüllt. Insgesamt versteckt sich hinter dem Prophetenspruch ein Freiheitsprogramm, das durch Jesus sofort realisiert wurde. Jesus beginnt sein Wirken nicht mit einem »Lippen«bekenntnis für die Freiheit der »Zerschlagenen und Gefangenen«, sondern mit dem Versprechen, sein Programm ohne Zögern umzusetzen. Wie sein ganzes Leben beweist, gehören für ihn Wort und Tat zusammen. Wenn er den Armen eine gute Nachricht bringt, heißt das, daß sie endlich einmal satt werden. Die Gefan-

genen und Gefolterten werden entlassen, die Unterdrückten, die Ge- und Zerschlagenen dürfen ihre Freiheit genießen. Lukas 1,52 (»er stürzt die Mächtigen vom Thron und erhöht die Niedrigen.«) wird Wirklichkeit, weil sich alle Forderungen auf die gesellschaftliche Situation im römischen Kaiserreich beziehen. Wie wäre sonst das »heute« zu verstehen? Mit der Proklamation der Freiheit reiht sich Jesus in die Schar der lateinamerikanischen Befreiungstheologen ein, die noch vor 10 Jahren bei uns in aller Munde waren. Oder richtiger, er begründet mit der Predigt in Nazareth jede Befreiungstheologie, die sich immer auf ihn berufen kann. Deshalb sollte die katholische Kirche mit einer Verurteilung der Befreiungstheologie und der Befreiungstheologen vorsichtig sein. Sie könnte fast unbemerkt Jesus Christus mitverurteilen. (1985 verurteilte Kardinal Ratzinger den bekanntesten Befreiungstheologen Leonardo Boff. In letzter Zeit ist es in Europa still um die Befreiungstheologie geworden, vgl. Kontext).

– Wahrscheinlich erzeugt diese Interpretation Widerstand bei den Hörerinnen und Hörern, die mit allem, nur nicht mit einer politischen Predigt zu Beginn des neuen Jahres rechnen. Obwohl wir in unserer Gesellschaft inzwischen von der neuen Armut sprechen, bleibt uns diese Sichtweise fremd. Wir können uns nur schwer vorstellen, was es heißt, arm, unterdrückt und gefangen zu sein. Um unser Vorstellungsvermögen zu schulen, hilft vielleicht die Ansprache von Victor und Irene Chero aus Peru weiter, die sie bei einem Besuch des Papstes an ihn gerichtet habe: »Wir Bewohner der Elendsviertel, wir christlichen Gemeinden, die Arbeiterklasse von Peru und insbesondere wir in Villa El Salvador sind zutiefst dankbar für Ihren Pastoralbesuch, Heiliger Vater. Dadurch beweisen Sie einmal mehr Ihre Solidarität mit den Armen der Erde ... Heiliger Vater: Wir haben Hunger, leiden unter dem Elend, wir haben keine Arbeit und sind krank. Der Schmerz bricht uns das Herz, wenn wir sehen, daß unsere schwangeren Frauen Tuberkulose haben, daß unsere Säuglinge sterben, daß unsere Kinder geschwächt und ohne Zukunft aufwachsen. Trotzdem glauben wir an den Gott des Lebens, des vollen Lebens in Natur und Gnade. Das Leben in den Elendshütten an den Berghängen oder auf den Sandflächen hat unseren Glauben nicht vermindert. Wir kämpfen für das Leben gegen den Tod ... In den Elendsvierteln hat uns die gemeinsame Not geeint und organisiert. Sie machte uns solidarisch im Kampf für das Leben und in der Verteidigung unserer Rechte. Von Anfang an sind wir in der Kirche auf dem Weg; die Kirche ist mit uns auf dem Weg; sie hilft uns, unsere Würde als Kinder Gottes und Geschwister Christi zu erkennen und zu leben ... Wir verstehen uns als Gemeinden, die sich darum bemühen, die Sendung Jesu fortzusetzen, des Sohnes Gottes, der Mensch wurde, um den Armen die gute Nachricht zu bringen, den Gefangenen zu verkünden, daß sie frei sein sollen, und den Blinden, daß sie sehen werden, die Unterdrückten freizulassen und das Gnadenjahr Gottes auszurufen. Heiliger Vater, Ihr Besuch soll einmal mehr die Worte Jesu Realität werden lassen: Heute erfüllt sich die Verheißung, die ihr soeben gehört habt. Dann wird unser Hunger nach Gott und unser Hunger nach Brot beachtet.«* Die Armen und Unterdrückten Perus wissen, daß Jesus ein Befreiungstheologe war und daß sie von ihm Befreiung aus ihrem Elend erwarten dürfen.

- Die Situation in den soganannten Entwicklungsländern hat sich im letzten Jahrzehnt enorm verschlechtert, wie die wirtschaftlichen Daten beweisen. Trotzdem schöpfen die Menschen in Lateinamerika, in Afrika nach wie vor Hoffnung, wenn ihnen der Predigttext von heute vorgelesen wird. Brauchen sie nicht unsere Solidarität, unsere geschwisterliche Sorge? Gehört zu einer christlichen Gemeinde nicht auch der Blick auf die Nöte der Welt, ganz besonders am Neujahrstag? Oder beginnen die Christinnen und Christen das neue Jahr nur mit ihren eigenen Ängsten und Sorgen? Rangieren am 1. Januar die persönlichen Bedürfnisse vor den gesellschaftlichen Notwendigkeiten? Ich meine, daß eine christliche Gemeinde am Anfang des Jahres ihren Horizont weiten und die Lage der Ausgebeuteten wahrnehmen muß. Ansonsten hat sie kein Recht, die Proklamation Jesu in ihrem Gottesdienst vorzutragen. Sie mag dann noch soviel beten und Abendmahl feiern, sie ist keine Gemeinde des Herrn mehr. Der/die PredigerIn sollte versuchen, diesen Aspekt mit Fakten aus der eigenen Gemeinde (z. B. Missionspartnerschaften, Eine-Welt Laden) positiv darzustellen. Es muß gelingen, die mehr private Stimmung des/der Hörers/in an diesem Tag auf die Welt hin zu transzendieren.
- Für Ost und West, für Nord und Süd beginnt heute ein neues Jahr, und an seinem Anfang steht das Programm Jesu Christi für die ganzes Welt, nicht nur für die Gemeinde X. Wie in einer christlichen Charta der Menschenrechte proklamiert der Sohn Gottes Freiheit und Gerechtigkeit. Lohnt es sich nicht, daß wir uns im neuen Jahr für dieses Programm über die Grenzen unserer Gemeinde hinweg einsetzen?

* Gekürzt entnommen dem Rundbrief Nr. 7 des Pastoralteams von Pucara/Peru, Norbert Arntz, Marie-Therese Höfer Schulze, Rolf Michael Schulze.

Kontext

Stationen in der Entwicklung der Befreiungstheologie

1968 erklärt die Zweite Vollversammlung der lateinamerikanischen Bischöfe in Medellin, Kolumbien, die Option für die Armen, also die Zuwendung zum verarmten Volk, zu einer Hauptaufgabe der Kirche. Sie geht sowohl zu liberal-kapitalistischen als auch zu marxistischen Gesellschaftsmodellen auf Distanz.

Ab 1972 formiert sich der Widerstand der konservativen Kreise im lateinamerikanischen Episkopat gegen dessen progressivere Führung, ohne die sozialen Vorhaben bremsen zu können.

1979 legt die lateinamerikanische Bischofskonferenz in Puebla, Mexiko, einen Plan vor, der Befreiung und Evangelisierung zusammenführen soll und eine geschlosse-

nere Haltung der Kirche gegenüber dem sozialen Unrecht anstrebt. Das »Puebla-Dokument« läßt auch die Handschrift von Dom Helder Câmara erkennen.
1979, einen Monat nach dieser Konferenz, verknüpft Papst Johannes Paul II. in einer Enzyklika zum selben Thema christliches Heil und menschliches Wohl, warnt aber auch vor einer Überbetonung der sozialen Aufgaben der Kirche.
1984 übt die Glaubenskongregation des Vatikans in ihrer Instruktion »über einige Aspekte der ›Theologie der Befreiung‹« Kritik an dieser Theologie. Allein in Brasilien zählt man derweil 40 000 Basisgemeinden.
1984 formuliert die Abteilung Mission der CELAM, daß die Kirche Lateinamerikas eine weltweite Verantwortung für die Hilfe gegenüber den Menschen habe, die in Armut und Unfreiheit leben.
(Aus: DS - Das Sonntagsblatt Nr. 38 vom 22.9.95)

2. Sonntag nach Weihnachten

Annäherungen an den Predigttext Lukas 2,41-52

Ingrid Keßler-Woertel

Bevor ich mit der Geschichte des »12jährigen Jesus im Tempel« in meine Konfirmandengruppe gehe, schaue ich in meinen alten Unterlagen nach: Nur einmal (wenn man die Geburtsgeschichte Jesu einmal außer acht läßt) habe ich in meiner fast 15jährigen Gemeindetätigkeit über diese einzige Kindheitsgeschichte Jesu gepredigt. Es handelt sich um eine narrative Predigt, die ich heute so nicht mehr halten würde. Doch gehe ich mit einer gewissen Spannung in den Konfirmandenunterricht hinein.
Der erste Frage der Konfirmanden erstaunt mich: »Wie weit ist der Weg von Nazareth nach Jerusalem?« Auf meine Antwort, daß das wohl ca. 110 Kilometer sind, meint Dennis: »110 Kilometer - zu Fuß - nur wegen so'nem Fest?!« Vergleiche werden angestellt, die Konfirmanden diskutieren untereinander, was sie bewegen würde, einen so langen Weg auf sich zu nehmen, und noch dazu »zu Fuß«. Die Bedeutung des Passahfestes, die Bedeutung, die die alljährliche Wallfahrt eines frommen Juden nach Jerusalem gehabt hat und darüber hinaus die Bedeutung des Tempels in Jerusalem, ist den Konfirmanden fremd. Für die innere Logik der biblischen Geschichte und ihr Verstehen ist das jedoch wichtig. Ich merke: Es ist für die Predigt sicherlich gut, dem Vers 41 Aufmerksamkeit zu schenken.
Gegebenenfalls sind einige nähere Erläuterungen zum Passahfest, zur Wallfahrt, ja auch zur Bedeutung des Tempels zu geben. Wobei gerade zum Tempel die Konfirmanden neugierig weiterfragten: Ist das der Tempel, in dem Jesus die Tische umgestoßen hat? Als Jesus starb, da riß doch der Vorhang im Tempel mittendurch? Steht der Tempel noch? usw.
Schwierigkeiten bot dann erst wieder Vers 49 »und Jesus sprach zu ihnen: ›Warum habt ihr mich gesucht? Wißt ihr nicht, daß ich sein muß in dem, was meines Vaters Haus ist?‹« Zunächst stieß dieser Vers auf großes Unverständnis: Was ist mit »meines Vaters Haus« gemeint? Die Konfirmanden blicken mich an, ihre Gedanken sind ihnen an der Stirn abzulesen. Sie sind Pastorin, Sie können das erklären. Erstaunlicherweise ist es Reiner, einer ihrer Mitkonfirmanden, der das Wort ergreift und meint: »Das ist doch ganz einfach, das ist doch Jesus, auch wenn er noch ein Kind ist. Der weiß

doch, daß Gott eigentlich sein Vater ist; das hat ihm Maria, seine Mutter, bestimmt erzählt.« Rückfrage eines anderen Konfirmanden: »Woher weißt du das mit Maria?« Darauf antwortet wieder Reiner: »Das wird doch immer Weihnachten vorgelesen: Maria behielt all die Worte, die die Hirten und die Weisen und die Engel sagen, in ihrem Herzen.« Erstaunlich, wie manches im Gedächtnis hängenbleibt und sich damit so manche hochtheologische Frage ganz einfach erklärt.

Übrigens: die Konfirmanden beschäftigte es sehr, warum Jesus dann doch noch mit Maria und Josef zurückgegangen ist. Ohne mein Eingreifen kamen sie auf die Idee, die Szene nachzuspielen. Beim Rollenspiel gebrauchten Maria und Josef die unterschiedlichsten Argumente: nur vom Beten kannst du nicht leben, oder: du machst uns lächerlich, oder: zuhause ist deine Familie, sind deine Freunde, – all diese Begründungen läßt der 12jährige, der die Rolle des Jesus übernommen hatte, stoisch an sich abprallen, immer mit den Worten: »Ich bleibe im Tempel, da wohnt Gott, der ist mein Vater.« Bis, ja, bis Maria sagt: »Und ich bin deine Mutter, ich habe dich geboren.« Da steht der Junge wortlos auf und geht mit.

Und was hat die Geschichte vom 12jährigen Jesus mit heute zu tun? Zehn Kofirmanden, großes Schweigen ...

Es waren die Erwachsenen im Gesprächskreis, die Antworten auf die Bedeutung für heute geben konnten. Es waren teilweise sehr persönliche Antworten. Da ist einmal die Antwort, wir haben es die ›traditionelle Antwort‹ genannt: »Jesus hat so früh schon erkannt, und geglaubt und gewußt, daß Gott etwas Besonderes mit ihm vorhat.« Und von daher dann der Gedankengang: Gott hat auch heute noch mit uns, mit jeden Menschen, Besonderes vor. Auf einmal waren auch die Beispiele dazu auf den Tisch: der eine, der eine Sammlung für ein krankes Kind anregte, die Frau, die den Flötenkreis in unserer Gemeinde übernahm, als dieser auseinanderzubrechen drohte, usw.

Der weitere Gedankengang kreiste um das Verhalten von Maria und Josef, wie anders es doch ist als unser Verhalten, – nach 3tägiger Suche – wie wir geschimpft hätten oder aus lauter Erleichterung, den gesuchten Jesus wiedergefunden zu haben, diesen ans Herz gedrückt hätten, aber ihn nicht hätten zu Wort kommen lassen ... Maria und Josef verhalten sich anders: sie fragen, sie wollen wissen, was in Jesus vorgeht, sie verurteilen nicht, sondern hören zu, ... sehr modern, erstaunlich! Sagt man der Bibel doch leicht veraltete und strafende Pädagogik nach! Und zum Schluß noch diese Entdeckung: Je älter die von mir über diesen Bibeltext Befragten waren, desto mehr identifizierten sie sich mit Maria. Ganz wichtig wurde dann Vers 51b »und Maria behielt alle diese Worte in ihrem Herzen«. Wie meinte doch eine ältere Frau: »Die Maria hat so viel nicht verstanden, alles was um die Geburt Jesu herum geschehen ist, die Geschichte mit dem 12jährigen Jesus, und immer heißt es: »und sie behielt alle diese Worte in ihrem Herzen.« Die Frau schaut nachdenklich vor sich hin, dann fährt sie fort: »und wenn ich so mein Leben sehe, und wie ich immer versucht habe, an Gott zu glauben und mit Gottes Hilfe zu leben. Ich habe auch eine ganze Menge nicht verstanden, aber trotzdem in meinem Herzen behalten. Und nachher hat es immer einen Sinn gegeben. Gott hat mit jedem Menschenleben etwas vor.«

Zum Gottesdienst

Hannes-Dietrich Kastner

Theologisch-homiletische Skizze

Der zweite Sonntag nach Weihnachten ist nur selten zu begehen. So kommt es, daß auch nur wenig Predigtliteratur zu Lukas 2,41–52 vorliegt. Nachdem zu Weihnachten abermals die Geburtsgeschichte betrachtet wurde, bietet sich hier einmal die Möglichkeit, die einzige biblische Erzählung aus der Kindheit und Jugend Jesu zu bedenken. Das hat etwas Verlokkendes.

Hin und wieder in Gruppen haben Menschen Freude daran, Fotos aus ihrer Kindheit mitzubringen. Die Bilder werden dann auf den Tisch gelegt; und dann beginnt das Rätseln und Fragen: »Sind Sie das?« »Bist Du das?« Die Erzählung vom zwölfjährigen Jesus mag zu ähnlichen Fragen Anlaß geben: »Ist das bereits der Christus, an den wir glauben, oder ist er es noch nicht?«

Ein Blick in die exegetische Literatur zeigt, daß es in der Antike eine ganze Reihe ähnlicher Erzählungen aus der Kindheit großer Persönlichkeiten gibt, in denen z.B. die frühe Weisheit des Moses, des Kyros oder des Alexander gerühmt wird. Auch das Motiv des Verlorengehens und des Wieder-Auffindens des Kindes beim Studium taucht mehrfach auf (bezogen auf Buddha, Elieser ben Hyrkanos und Augustus). Das spricht für die Beliebtheit solcher Szenen.

Auf der aus romanischer Zeit stammenden Bilderecke in der Kirche zu Zillis (Graubünden) hat der Künstler neben die Darstellung des zwölfjährigen Jesus im Tempel eine Szene aus dem Kindheitsevangelium des Thomas gerückt. Der fünfjährige Jesus erweckt dort aus Ton gefertigte Vögel zum Leben und läßt sie fliegen. Solche Szenen müssen einmal populär gewesen sein.

Ich möchte mich jedoch mit einen solchem historischen Befund nicht zufrieden geben. Es reizt mich, der Gemeinde einmal mit der Tatsache, daß es eine Fülle solcher Erzählungen in der außerbiblischen Literatur gibt, zu konfrontieren.

Damit die Predigtzuhörer nicht in einer Überfülle fremder Texte untergeht, beschränke ich mich auf drei Erzählungen über den zwölfjährigen Jesus,

auf die Erzählung des Gnostikers Justin (Wilhelm Schneemelcher, Neutestamentliche Apokryphen, I Evangelien, Tübingen, 1987, 5. Aufl., S. 361f.), auf Lukas 2,41–52 und die Variante zu dieser Erzählung im Kindheitsevangelium des Thomas (W. Schneemelcher, ebenda S. 359).
Mein Interesse ist, aufzuzeigen, daß uns die Kanon-Entscheidung der Alten Kirche nicht um wesentliche Texte ärmer gemacht hat.
Justin, der Gnostiker, zeichnet den zwölfjährigen Jesus als den Urtyp des Gnostikers und Mysten. Das Kind, seiner Kindlichkeit beraubt, wird durch den Engel Baruch in alle Weisheit Gottes eingeführt und nimmt dieses Mandat gehorsam an.
Der Sinn der Tauferfahrung des erwachsenen Jesus wird hier nicht bedacht. Die Taufe scheint entbehrlich zus sein.
Auch die Variante zu Lukas 2, 41–52 im Kindheitsevangelium des Thomas hat ein Interesse am Wunderknaben, an der Ausnahmepersönlichkeit. Die Menschlichkeit des Menschen Jesus, seine Kindlichkeit, stört. Die Weisen müssen zum Verstummen gebracht werden. Das partnerschaftliche theologische Gespräch Jesu mit den Gelehrten im Tempel reicht nicht aus.
Wohltuend natürlich ist dagegen die Fassung nach Lukas. Sie erlaubt uns, mitzufühlen, mitzudenken und mitzureifen. Diesen Grundzug der Erzählung nachzeichnend, so könnte die Predigt ausklingen. Dabei mag es reizvoll sein, der hier aufkommenden Distanz zwischen Kind und Eltern Beachtung zu schenken und am Schluß ein wenig auf das Wort »untertan« einzugehen. Denn - wie können aus Kindern, die ihren Eltern untertan sind, einmal Freie werden?

Vorschläge zur Liturgie

Psalm 138,2–5

Lesung: Markus 3,31–35
Als *Vorspruch* zu dieser Lesung schlage ich vor:
Zu Weihnachten hatten wir die Heilige Familie vor Augen, so wie sie nach der Tradition und in unseren Vorstellungen zusammengehört, Maria, Joseph, das Kind. Doch das Kind wächst heran. Es kommen Geschwister Jesu hinzu. Der heutige Predigttext erzählt eine Episode vom zwölfjährigen Jesus, von dem Hauch einer Distanz zwischen Eltern und Sohn. Die Lesung aus dem Evangelium nach Markus greift zeitlich weiter über diese Affäre hinaus und zeigt etwas von der großen Spannung, die die Heilige Familie auszuhalten hat.

Lieder: EG 72; 74; 442

Kyrie-Gesang: EG 178,6

Kollektengebet

Gott, Ewiger:
Die Heilige Nacht liegt nun schon wieder weit zurück.
Andere, unheilvolle Nächte sind ihr inzwischen gefolgt.
Gott,
habe Nachsicht mit uns, wenn wir so reden;
denn das Unheil drängt sich uns immer auf.
Gott,
wir bitten dich:
Zeichne deine Worte und Zeichen in unsere Zeit hinein.
Zeichne so stark und so deutlich,
daß es uns in die Augen springt und auch unsere Gedanken erreicht,
unseren Mut und unser Fühlen.
Hilf, daß wir sie nicht mehr loswerden -
die Folgen der Heiligen Nacht -
des Nachts und bei Tag.

Fürbitten

Gott, der du uns mütterlich, väterlich nahe bist, wir danken dir dafür, daß du uns nicht ängstlich festhältst. Du entläßt uns wieder und wieder in die Freiheit.
Wir bitten dich:
gib uns den Mut, uns aufzumachen und in die Freiheit zu gehen.
Gott, das Weihnachtsfest ist begrenzt und es entläßt uns in ein neues Jahr, in neue Tage und Nächte. Wehmütig räumen wir Spuren des Festes beiseite.
Wir bitten dich:
gib uns ein klaren Blick für das, was von deinen Festgaben bei uns bleiben wird.
Gott, wir danken dir für Christus, den Menschen nach deinem Bild. Wir danken dir dafür, daß du ihn uns nicht als Wunderknaben geschenkt hast, dem wir immer unterlegen bleiben werden.
Wir bitten dich:
gib uns, daß wir mit Christus wissen, wo wir geistlich zu Hause sind.
Gott, wir danken dir für die Gemeinschaft, die wir in unseren Familien finden, für großes Verständnis, für Geduld und alles Mitfühlen.
Zugleich bitten wir dich:
Wo sich Familienbande zu Fesseln entwickeln, da gib uns die Kraft, diese Fesseln abzustreifen.
Gott, wir danken dir dafür, daß wir sind.
Wir bitten dich:
Gib, daß wir keine Angst davor haben, beständig innerlich weiter zu wachsen und zu werden.
Gott, wir danken dir für die Gemeinschaft der Kirche.

Wir bitten dich:
gib …
Gott, wir danken dir für die Gemeinschaft der Völker, für die Ordnungen, die sich diese Gemeinschaft gegeben hat.
Wir bitten dich:
gib …

Vorschlag für die Predigt

Möglicher Anfang
Wenn wir zu Hause in den Fotoalben unserer Familien blättern, dann fällt uns immer wieder auf: Aus der Zeit, als unsere Kinder klein waren, haben wir viele Bilder; in späteren Jahren sind die Alben lückenhaft. So ist das bei uns. Mit Liebe und großer Geduld zeichnen Eltern das Werden ihrer Kinder nach, beginnend am ersten Tag, dann das Heben des Köpfchens, das erstmalige Aufsitzen, das erste gesprochene Wort, der erste Schritt, der Tag, an dem das Kind erstmals »ich« sagt. Und so geht es dann weiter bis zur Schulzeit und zur Konfirmation. Jetzt - plötzlich - nimmt die Zahl der Fotos, die wir von unseren Kindern haben, merklich ab. Woran das wohl liegt? Vielleicht daran, daß die Dreizehn-Vierzehnjährigen nicht mehr gerne Fotoobjekte sein mögen! Vielleicht aber auch, weil das Interesse der Eltern an einer fotografisch nachzuzeichnenden Entwicklung der Kinder schwindet …
Das sind so Gedanken, die einem beim Blättern in Familienalben kommen können. Merkwürdig - wie anders die Bildersequenz bei dem Sohn der Maria und des Joseph aussieht. Von Jesus haben wir vor allem aus seinen letzten beiden Lebensjahren eine Fülle von Überlieferungen, Erinnerungen, Bildern, wenn auch keine Fotos …
Aus Jesu Kindheit und Jugend dagegen – haben wir kaum etwas an Überlieferungen. Woran das wohl liegt?
Ganz sicher hat das damit zutun, daß Jesus erst im Alter von 29/30 Jahren aus dem Schatten seiner Familie heraustrat. Erst jetzt wurde er bekannt. Erst aus dieser Zeit haben Freunde und Freundinnen Jesu Bilder von ihm aufbewahrt, natürlich nicht Fotos oder Gemälde, aber immerhin Eindrücke.
Menschlich verständlich, daß die Menschen nach Jesu Tod und nach Ostern mit einem besonderen Interesse zurückfragen. Hinter die beiden letzten Lebensjahre Jesu fragen sie zurück. Etwa: Wie ist dieser Mensch eigentlich so geworden? Wer und was hat ihn so geprägt? Das sind ihre Fragen.
Und so kommt es, daß später den ausführlichen Überlieferungen zu den beiden letzten Lebensjahren Jesu Episoden von seinen Anfängen vorgeschaltet werden, jedenfalls bei Matthäus und Lukas.

Bilder vom Anfang des Weges Jesu, die Geburt im Stall, der Besuch der Hirten und Weisen, die Begegnung mit Simeon und Hanna, das Massaker, das Herodes bei Kindern aus Bethlehem anrichtet - und schließlich das Asylantenschicksal der Familie, die nach Ägypten ausweicht, um wenigstens das nackte Leben zu retten. Also: nur eine sehr begrenzte Zahl von Bildern aus der frühen Kindheit Jesu. Ganz wesentliche Prägungen empfängt ein Kind, wie wir wissen, in der frühesten Kindheit. - Ob das bei Jesus auch so war? - Nichtwahr, in uns ist so etwas wie Neugier, die sich mit dem schmalen Bestand an Bildern aus Jesu ersten Lebenswochen nicht begnügen will. - Wir möchten im Grunde mehr über ihn wissen. Wir möchten mehr über seine Entwicklung herausbekommen.
So haben natürlich auch die Menschen in der alten Zeit empfunden. Sie versuchten, den Mangel an solchen Bildern nachträglich auszugleichen. Aus Neugier heraus, doch zugleich aus Bewunderung und aus Verehrung, die sie für Jesus empfanden. Bereits im 2. Jahrhundert entstanden darum etliche sogenannte Kinderevangelien. Wir kennen da z. B. das Kindheitsevangelium des Thomas; ein anderes ist mit dem Namen des Jakobus verbunden. Doch sind diese Schriften nicht in die Bibel aufgenommen worden. In unserer Bibel hat nur Lukas eine Erzählung aus der späteren Kindheit Jesu bewahrt, die Erzählung vom zwölfjährigen Jesus im Tempel. Das Kindheitsevangelium des Thomas klingt übrigens auch mit dieser - allerdings leicht veränderten - Erzählung über den Zwölfjährigen aus.

Zum weiteren Fortgang
Bevor ich nun auf die Erzählung aus dem Lukasevangelium eingehe, stelle ich zunächst einen Text des Gnostikers Justin vor. Hier kommt ein Engel namens Baruch im Namen Elohims zu dem zwölfjährigen Jesus.
Lesung:
»Schließlich wird in den Tagen des Königs Herodes Baruch als Abgesandter Elohims heruntergeschickt. Als er nach Nazareth kam, fand er dort Jesus, den Sohn Josephs und der Maria, als zwölfjährigen Knaben, während er Schafe weidete, und er verkündete ihm von Anfang an alles, was von ... Elohim her geschehen war und was in der Zukunft geschehen soll, und er sprach: ›Alle Propheten vor dir haben sich fangen lassen. Sieh nun zu, Jesus, Menschensohn, daß du dich nicht fangen läßt, sondern verkünde dieses Wort den Menschen und teile ihnen mit, was Gott und was den Guten betrifft, steige empor zum Guten und setze dich dorthin neben unser aller Vater Elohim.‹ Und Jesus gehorchte dem Engel und sprach: ›Herr, alles das will ich tun‹, und er predigte.«
Eine befremdliche Erzählung. Nicht - daß ich Anstoß daran nähme, daß man überhaupt von einem Zwölfjährigen ein tiefes religiöses Erlebnis berichtet. Wie sollte das grundsätzlich nicht möglich sein - ein religiöses Erleben bei einem Kind? Nein, befremdlich ist, daß es hier eben ganz und gar nicht kindlich zugeht. Befremdlich ist, wie hier der erwachsene Erzähler deutend und stilisierend eingreift. Das macht verstimmt, daß ... sowohl

zwischen den Zeilen als auch in den einzelnen Worten und Sätzen fromme Absicht durchscheint.
Wie weggewischt – ist das Tauferleben des erwachsenen Jesus von Nazareth. Nein, die eigentliche Berufung Jesu wird weit zurückverlegt, in das Alter, in dem der jüdische Junge seine Bar Mizwa begeht, d. h. zum »Sohn der Pflicht« wird, gesetzespflichtig wird, der Thora verpflichtet, konfirmiert gleichsam ... Hört Jesus – nach der Überlieferung der vier Evangelien unserer Bibel – in der Taufe das Gotteswort »Du bist mein Sohn, mein geliebter!« – also so etwas wie eine adoptianische Formel, so wird Jesus nach dieser merkwürdigen Erzählung Justins beim Schafehüten zum Gnostiker erhoben. In einem einzigen Akt wird Jesus in sämtliche Geheimnisse Gottes eingeführt. Er wird zum Urtyp des Weisen, der von nun an Zugang zur Weisheit Gottes hat – von Anbeginn der Welt an bis in alle Zukunft.
Jesus – der vollkommene Geheimnisträger Gottes, der große Gnostiker und Myste ... Ein – sage ich – vergotteter Zwölfjähriger, der seine Kindlichkeit, seine Menschlichkeit ablegt und dadurch etwas Unwirkliches, Schwebendes bekommt. Er ist der Erde bereits fast enthoben.
Das erfährt natürlich so kein jüdischer Junge bei seiner Bar-mizwa oder das jüdische Mädchen bei der Bat-mizwa. Und dieses Widerfahrnis wird auch Euch, liebe Mädchen und Jungen, die Ihr konfirmiert werden wollt, vermutlich nicht zuteil werden.
Ein vergotteter, Schafe hütender Junge aus Nazareth ...
Fasziniert Euch dieser Junge?
Braucht Ihr dieses so gezeichnete Bild des Zwölfjährigen?
Was aus seinem späteren Weg wird uns auf Grund dieser Erzählung verständlicher?
Was wird hier vorbereitet?
Mein Eindruck: Nichts!
Die Lust am Fabulieren und an einer Idealisierung eines vergotteten Menschen ist hier alles! Die Menschlichkeit der Person Jesu stört im Grunde und muß getilgt werden.
Wohltuend anders dagegen der Grundzug der vier Evangelisten, die mit ihren Schriften Eingang in unsere Bibel fanden. Bei ihnen bleibt Jesus bis zu seinem Tod eine Person mit sehr menschlichen Zügen, mal trauernd, mal freudig erregt, dann zornig, dann klagend.
Vielleicht wendet jemand ein: Immerhin sei gegen Ende der Erzählung bei Justin etwas Menschliches herauszuhören, nämlich Gefahren für den Zwölfjährigen.
Tatsächlich heißt es da in den Worten des Engels an Jesus:

Alle Propheten vor dir haben sich fangen lassen. Sie nun zu, Jesus, Menschensohn, daß du dich nicht fangen läßt, sondern verkünde dieses Wort den Menschen ...

Doch täuschen wir uns nicht. Dort steht nicht: »Laß dich nicht erwischen, Freund!« Wie wir das vielleicht ganz unschuldig hören.

Hier steckt etwas anderes dahinter, nämlich die Vorstellung, daß die Rückholung der Welt in den Lichtkreis Gottes erst dann gelingt, wenn ein Lichtbote den gefahrvollen Weg in die Gottesferne besteht und dort seine Botschaft ausrichtet, die Rückerinnerung aller in ihren Ursprung im Licht. »Laß dich nicht fangen!«, das meint: »Bestehe den Kampf mit den Mächten der Gottesferne!« und nicht dieses verharmlosende »Laß dich nicht erwischen!«

Wir merken also - auch bei diesem Rat des Gottesboten an den Zwölfjährigen ist vorausgesetzt, daß Jesus von nun an der Myste, der Weise, der Vergottete ist. Die Kindlichkeit des Kindes aber ist dahin - und darf nicht mehr sein. Doch nun zum zwölfjährigen Jesus im Evangelium nach Lukas.

Jesus - gemeinsam mit Eltern und Verwandten - zieht es zu einem religiösen Fest nach Jerusalem. Einhundertzehn Kilometer zu Fuß, freiwillig. Wer von uns nähme eine solche Strapaze auf sich, nur um eines Festes willen? Nichtwahr, daß müßte schon ein ganz besonderes Ereignis sein! Ich wüßte niemanden, der bloß wegen des Wormser Backfischfestes eine Dreitageswanderung auf sich nähme.

Doch merkwürdiger Weise klagt in unserer alten Erzählung niemand über müde Füße oder über Durst. Die Reise ist ganz vom Ziel bestimmt, vom Passahfest des jüdischen Volkes.

Das führt jung und alt in Jerusalem zusammen, daß da Erinnerungen sind, aus denen Menschen sowohl Kraft für die Gegenwart als auch für die Zukunft ihrer Kinder schöpfen. Der Befreiung des Gottesvolkes aus der Knechtschaft im pharaonischen Ägypten zur Zeit des Mose, so glauben sie, dieser Befreiung wird bald die Befreiung aller Geknechteten auf Erden folgen. Diese Hoffnung und dieses Vertrauen sind die Grundkräfte, die das Passahfest in seinen Liedern, Farben und Zeichen bestimmen. Hierin ist Jesus zu Hause. Das ist von Kindheit an seine gedankliche Heimat. Nach dem Fest ziehen die Menschen dann wieder im großen Scharen in ihre Dörfer zurück. Der Zwölfjährige aber bleibt im Tempel. Ohne Wissen der Eltern. Die bemerken sein Fehlen erst nach etwa dreißig, vierzig Kilometern.

Nichtwahr, wir fühlen unmittelbar mit den Eltern. Mit ihnen eilen wir in Gedanken den Weg nach Jerusalem zurück.

Dann - die Suche nach dem Jungen. Schließlich - nach drei Tagen - entdekken sie ihren Sohn mitten unter den Gelehrten.

Auch hier wird interpretierend erzählt, etwa wenn es heißt, daß sie drei Tage lang nach ihm suchen. Drei Tage haben sie die schlimmsten Befürchtungen. Der Junge könnte ja einem Verbrechen zum Opfer gefallen sein; er könnte tot sein.

Doch dann finden sie ihn lebend. Er wird ihnen gleichsam wiedergeschenkt. Doch äußert der, den sie lebend wiederfinden, sein Empfinden anders als die Eltern, deutlich anders. Er ist überhaupt nicht besorgt, sondern weiß sich geborgen, wie wir uns zu Hause geborgen fühlen, oder noch mehr als all das.

Der Junge hat sich vom Gespräch der Weisen über die Thora fangen lassen. Das Wort, das Argument, die Erwägung, die Frage, der Vergleich, die Analogie, die Überzeugungskraft der verschiedenen Redner, das Buchstabieren Wort für Wort und Satz für Satz: das ist das Geschäft der Weisen. Und wenn hier einer bereits in jungen Jahren mithält, dann ist es willkommen – und die Grenze zwischen Jungen und Alten, sie zählt nicht mehr. Darum heißt es hier dann auch: »sie, die Gelehrten, verwunderten sich seines Verstandes und seiner Antwort«, d. h. sie nahmen ihn mit Sympathie ernst. Von einem Wunderknaben, von einem gott-gleichen Sonderlingen – also keine Rede. Vielleicht interessiert es Euch, wie gut einhundert Jahre später diese Szene im Kindheitsevangelium des Thomas gezeichnet wird. Da heißt es:

Alle aber achteten auf Jesus und wunderten sich, wie er, ein kleiner Knabe, die Ältesten und Lehrer des Volkes zum Verstummen brachte, indem er ihnen die Hauptstücke des Gesetzes und die Sprüche der Propheten auslegte.

Da haben wir ihn wieder – nicht den Bar-mizwa, den noch durchaus kindlichen zwölfjährigen Jungen, sondern den Wunderknaben, wie ihn dann die späteren Schriften immer wieder gerne vorführen, als gälte es, mit Göttern und Halbgöttern zu konkurrieren, ja, als müßte sich die Christenheit mit einem übermenschlichen Jesus herausputzen.

Das Szenario bei Lukas ist demgegenüber viel natürlicher!

Denn da läßt sich doch leicht vorstellen: ältere Menschen, die einen noch jungen Menschen achten, ihn zu Wort kommen lassen, ihn in ihre gedanklichen Bemühungen einbeziehen, wenn er Offenheit zeigt.

Nur die Auseinandersetzung zwischen Eltern und Sohn – als sie ihn finden: Ich empfinde den Ton, in dem Maria ihren Sohn anspricht, erstaunlich sanft. Ob ich so sanft geblieben wäre? – Vermutlich nicht!

»Warum hast du uns das angetan?«, bricht es aus Maria heraus.

»Früchtchen, ich glaube, du spinnst!«, hätte vielleicht mancher von uns gezischt.

»Siehe, dein Vater und ich haben dich mit Schmerzen gesucht!«

Merkwürdig, der Vater sagt nichts. – Arme Eltern!

Die Antwort Jesu fällt seltsam aus.

Als gälte sie im Grunde nicht seinen Eltern, sondern schon uns späteren Lesern: »Wißt ihr nicht, daß ich sein muß in dem, was meines Vaters ist?«

Hier hat wieder die Interpretation der Überlieferer des Bild mitgezeichnet. Hier spricht nicht das kindliche Kind, sondern an dieser Stelle antwortet der in diese Erzählung eingetragene erwachsene Christus.

Bei seinem nächsten Besuch im Tempel, später, viel später, wird er heftig für die Reinheit des Hauses seines Vaters streiten und dabei Tische umstoßen. Jesus und seine Gottesbeziehung, die dazu führt, daß da in unserer Erzählung plötzlich so etwas wie eine Fremdheit zwischen Eltern und Sohn aufkommt, ein Hauch von Distanz.

»Aber seine Eltern verstanden das Wort nicht«, heißt es da.

Das passiert uns manchmal auch. Wir verstehen nicht immer alles. Manchmal verstehen wir erst in der Rückschau.
Nein, Maria und Joseph verstehen Jesus nicht. Wie sollten sie auch diese Distanz verstehen und annehmen können? Er ist ja noch ein Kind, ihr Kind!
Doch frage ich gleich zurück:
Darf er wirklich ausreichend Kind sein?
Darf er von seinen Eltern aus Träume haben, die etwas über den Rand dessen, was in der Familie gedacht wird, hinausgehen?
»Und er ging mit ihnen hinab und kam gen Nazareth und war ihnen untertan«, lesen wir.
Wie sollen aus Kindern, die ihren Eltern »untertan« sind, eigentlich freie und aufrechte Menschen werden?
Ich friere, wenn ich das Wort »untertan« in diesem Zusammenhang lese.
»Untertan«: Ich reibe mich an diesem Wort.
Und mich schmerzen all die unseligen Folgen, die Luthers Äußerungen über den Gehorsam gegenüber Eltern, Lehrherren und Obrigkeit hatten.
Erstaunlich: Jesus findet aus der Rolle des Untertan später heraus. Freilich ist das, wie wir wissen, auch bei ihm mit heftigen familiären Konflikten verbunden.
Müssen wir es unseren Kindern eigentlich so schwer machen? Warum sollte es nicht möglich sein, daß sie schon sehr früh kleine Schritte in die Freiheit gehen, in einer langsam größer werdenden Mündigkeit? Immerhin: Maria, so heißt es, behält die Worte des Zwölfjährigen in ihrem Herzen, so wie sie einst die Worte der Hirten von Bethlehem in sich aufgenommen hatte. Habe ich eigentlich irgendein Wort meiner Kinder in mir aufbewahrt? Es lohnt, darüber einmal nachzusinnen ...
Bei Maria ist immerhin ein Anfang gemacht, wenn sie die befremdliche Antwort ihres Jungen wieder und wieder meditiert und eben nicht aus puren Ärger gleich auslöscht.
»Wißt ihr nicht, daß ich sein muß in dem, was meines Vaters ist?«
Das also hat Maria im Sinn, daß ihr Junge nicht nur in einer Verwandtschaft zu Hause ist, sondern gleichzeitig in einer Gottesbeziehung lebt. Merkwürdig, so ganz leise für sich, hat das jede und jeder schon gedacht. Doch wie anders es klingt, wenn das eigene Kind dies ausspricht und es vor allem für sich in Anspruch nimmt.
Das aber will bedacht sein:
Unsere Kinder sind nicht einfach unsere Kinder; wir besitzen sie nicht; und das Zuhause, das wir ihnen bieten, ist nicht gleichzusetzen mit dem Haus des Seins, in das Gott uns und unsere Kinder gerufen hat.
Merkwürdig, wie sich die Bilder in unseren Familienalben jetzt verwandeln, wenn wir wieder darin blättern ...
Merkwürdig, wie sich - kaum, daß wir uns in dieses Evangelium hineinzudenken beginnen, - wie sich unsere Erinnerungen und unsere Hoffnungen füreinander neu ordnen. Amen.

Und der Friede Gottes, der weiter reicht als Menschenvernunft und Menschenkraft, der Friede Gottes bewahre unsere Herzen und Sinne im Aufbruch Jesu Christi zur größeren Freiheit der Kinder Gottes.

Hinweise

Bildliche Darstellungen zu Lukas 2,41–52: Tafelmalerei um 1418, Hannover; Niedersächsische Landesgalerie, Bezugsquelle der Postkarte: ars liturgica, Kunstverlag Maria Laach, Nr. 5975.
Reproduktion der romanischen Bilderdecke der Kirche St. Martin zu Zillis/Graubünden, sind dem Buch »Zillis, Ernst Murbach, Peter Heman, Atlantis Verlag, Zürich, Freiburg i. Br., 1967, 2. Aufl.« zu entnehmen.

Epiphanias

Annäherungen an den Predigttext Matthäus 2,1-12

Helmut Siegel

Ein Tagebuch
Juli 1994:
Soso, über Matthäus 2,1-11 eine Annäherung abliefern. Brauch ich gar nicht nachsehen, was da steht. Klar, ist doch die Geschichte von den Heiligen 3 Königen, nein, natürlich: »Von den Weisen aus dem Morgenland«. Schöner Text, sag' ich natürlich zu. Nur: Damit jetzt in eine Gruppe gehen? Mitten im Sommer, naja, nach den Ferien ist auch früh genug.

September 1994:
Was mach ich heute bloß im Konfirmandenunterricht so als eine Art Einstieg ins zweite Jahr? Ach ja, da war doch diese Anfrage von »Gottesdienstpraxis« Annäherungen an Mt 2,1-11. Können wir doch mal darüber reden. – O-Ton aus dieser Stunde:
»Matthäus 2? Welche Seite?« »Altes oder Neues Testament?« Schließlich ist der Text von allen aufgeschlagen:
»Die Weisen aus dem Morgenland« – »Ach, kenn ich! Der eine davon war ein Neger, nicht?« »Ja, Melchior!« »Quatsch, der Schwarze, der hieß Kaspar!« »Wieso denn die Geschichte – bis Weihnachten ist doch nen bißchen hin!«
Ich: »Nun lest sie doch erst einmal in Ruhe! Und paßt doch mal auf, was da nicht erzählt wird, von dem, was ihr zu wissen meint.«
Man liest:
»Was war denn das für ein Stern?« »Ist doch klar, ein Komet!«
»Da stehen ja gar keine Namen, Matthäus hat die vergessen!«
Ich: »Steht denn da was von Königen? Davon, daß es drei waren?«
Man guckt, stellt fest:
»Nein, so direkt nicht! Aber das *müssen* Könige gewesen sein, schon wegen der teuren Geschenke!« »Außerdem, das habe ich schon ein paar Mal in der Kirche so gesehen, daß da die Hl. 3 Könige kommen zum Stall, über dem der Stern steht ...« »Was ist denn das – Myrrhe?«
Ich versuche zu erklären: Daß Matthäus nicht an Könige gedacht hat,

sondern an Magier, vielleicht an parthische Priester. Verflixt, jetzt muß ich natürlich noch etwas erklären: »Parther ???«
Ich erkläre, welches Land gemeint ist (südliches Syrien, Persien), zeige die Grundzüge der Religion der Parther auf, die strikte Trennung von Licht und Finsternis, Gut und Böse, auch die Konkurrenz dieser Religion zum Christentum, lasse von einem Jes 60,2 aufschlagen, wo von der Wallfahrt der Heiden als einem Kennzeichen der messianischen Zeit die Rede ist, und – ernte Unverständnis:
»Wieso Völker? Das sind hier doch gerade mal drei!«
Ich erkläre den »Stern«, die Konjunktion des »Königsterns« Jupiter mit Saturn, der als Stern der Juden galt, die dreimal im Jahre 7 v. Chr. eng aneinander standen, so daß sie als einziger Stern erschienen. Und daß damit für die Magier das Ziel ihrer Reise klar war, kein Stern vor ihnen hergehen mußte. Das »Stillstehen« des Sterns will ich auch erklären (sehr gut bei Jörg Zink, 12 Nächte, Verlag am Eschbach. 1991 S. 114 mit Schaubild), merke, das ist den meisten zu hoch, ebenso wie der Symbolgehalt der Geschenke: Gut, Gold für »Macht und Reichtum«, aber »Weihrauch« – für Frömmigkeit?? und Myrrhe, diese wohlriechenden Harze, als Symbol für Bereitschaft zum Opfer und zur Hingabe???
Was Matthäus als Evangelist der Judenchristen wohl mit am wichtigsten war, die Szene in Jerusalem, sie erscheint den Jugendlichen als lästiger, nur aufhaltender Umweg, natürlich: Herodes, der ist »fies«, aber der ist »schon lange tot«, und »sein Plan klappt ja auch nicht.«
Ich: »Was meint ihr denn, wenn man diese Geschichte heute schriebe, wer wären denn dann die Könige an der Krippe?«
Die meisten verstehen die Frage nicht: Diese Geschichte spielt eben nicht heute. Einer meint nachdenklich: Vielleicht Helmut Kohl oder Bill Clinton.« Großes Gejohle der Gruppe: »Der Kohl, so fett wie der ist, der kann doch gar nicht mehr knien an der Krippe.« »Außerdem, ich hab gelesen, der hat was an seinem Meniskus!«
Bedeutung der Geschichte für heute? »Eine schöne Geschichte eben.« Ein Mädchen: »Naja, sie zeigt, daß Jesus von Anfang an was ganz Besonderes war!«

Oktober 1994:
Eine Gruppe von 15 älteren Frauen, sie verteilen die Gemeindebriefe und überbringen Geburtstagsgrüße, gehören zur Gruppe der – wie man heute so sagt – »hoch verbundenen« Gemeindemitglieder. Um es vorwegzunehmen: Die Reaktionen waren von denen der Konfirmanden nicht sehr unterschiedlich. Auch hier hatten unzählige Krippenspiele die Geschichte überlagert, so sehr, daß manche bis zum Schluß der Gruppenstunde von den »Hl. 3 Königen« sprachen. Auch hier ein Informationsbedürfnis über die Herkunft der Magier, ihren Hintergrund, den Stern, der Reaktion des Herodes und über die Geschenke und deren Sinn. Immerhin, ein paar Versuche,

der Geschichte eine Bedeutung abzugewinnen: »So reiche und mächtige Leute knien vor dem kleinen Kind armer Leute.« - »Ein Symbol für Glauben: Sie glauben an die Macht und Würde Jesu, obwohl nichts davon zu sehen ist.« - »Aufbrechen, sich auf den Weg machen, offen dafür sein, daß Gott sich ungewöhnlich zeigt.«

Dezember 1994:
Zusätzlich zu den Weihnachtspredigten sitze ich an einem Referat für die Weiterbildung von Lehrern zu Religionslehrern. Thema: Weihnachten. Ich muß mich exegetisch mit Mt 2 beschäftigen. Meine Erfahrungen in den beiden Gruppen fallen mir ein. Und ich formuliere als ersten Grundsatz:
Um sich diesem Text und wirklich ihm und nicht seinen Abbildungen annähern zu können, muß man erst einmal Abstand von ihm gewinnen, seine Fremdheit entdecken.
Und ich schreibe auf, daß es m. E. Matthäus darum ging, Jesus als zweiten Mose zu typisieren (jeweils die Bedrohung kurz nach der Geburt, der Auszug aus, die Flucht nach Ägypten), wieviel Bitterkeit für Matthäus in der Reaktion der Schriftgelehrten und »ganz Jerusalems« liegt: Wissen um die Geburtsstätte (?) des Messias, das folgenlos bleibt, Erschrecken statt Freude.
Beschließe, aus Jörg Zinks oben erwähnten Buch die Passagen vorzulesen, die sich auf die Religion der Parther beziehen (S. 131–134) und wie das Verständnis Gottes bei den Magiern verändert wird: Das Licht Gottes besiegt die Dunkelheit nicht von außen, sondern in dem es in sie eingeht (siehe dazu hervorragend und fast als Predigtpassage geeignet Zink, ebenda, S. 136 f.).
Ich weiß jetzt um das Informationsbedürfnis derer, die die Geschichte hören und beschließe es zu stillen. Und: Ich schließe erst einmal Frieden mit den legendarischen Übermalungen des Textes, weil mir immer deutlicher wird: Erstens sind: zumindest: *waren* sie geboren aus der Situation, in der sie entstanden, und zweitens liegen ihre Intentionen gar nicht so weit entfernt von der des Textes: die knienden Könige z. B., das ist ja auch Herrschaftskritik und Herausstellen des einzigen Herrn. Und nachdem ich zur Lektüre von Jörg Zink auch in Kommentaren geblättert, die Legenden von Werner Reiser (z. B. »Die drei Gaben« in: Derselbe, Die drei Gaben. Legenden unserer Zeit, Basel, 1981, S. 11-16) und Drewermann (Tiefenpsychologie und Exegese Bd. 1, Olten, 1984, S. 502–529) gelesen habe, wird mir klar: *Die* Intention des Textes gibt es gar nicht, im Bild gesagt: Das klare Licht von Weihnachten wird durch den Text in die Farben des Regenbogens gebrochen und der Prediger sehe zu, *welche* Farbe Licht in das Dunkel seines oder seiner Hörer Herzen bringt.

Zum Gottesdienst

Sigrid Lunde

Exegetisch-homiletische Skizze

Es muß ein Geheimnis verborgen liegen in dieser alten Geschichte – und ich vermute, es liegt im Bild des auftauchenden Sterns, dem die Magier (Könige) folgen! – das diese Geschichte bis in unsere Jahre hinein ihr von viel Brauchtum liebevoll angereichertes Leben führen läßt. Ich möchte in meiner Predigt vor allem diesem Geheimnis nachgehen und dabei sowohl die Frage nach der Historizität der Kindheitsepisode (U. Luz gegen W. Schulten) wie auch die Bewertung der Parallelen in der jüdischen Haggada und gesamten Antike und auch einige unübersehbare Intentionen des Evangelisten Matthäus vernachlässigen. Ich predige heute nicht mehr für eine Gemeinde, die im vergeblichen Kampf des Herodes (des jüdischen Pharao gegen den 2. Mose, den vom Propheten verheißene Messias der Völker) für die eigene von Verfolgung bedrohte Anbetung des göttlichen Sohnes (dem »alle Macht im Himmel und auf Erden gegeben wird, Mt 28,18) Glaubensstärkung finden soll. Und ich predige auch nicht mehr für eine Gemeinde, die möglicherweise durch Nachrichten von einer besonderen Planetenkonjunktion (siehe Annäherungen an den Predigttext) oder auch einer Magier-Delegation aus Persien bei dem König in Neapel (E. Schweizer) einen für uns heute nicht mehr gegebenen Zugang zu manchen Einzelzügen der Geschichte hatte.
Es scheint mir sinnvoll, meinen Predigteinstieg bei dem in unserem Kirchenjahr verankerten Epiphaniasfest zu wählen. Es wird zwar in den Familien – selbst wenn es auf den Sonntag fällt – nicht mehr als eigenständiges Fest begangen, doch verdankt die Gottesdienstgemeinde ihm einen sinnvollen, wenn auch oft vor- oder nachgesetzten Schluß- bzw. Doppelpunkt hinter die Weihnachtstage und Zeit zwischen den Jahren. Er wird begleitet vom Brauch der Sternsinger, von den Kindern, die farbenprächtig in den Straßen unserer Kleinstadt in diesen ersten Januartagen freundlich auf sich aufmerksam machen und unter den Anfangsbuchstaben der legendären Könige Caspar, Melchior und Balthasar ein weithin sichtbares Segenszeichen an den Haustüren hinterlassen: 19 + C (Christus) + M (mansionem) + B (benedicat) + 96.
Im übrigen möchte ich reden von dem Aufbrechen einer tiefen religiösen Sehnsucht in uns, die in jenem von Matthäus herausgearbeiteten Gegen- und irgendwo noch Miteinander von weiser Wachsamkeit für den Stern und Schriftgebundenheit »hocherfreut« zu »Gott in der Welt« findet. Meine Hoffnung geht darin, daß etwas von der irdischen Erscheinung Gottes in Bethlehem und vor allem der Art, wie Menschen sich zu ihr verhalten, transparent für gegenwärtige Lebens- und Glaubenserfahrungen

wird und so von den Predigthörern Anstöße für eigene »andere Wege« (Mt 12,12) im eben begonnenen neuen Jahr noch wahrgenommen werden können.

Vorschläge zur Liturgie

Lieder:
EG 67,1-5 Herr Christ, der einig Gotts Sohn
EG 71,1-6 O König aller Ehren
EG 69,1-4 Der Morgenstern ist aufgedrungen
EG 171,1.2 Bewahre uns Gott, behüte uns Gott

Lesung: Jesaja 60,1-5

Aus *Psalm* 66:
Jauchzt Gott, alle Lande!
Lobsingt zur Ehre seines Namens,
rühmt ihn herrlich!
Kommt her, und seht an die Werke Gottes,
der so wunderbar ist
mit seinem Tun unter den Menschenkindern.
Lobt ihr Völker unsern Gott,
laßt seinen Ruhm erschallen,
der unsere Seele am Leben erhält
und läßt unsere Füße nicht gleiten.
Gemeinde (G): »Ehr sei dem Vater und dem Sohn ...«

Immer wieder neigen wir dazu, das Dunkel mehr zu verabscheuen
als das Licht zu preisen, uns nach ihm auszustrecken.
Das verleiht uns ein mürrisches Aussehen.
Herr, erbarme dich!
G: »Herr Gott, erbarme dich ...«

Manchmal stehen wir uns selbst im Wege.
Wir halten uns davon ab, weiter zu kommen.
Es gibt noch Wünsche in uns,
die sich verbergen und auf ihre Stunde warten.
»Geh aus dir heraus,« sagt Gott,
»in ein Land, das ich dir zeigen will.« (Gen 12,1)
G: »Ehre sei Gott in der Höhe ...«

Über der Zusage »Geh aus dir heraus ...« könnte ein im Altarraum aufgehängter (eventuell Herrnhuter-) Stern angeschaltet werden, und er sollte dann während des ganzen Gottesdienstes leuchten.

Gebet
Es gibt Tage, Gott, da möchten wir beten mit hochgereckten Armen
und dir zeigen, wo wir sind inmitten von unübersehbaren Menschenmassen.
Es gibt Tage, da brauchen wir Augen, die das Licht sehen,
weil uns die Welt so dunkel ist.
Es gibt Tage, da mußt du unsere Füße stärken,
die den Boden prüfen und den Weg nicht finden.
Und es gibt Tage, wo unser Herz deine Berührung sucht,
damit es weiter schlagen kann für dich und diese Erde.
G: »Amen.«

Fürbittengebet
Gott, du hast uns eine große Hoffnung anvertraut:
Du hast tief in uns Menschen eine geheimnisvolle Sehnsucht,
eine geistliche Kraft gelegt, um uns voranzutragen.
Nur, wenn wir über uns selbst hinausgelangen,
sehen und gebären wir den Stern und finden hin zur Freude.
Wir sind dankbar für alle Menschen, die uns dabei zur Seite sind.
Laß nachklingen in vielen Häusern, was für mehr gedacht war
als für wenige Weihnachtstage.

Wir bitten dich für Kinder und Erwachsene: Laß es immer mehr werden,
denen Verbindlichkeit wichtiger ist als Befindlichkeit.
Laß es immer mehr werden, die Umwege ertragen können –
und auch die Ratlosigkeit der Mächtigen.
Laß uns zum Wort der Schrift Zuflucht nehmen, wenn es Zeit ist –
und die alten Geschichten bewahren als Gleichnisse unserer selbst
und aller Menschen.

Und wann immer es uns schwer wird im neuen Jahr, Herz und Geist auf deine Gegenwart in unserer Welt gerichtet zu halten, wenn wir wieder gleichgültig zu werden drohen gegen unser Leben und alles Leben, dann mache du neu unsere Augen hell und unsere Füße frei für den »anderen Weg«, der mehr ist als »Zellenzerfall«, mehr ist als wir …

Stille
Vater unser

Vorschlag zur Predigt

Möglicher Anfang
»Ich bin ein Sucher,« schreibt der Schriftsteller Günter Kunert, »ich bin ein Sucher eines Weges zu allem, was mehr ist als Stoffwechsel, Blut-Kreislauf, Nahrungsaufnahme, Zellenzerfall. Ich bin ein Sucher eines Weges, der

breiter ist als ich. Nicht schmal. Kein Ein-Mann-Weg. Aber auch keine staubige, tausendmal überlaufene Bahn. Ich bin ein Sucher eines Weges für mehr als mich.«

Wir sehen in diesen Tagen rund um das Epiphaniasfest, das einmal das älteste Christgeburtsfest war, wieder in unseren Straßen die Heiligen Drei Könige: Melchior, Balthasar und den schwarzen Caspar. Wir sehen bunt verkleidete Kinder und ihre Begleiter mit den Sammelbüchsen für die notleidenden Kinder dieser Welt - sehen sie auf den Spuren jener weisen Männer aus dem Morgenland, deren schöne Geschichte wir dem Evangelisten Matthäus verdanken. Eine uns vertraute und dennoch geheimnisvolle Geschichte ist es, eine Geschichte von einem jahrtausendealten menschlichen Suchen nach dem breiteren Weg.

Zum weiteren Verlauf

Die Sehnsucht nach einem Aufbruch, einem Neuanfang - darauf möchte ich zunächst die Gemeinde ansprechen - gehört zu uns Menschen, eine tiefe Sehnsucht nach dem »anderen Weg«. Ein ungewöhnlicher Stern kann sie wecken. Und weil wir Menschen geschaffen sind, nicht nur mit zwei, sondern auch noch mit einem dritten, inneren Auge zu sehen, können wir solche Sterne wahrnehmen. Wenigstens das kurze Aufleuchten eines Sterns - daran könnte die Predigt dann erinnern - haben viele von uns in der Vorfreude auf die nun schon wieder zurückliegenden Weihnachtstage erlebt. Da war viel Vorfreude auf die Stunden eines anderen Lebens, eines gesteigerten Lebens. Und dann liefen und suchten wir auch los, um das Fest vorzubereiten ... Und wir können jetzt noch ein paar Erlebnisse im kleinen Kreis erzählen und werden ein paar andere lieber verschweigen. Aber wer hat in diesem Gemisch aus Freude an den Festtagen und Leiden an ihnen den Stern gefunden, dem er nun folgen kann auf einem »anderen Weg«? Ich denke an einen Satz, den ich in einer Morgenandacht hörte, einen Ausspruch Friedrich Nietzsches: »Man muß noch etwas Chaos in sich haben, um einen tanzenden Stern zu gebären.« Man muß noch Nichtfestgelegtes, Ungeordnetes, man muß eine irgendwann nicht mehr zu bändigende Sehnsucht in sich hochkommen lassen können, damit ein Stern nicht nur kurz aufflackert, sondern vor uns herzutanzen beginnt.

Und eines Tages - das wäre jetzt ein weiterer Schwerpunkt der Predigt - steht der Stern still. Aber es ist ein langer Weg dorthin. Zu fast jedem Weg gehört der Umweg. Die Weisen suchen zunächst die hochgebaute, überall gerühmte, tausendmal überlaufene Hauptstadt auf: Jerusalem mit dem Tempel und Königspalast. Erst irgendwo zwischen der Ankunft in Jerusalem und der Begegnung mit dem arm-seligen Kind Marias und Josefs nehmen sie Abschied von einem neugeborenen König in prachtvollen Hüllen. Die Schrift - so sagt der Evangelist Matthäus - war nötig dazu, genauer das Forschenkönnen in diesen über unzählige Generationen hin gesammelten Erfahrungen mit Gott und der Welt, mit Gott in der Welt. Die Schrift hilft

den Weisen, zu begreifen, wie nahe Gott im Himmel dem Leid dieser Erde ist. Sie hilft ihnen, Bethlehem zu finden, den Ort, wo Gott den Alltag heiligt, den »anderen Weg« aus dem Dunkel der Nacht aufsteigen läßt. Es ist ein Weg, auf dem Gott den Reichtümern der Weisen und Könige nicht noch neue hinzufügt, sondern ihnen einige nimmt. Ihr Gold ... findet zu den Ärmeren, den Armen. Von einer beginnenden Morgenlandmission erzählt die Geschichte des Matthäus nichts - wohl aber, daß die Gebenden hocherfreut zur Anbetung des göttlichen Geheimnisses von Bethlehem finden und dann auf »anderem Weg wieder in ihr Land« ziehen.
Für unsere Johannesgemeinde kann an dieser Stelle ein Hinweis auf die kleine, mutige Lepraärztin Ruth Pfau sinnvoll sein, für die viele Konfirmandenjahrgänge und gerade erst wieder der Salate-Stand des Tanzkreises gesammelt haben. Auch für diese Frau gab es das Erlebnis, daß ihr Stern, der ihr zunächst nach dem Studium in Mainz die große wissenschaftliche Karriere zu verheißen schien, sie weiter suchen ließ und erst still stand über der Elendshütte in Karachi, in der Ratten nachts an den gefühllos gewordenen Gliedern der Kranken nagten. In ihrem kleinen Buch »Wenn du deine große Liebe triffst« (Herder 1985, S. 15 ff.) schreibt die Frau, die Pakistan von der Geisel Lepra so gut wie befreit hat: »Jeder von uns kann nicht mehr tun als er kann, aber das kann er tun. Es gibt die hellen und dunklen Stunden, doch man kann seinem Leben durch einen Entschluß über die Jahre Richtung und Ziel geben.«
Die Lepraärztin hat viele Einheimische gefunden, die mithalfen und noch mithelfen. Auch die Weisen suchen ihren Weg unter dem tanzenden Stern nicht allein. Der breitere Weg »für mehr als mich« ist kein Ein-Mann-Weg. Aber das Bedürfnis, nicht allein zu sein, reicht nicht aus. Es reicht auch nicht aus, wenn wir uns vornehmen, ein Weiser, ein König zu werden. Weisheit, Größe, Gemeinschaft wachsen uns erfahrungsgemäß vor allem als Nebenprodukt, als Abfallprodukt zu über einem selbstvergessenen Sichmühen um ein vorgegebenes, aufgegebenes Ziel. Und »geh heraus aus dir«, »geh weiter« müssen wir uns an vielen Tagen sagen können, wo wir auf Umwegen besiegt und müde werden.

Möglicher Schluß
Der Stern taucht, denke ich, früher oder später über jedem Leben auf. Und er steht irgendwann still an einem Ort, der den unterschiedlichen Gaben entspricht, die Menschen gegeben sind. Auch unsere durch die Straßen ziehenden Sternsinger sorgen im Rahmen ihrer Möglichkeiten jetzt für einige Tage dafür, daß eine Menge Gold und Geld hingelangen können zu weltweiter Not jenseits unserer kleinen Insel weithin unverdienten Wohlstandes und Friedens. Und ihr Segenszeichen - oft mit klammen Händen mit Kreide an unsere Haustüren geschrieben - will uns alle schützen vor einem Leben, in dem es nichts mehr zu erkunden und zu erfahren gibt außer einem lästigen Ich, das sich in den Mittelpunkt aller Gefühle drängt. Unser

Herz sehnt sich nach mehr Himmel auf Erden, nach einem Hocherfreutsein, nach Anbetung. Und es sind immer die Bilder - wie das des auftauchenden Sterns in unserer Geschichte - unter denen wir Wahrheit begreifen können, Wahrheit auf unserer Suche nach dem Weg, der breiter ist als wir.

Kontexte

»... Meine Deutschlehrerin (hab' ich neu, 'ne tolle Frau) hat mal nach einer Deutschstunde, vollgestopft mit lauter guten Sachen, gesagt: »Das, was ich euch jetzt sagen muß und was ich euch wünsche, ist: Ihr dürft eure Träume von jetzt in eurem Leben nicht vergessen!« Das war so Klasse, wie sie das gesagt hat, es ist nämlich genau das, woran ich im Moment zu knacken habe. Ich sehe meine Eltern, Eltern von L., meine Lehrer usw., die schon so schrecklich gleichgültig geworden sind. Die können sich gar nicht mehr richtig begeistern, sich nicht mehr freuen ...« (S. 77)
Den Himmel gibt es doch nur auf Erden. Den Himmel gibt es nur in den Wünschen der Menschen auf Erden. Ich möchte im Himmel auf Erden wohnen, möchte mit einem langen Arm den Himmel fassen und herunterziehen, daß er sich wie ein Schleier über uns alle legt. Wir müßten doch glücklich sein können, das kann doch nicht so schwer sein! Wir müßten uns immer wieder fragen: Was brauche ich zum Glücklichsein? und uns unser Glück selbst einrichten ... (S. 81f.)
(Gesine Wagner, »Im Feuer ist mein Leben verbrannt«, GTB 572, Gütersloher Verlagshaus, Gütersloh, 1983)

»Die Suche nach Gott nimmt je nach dem Lebensalter ganz verschiedene Gestalt an ... Auf der Suche nach Gott bewegt sich der Mensch in den Wirklichkeiten des Reiches Gottes. Sie sind unermeßlich, sie haben weder Anfang noch Ende ... Wenn im Nu eines Augenblicks die Gegenwart Christi spürbar wird, so währt dieses Sichgegenüberstehen doch nur einen flüchtigen Augenblick lang und wird manchmal erst nachher begriffen: »Ja, er war da, es war er!« Ekstase oder mystische Schau sind selten. Das Wunder liegt anderswo: »Ohne Christus gesehen zu haben, lieben wir ihn.« (1. Petrus 1,8)
(Frère Roger, © Ateliers et Presse de Taizé, F-71250 Taizé-Communauté)

Themapredigt zu »Erscheinung«

Rüdiger Lorenz

Was wollen die Erscheinungsgeschichten bewirken?
Daß wir dem Wort des Menschen Jesus aufs Wort folgen!
In Herford ist Osterkirmes. Das größte Kirmesvergnügen des Jahres ist allerdings die Vision. Dieses Wort heißt auf deutsch Erscheinung. Die

Erscheinung, um die es hier geht, bezieht sich auf den Bau der Marienkirche, Stift Berg. Der Bau wird in einer Legende, in einer Erzählung im nachherein damit begründet: Einem einfachen Mann erschien auf dem Luttenberg die Jungfrau Maria, die den Bau der Kirche gleichsam in Auftrag gab und auch gleich den Bauplatz festlegte. Die durchaus gläubig-demütige Vorstellung dabei ist: So wird der Bau der Marienkirche in nachhinein durch Maria selbst abgesegnet.
In den neutestamentlichen Erzählungen über die nachösterliche Zeit ist immer wieder die Rede davon, daß der gestorbene Jesus seinen Jüngern als der lebendige Herr erscheint. Unser Predigttext ist eine spätere kurze Zusammenfassung davon. Ganz plastisch und drastisch ist hier Matthäus in seiner Gegenüberstellung: Der am Kreuz grausam und elendig Gestorbene und damit offensichtlich Gescheiterte, der erscheint den Jüngern und sagt: »Mir ist gegeben alle Gewalt im Himmel und auf Erden (mir, dem Gescheiterten, am Kreuz Verreckten!). Darum gehet hin und machet zu Jüngern alle Völker ...; lehret sie halten alles, was ich euch befohlen habe. Und siehe, ich bin bei euch alle Tage bis an der Welt Ende« (Matthäus 28,18–20). Verrückt und unwahrscheinlich zugleich: Matthäus erzählt hier von einem, der augenscheinlich in seinem Leben gescheitert, am Kreuz elendig verreckt sei, daß eben derselbe »alle Gewalt im Himmel und auf Erden« habe, der Herr über Leben und Tod sei. Wie ist das zu verstehen? Wie mag das zugehen? Warum erzählen die Evangelien etwas in unseren Augen und vor unserer Lebenserfahrung so Unmögliches?
Nun, bei der Vision in Herford ist die nachträgliche Absegnung eines Gebäudes und eines Bauplatzes das Entscheidende. Bei den Erscheinungen Jesu im Neuen Testament geht es um etwas ganz anderes: Es geht darum, daß der christliche Glaube nicht zum Tod, sondern der einzige Weg ins Leben, die einzige Lebensweise ist, mit der man leben kann. Daß das Gottesverhältnis, die menschliche Lebensweise, die Jesus von Nazaret in seinem Leben verdeutlicht, wirklich ins Leben, ins volle Menschenleben führt, in ein Leben, das den Tod nicht kennt und fürchtet, auch wenn Jesus selbst gestorben ist.
Die Evangelien schreiben diese Einsicht der Jünger dem Geist der Erinnerung zu. Nach dem Tod Jesu erscheint den Jüngern in der Erinnerung an Jesus in seinem irdischen Leben dieser in seinen Worten und Taten lebendig vor Augen. Es fällt ihnen wie Schuppen von den Augen.
Sie erkennen, daß Jesu Worte Worte des Lebens, des ewigen Lebens sind, daß er mit seinen Worten der Weg, die Wahrheit und das Leben unseres Lebens ist, auch wenn er selbst – körperlich, medizinisch – physisch tot ist. Jesus steht ihnen also nicht als der geschichtliche Jesus vor Augen, der gestorben ist, sondern als der geglaubte, der verehrte, geliebte Christus, dessen Worte des Lebens sind, für immer bis ans Ende der Welt, so daß er sich darin letztlich als der Herr des Lebens erweist. Als das eben, was die Jünger immer schon von ihm geglaubt haben.

Die Erscheinungen Jesu beweisen also den Glauben an die Auferstehung nicht. Der Glaube an die Auferstehung ist im Glauben an die Lebensweise enthalten, die Jesus von Nazaret predigt: Das Leben im Geist der Liebe, das allein lebenswertes und menschenwürdiges Leben hervorbringt. So sind die Erzählungen von den Erscheinungen Erzählungen aus dem Glauben an ein Leben, das von Wiedergeburt und Auferstehung und somit ein ewiges Leben lebt.
Daß es so ist, dafür spricht ein augenfälliger Tatbestand an den Erscheinungsgeschichten. Jesus erscheint nach seinem Tode nur denen als der lebendige Herr, die schon in seinem menschlichen Leben, aufgrund dessen, was er gesagt, wie er gelebt hat, die schon an den Menschen Jesus als an den rettenden, den lebendigen Herrn über Himmel und Erde geglaubt haben. Wie Petrus dem Menschen Jesus bekennt: »Du hast Worte des ewigen Lebens; und wir haben geglaubt und erkannt: Du bist der Heilige Gottes« (Johannes 6,68).
Außerdem, woran erkennt man, daß hier der lebendige Herr erscheint? Ein allgemein sichtbares, sozusagen wissenschaftlich objektives Anzeichen gibt es offenbar nicht. Denn sonst hätte es zwischen Christen und Nichtchristen ja keinen Streit geben können. Sondern erkennen, wiedererkennen kann man den Menschen Jesus als auferstandenen, lebendigen Christus nur, wenn man schon vor dem Tod in dem Menschen Jesus den Christus der Welt erkannt und gesehen hat. Daß Jesus der Christus ist, dieser Glaube, der den Worten des Menschen Jesus aufs Wort folgt, dieser Glaube wird in den Geschichten vom Erscheinen Jesu als des lebendigen Herrn erzählt.
Das Erkennen des lebendigen Herrn setzt das Erinnern und Erkennen dessen voraus, was der gestorbene Jesus über Gott und unser Menschenleben gesagt hat: Die Emmausjünger erkennen Jesus erst wieder, als er sie und sie sich an das erinnern, was der Mensch Jesus ihnen gesagt hat. Maria Magdalena hält den lebendigen Herrn zunächst für den Gärtner. Erst als Jesus sie mit vertrauten Worten anspricht, erinnert sie sich an ihn. Bei Lukas halten die Jünger den erscheinenden Jesus zunächst für einen Geist. Und nun läßt Lukas den Herrn seine Jünger bis in alle körperlichen Details hin feststellen, daß er ganz real Jesus ist. Der lebendige Christus ist identisch mit dem sterblichen und gestorbenen Jesus.
D. h. schließlich: Der lebendige Christus ist für euch nur zu haben, wenn ihr dem Menschen Jesus in seinen Worten nachfolgt, was, wie bei ihm selbst, euren physischen Tod zur Folge haben kann. Nur über Jesus, der stirbt, kommen wir zu Christus, der lebt; der bei uns ist alle Tage, bis an der Welt Ende, wie es bei Matthäus heißt.
Und damit sind wir bei der ganz entscheidenden Bedeutung der Erscheinungsgeschichten Jesu für uns, für unseren Glauben heute. Umso mehr in einer Zeit, da das Erscheinen von allen möglichen Geistern wieder in Mode ist. Umso mehr, als in der Kirche einmal sogenannte spirituelle Kräfte am

Werk sind, die meinen, direkten, geistigen Kontakt mit dem lebendigen Herrn aufnehmen zu können. Diesen aberwitzigen und krankhaften Tendenzen leisten gerade die Erscheinungsgeschichten, die auf den ersten Blick dafür sprechen könnten, entscheidenden Widerstand, und das mit Recht. Denn sie sagen, wie gesagt: Den direkten Draht zu dem lebendigen Christus gibt es nicht! Wer meint, eine solche Audienz zu haben oder gehabt zu haben, ist ein Opfer der eigenen leichtfertigen Einbildungskraft. Direkter gesagt, der spinnt. Jesus selbst sagt es bei Lukas: Ich wie ein Geist aus einer anderen Welt? Humbug und Mumpitz! Der einzige Weg zu mir als dem lebendigen Herrn ist der über den Menschen Jesus; ist der über die Erinnerung an das, was Jesus in seinem Leben gesagt hat; ist der, daß wir dem erinnerten Wort aufs Wort gehorchen; die Stimme unseres Instinkts, unserer Lebenserfahrung, unseres Lebensgefühls vor allem in der Gestalt des religiösen Wahns vergessen. Wenn wir das Wort des Menschen Jesus als die einzige Gebrauchsanweisung unseres Lebens benutzen, dann wird er uns als der lebendige Christus erscheinen, – bis an der Welt Ende! Der religiösen Eitelkeit und Arroganz, der religiösen Clownerie und dem armen religiösen Wahn, mit Jesus als eine Art Geist aus einer anderen Welt Kontakt aufnehmen zu können, lehrt Jesus selbst Mores. Der Weg zu ihm als Christus verläuft über ihn als Jesus und geht so: »Wer sein Leben erhalten will (durch sogenannte spirituelle Kräfte), der wird es (durch eigene Spinnerei und Verrücktheit) verlieren; wer aber sein Leben verliert um meinetwillen (weil er sich gegen eigenen Instinkt, eigene Erfahrung, eigenes Gefühl nur auf mein Wort verläßt), der wird's erhalten (im Sinne von allererst bekommen und ewig bewahren)« (Lukas 9,24).

1. Sonntag nach Epiphanias

Annäherungen an den Predigttext
Matthäus 3,13-17

Kurt Dohm

Ich habe den Bericht von der Taufe Jesu nach Matthäus einigen Freunden vorgelegt mit der Bitte, einzeln oder in der Familie sich damit zu befassen und eine persönlich gehaltene Stellungnahme dazu schriftlich abzugeben.

Die Erzählung war den meisten wohl bekannt, spielte aber in ihrem Glaubensleben bisher keine Rolle. Sie gehörte für sie nicht zu den großen oder prägenden Texten der Bibel. Auch ergab sich bis auf eine Ausnahme kein persönlicher Bezug zu dem Text. Der eigenen Lebenserfahrung entspricht der Bericht nicht. Nur da, wo jemand selbst gerade als Erwachsener getauft worden war, konnte die Taufe Jesu als eine besondere Entscheidungssituation nachempfunden werden, die der eigenen Erfahrung entsprach.

Der Disput Jesu mit Johannes darüber, wer wen zu taufen habe, hat bei meinen Freunden eher Verwirrung als Verständnis ausgelöst. Daß Jesus als Sohn Gottes sich taufen lassen wolle, wurde mit Verwunderung, ja auch Widerspruch hingenommen. Das sei doch nicht nötig gewesen. Jemand meinte darin sogar eine gnädige Herablassung dem Johannes gegenüber zu erkennen.

Andere hingegen verstanden dies so, daß Jesus sich damit als wirklicher Mensch unter die Sünde(r?) stellt. »Jesus begibt sich mit der Taufe durch Johannes auf unsere Ebene. Er zeigt damit, daß er einer von uns ist.« So wurde von einigen dann auch der Begriff der »Gerechtigkeit« verstanden, der vielen meiner Freunde offenbar Schwierigkeiten machte. Jesus »will keine Ausnahme ... Also ist es gerecht, wenn er sich von Johannes taufen läßt, wie alle anderen Menschen auch.«

Während der eigentliche Taufakt keine grundsätzlichen Verstehensprobleme bereitete, wurde das weitere Geschehen nach der Taufe als »fast unvorstellbar« empfunden. Offener Himmel, Taube, Stimme Gottes - dieses Geschehen erinnerte zwar an Pfingsten, warf aber viele Fragen auf: »Soll die Stimme vom Himmel eine innere Eingebung sein, und was ist mit dem Inhalt gemeint? Findet Gott etwa nur an denen Wohlgefallen, die sich taufen lassen?«

Doch zugleich wurde diese »große, gewaltige Symbolik« als unverzichtbar gesehen: »Durch Gottes Handeln konnten die Menschen erkennen, daß er Jesus ist und Gottes Vollmacht hat. Jesu Taufe war die Vorbereitung auf seine Aufgabe und der Anfang, die Schuld auf sich zu nehmen.« Und: »Gott erkennt in der Taufe Jesus als sein Kind an. So werden auch wir alle in der Taufe zu Gottes Kindern.«
Wurde der Text meist den eigenen Lebenserfahrungen gegenüber eher als fremd empfunden, so waren die Leser anscheinend doch bereit, diese Fremdheit auszuhalten. Gerade in der Fremdheit der Ereignisse sahen sie die tiefere Wahrheit und die geschichtliche Wirkung der Erzählung begründet. Einer warnte davor, Texte wie diese vorschnell in »eine zeitgemäße, ja vielleicht sogar umgangssprachliche Fassung zu bringen, da auf diese Weise die Geschehnisse ihrer besonderen Bedeutung entkleidet werden könnten.«
Fragen wurden wenige formuliert. Da waren zunächst Fragen nach dem Umfeld des Textes, nach Ort und Zeit, nach dem Alter Jesu bei der Taufe, nach seinen Absichten in Galiläa. Dann müßte wohl in der Predigt geklärt werden, was es mit dem Satz auf sich hat: »Es gebührt uns alle, Gerechtigkeit zu erfüllen.« Schließlich bedürfte das Geschehen nach der Taufe und die Rede Gottes vom Himmel noch einiger Erläuterungen.

Zum Gottesdienst

Ludwig Burgdörfer

Exegetisch-homiletische Skizze

Nach der Geburt kommt die Taufe. Zwar mit erheblichem Zeitsprung in der Biographie Jesu, aber in der Chronologie vertraut. Jesus läßt sich taufen! Bevor er öffentlich auftritt, ehe seine skandalöse Wirksamkeit beginnt, steigt er in den Jordan. So jedenfalls sortiert Matthäus sein Material, und er tut es den anderen Evangelisten gleich. Ihm aber muß es ganz besonders wichtig gewesen sein, die Tatsache, daß sich der Jude Jesus von dem Bußprediger Johannes des reinigenden Taufrituals unterzieht. Der Versuch, die sich mehr und mehr voneinander distanzierenden Welten zu verbinden und vor allem die Front gegenüber dem Judentum aufzubrechen, mag ihm besonders am Herzen gelegen haben. Ebenso die Harmonisierung des Verhältnisses zu den Johannesjüngern. In jedem Fall eröffnet Jesus seinen Auftritt nicht gleich mit der Besetzung der Hauptrolle, sondern er betritt eine Bühne, die zunächst einen anderen Darsteller im Zentrum sieht. Der Wegbereiter markiert den Initiationsritus um gleichsam einen (im wahrsten

Sinne) fließenden Übergang zu gewährleisten. Gleichzeitig wird die Übergabe der Hauptrolle inszeniert. Danach gibt es keine Zweifel mehr, wer jetzt ins Zentrum rückt.
Was Jesus durch dieses Handeln eindrucksvoll demonstriert, hat einen erheblichen Bedeutungsüberschuß und dadurch symbolisierende Kraft. Er unterzieht sich der Bußtaufe und signalisiert damit eine beispiellose Solidarität mit allen, die es nötig haben, sich zu beugen und umzukehren und das Verhältnis zu Gott in Ordnung zu bringen, inklusive das zu ihrer Umwelt. Auf bemerkenswert eindeutige Weise werden hier ganz am Anfang schon die entscheidenden Weichen für das gesamte Heilshandeln Gottes in Jesus Christus gestellt.
Der Gottessohn ist ein wahrhaft Heruntergekommener. Er betrachtet und analysiert nicht seine Umgebung, sondern er taucht in sie ein. Das Jordanwasser ist da nur die konsequente Verlängerung der Futterkrippe auf dem Weg ans Kreuz. Er beginnt seine leidenschaftliche Anwesenheit coram publico und coram deo, indem er sich denen gleichstellt, die ein reinigendes Bad nötig haben. Das zieht er dem Bad in der Menge vor.
Das Taufgespräch fängt auf, was es an Einspruch durchaus auch in der Gemeinde des Matthäus gegen diese Unterordnung Jesu unter den Täufer gegeben haben mag. (Die Verse 14 und 15 sind Sondergut.) Jedenfalls wird die Situation dadurch gelöst, daß der für das Judentum so zentrale Terminus »Gerechtigkeit Gottes« als gemeinsame Basis definiert wird.
Damit ist ja keinesfalls eine starre Eigenschaft gemeint, sondern ein Verhalten, ein Wesensmerkmal Gottes. Es geht nicht darum, was Gerechtigkeit Gottes ist, sondern was sie macht. Vor allem mit denen, die sich an ihr orientieren und ihrerseits dem gerecht werden wollen, was Gott in Ihnen getan hat und tut.
Gottes Taten für Israel sind es zunächst, die mit Gerechtigkeit bezeichnet werden. Die Signatur des Handelns Gottes an seinem Volk hat genau diesen Namen (vgl. Jesaja 51,5/Richter 5,11/Micha 6,5/Psalm 22,33 u.a.). Gerecht ist, was Gottes Bund entspricht und dem Volk Gottes das zuteil werden läßt, was diesem heilsamen Gottesverhältnis entspricht. Dazu gehört sowohl Treue und Güte, als auch Strafe und Rache (an den Feinden). Wesentlich aber ist, daß diese Zuwendung Gottes, dieses Heil unbedingt Folgen haben muß, Konsequenzen, die sich gewaschen haben – womöglich wie bei Johannes im Wasser der Bußtaufe.
Gottes Gerechtigkeit ist jedenfalls niemals ein einseitiger Zuspruch vom Himmel, sondern immer auch der Anspruch auf Entsprechung auf der Erde. Folglich ist die Gerechtigkeit Gottes eine Macht der Liebe, die Gottes Handeln am Menschen so in Szene setzt, so daß das Handeln des Menschen davon sichtbar geprägt wird. Auf diesem theologisch-exegetischen Befund beruht die zentrale Aussagekraft der Symbolhandlung Jesu. Er unterwirft sich dem Gebot der Buße und der Umkehr und definiert seine Daseinsform nicht in überlegener Erhabenheit, sondern läßt an sich selbst

die gnädige Zugewandtheit Gottes geschehen, um sie danach seinerseits auf derselben untersten Stufe glaubwürdig weitergeben zu können.
Wohltuend dabei ist, wie das von Johannes im Vorfeld angekündigte Gerichtsszenarium korrigiert wird. »Johannes hatte zum Volk von der gewaltigen Macht des Christus geredet, dem die Axt und die Wurfschaufel übergeben sei. Als sich aber der Himmel öffnete und der Geist sich ein sichtbares Zeichen gab, brauchte er dazu den stillen, wehrlosen, freundlichen Vogel, den Friedensboten von den Tagen Noahs her (1. Mose 8,10 f.).« So Adolf Schlatter in seinem immer noch lesenswerten Matthäuskommentar (Seite 36).
Zwei Aspekte noch am Ende sind bemerkenswert für die Predigtarbeit: Die Adoption und die Ausrüstung. Jesus in seiner Kindschaft, ausgestattet und erfüllt mit der Gabe der Begeisterung Gottes. Dabei ist die Vision des offenen Himmels ebenfalls vielsagend mehrdeutig. Heut schleust er wieder auf die Tür zum schönen Paradeis - das ist einerseits der Aspekt der entgegenkommenden Liebesmühe Gottes in Jesus - und andererseits die Taufe als Tag des offenen Himmels pro me. Wie Jesus darf ich als getauftes Kind desselben Vaters meine Identität finden.
Das dürfte für den Gottesdienst eine reizvolle Perspektive sein. Und für die Zeit danach erst recht!

Vorschläge zur Liturgie

Als biblisches *Eingangswort* der Wochenspruch: Römer 8,14
»Welche der Geist treibt, die sind Gottes Kinder.«

Eingangspsalm 100 (EG Nr.: 756)
mit der Gemeinde im Wechsel gesprochen.

Eingangsgebet
Guter Gott,
Viele Unruhegeister treiben uns,
umtriebig und gehetzt sind wir oft.
Das hört auch am Sonntagmorgen nicht einfach auf.
Darum komm jetzt mit Deinem guten Geist zu uns,
komm herein in unsere Herzen und Gedanken,
nimm Dir Zeit für unsere aufgescheuchten Seelen
und warte auf uns, bis wir ganz da sind.
Und dann sprich uns an und nimm uns ins Gebet.
Erinnere uns an Dich
damit wir zu uns selber kommen
und zueinander.
Mach es gut mit uns

in diesem Gottesdienst
und berühre uns mit Deiner Liebe -
durch Jesus Christus
unseren Bruder und Freund,
der mit Dir und dem Heiligen Geist
lebt und bleibt,
heute und immer und ewig. Amen

Als *Schriftlesung/Epistel* empfiehlt es sich, noch einmal mit dem Wochenspruch einzusetzen und ihn in seinem Kontext zu zitieren: Römer 8,14–17

Alternatives Credo:
Gott
lebendige, formende Kraft,
Du rufst uns ins Leben
jeden Tag
neu
von Anbeginn an -
an Dich glauben wir.

Jesus,
im Abseits geborenes Kind,
Du kennst unser Leben.
Sohn einer Verachteten,
Bruder aller Schwachen
bis zum Letzten -
auf Dich schauen wir.

Geist,
pulsierender, verwegener Herzschlag,
Du drängst uns zum Leben.
Ohnmächtige stehen auf,
der Tod erstirbt
alle Tage neu -
auf Dich warten wir.
...
Amen
(Vera Sabine Winkler, aus: Heidi Rosenstock/Hanne Köhler, Du Gott, Freundin der Menschen, Kreuz Verlag, Stuttgart 1991, S. 94)

Schlußgebet
Du gabst mir Deinen Namen, Gott.
Darum weiß ich, wer ich bin:
nicht ein Namenloser,
ins Leben hineingeworfen und vergessen,
ein Mensch ohne Gesicht,

den niemand kennen will:
Ich trage Deinen Namen,
darum bin ich Dein Kind.

Du gabst mir Deinen Namen, Gott.
Darum weiß ich, wem ich gehöre:
nicht dem Zufall bin ich preisgegeben,
noch einem blinden Schicksal,
noch bin ich ausgeliefert
an die Willkür der Menschen:
Ich trage Deinen Namen,
darum gehöre ich dir.

Du gabst mir Deinen Namen, Gott.
Darum bin ich nicht allein:
Du gabst mir Heimat
bei Menschen, die gleich mir
Deinen Namen tragen und
mit mir zusammen
Deinen Namen ehren wollen.
Ich trage Deinen Namen,
darum gehöre ich auch
zu Deiner großen Familie.

Du gabst mir Deinen Namen, Gott.
Darum kann ich zu Dir rufen:
ich muß nicht stumm bleiben,
wenn mir Angst und Sorge
die Kehle zuschnüren wollen oder
wenn ich meine Freude
teilen will:
Ich trage Deinen Namen,
darum darf ich Dich
in allen Nöten anrufen,
beten, loben und danken.

Du gabst mir Deinen Namen, Gott.
Darum weiß ich, wem ich lebe:
nicht dem Glück, dem Erfolg,
nicht der Sinnlosigkeit ausgeliefert,
oder der Vergeblichkeit überlassen,
auch nicht den Erwartungen
der Menschen,
die ich nicht erfüllen kann:
Ich trage Deinen Namen,
darum will ich Dir leben.

Du gabst mir Deinen Namen, Gott.
Darum weiß ich, daß Du willst,
daß ich ihn trage
als Schmuck, als ein Pfand
Deiner Liebe.
(Karl Daiber)

Segenswort

Der Herr, der Weltenschöpfer,
hat Dir seinen Himmel weit aufgetan,
er lasse auf Dich fallen seines Glanzes Strahl.

Der Herr, der Weltenversöhner,
hat Dir den Geist Jesu offenbart,
er lasse seinen Frieden in Dein Leben eindringen.

Der Herr, der Weltengeist,
hat Dich sein Kind und Erbe genannt,
er lasse in unserem Leben sein Reich wachsen.

(Bernhard von Issendorff, in: Taufe, Gottesdienst Praxis Serie B, 1993, Seite 146)

Liedvorschläge
Ausgang und Eingang ... (Kanon) EG 175
Ins Wasser fällt ein Stein ... EG 648
Der Himmel geht über allen auf ... Kanon von Peter Jansens
Ich bin getauft ... EG 200
Christ unser Herr zum Jordan kam ... EG 202

Vorschlag zur Predigt

Möglicher Anfang
Der Anfang ist wichtig. Bei allem, was neu beginnt. »Habt ihrs gut angefangen?« - fragen wir hie und das zu Beginn des neuen Jahres. Ein guter Anfang ist wichtig. Jedes Buch, jeder Film, jedes Essen - jedes Gespräch, jeder Flirt, jedes Spiel, - jede neue Aufgabe, jedes Vorhaben, jedes neue Amt - alles sollte gut anfangen, spannend, vielversprechend, verheißungsvoll sein.
Entweder es macht Lust auf mehr - oder es setzt negative Vorzeichen, die so schnell nicht zu revidieren sind. Ob wir etwas damit anfangen können, das hängt sehr vom Anfang ab.
Politikern gibt man 100 Tage Schonfrist - und die Öffentlichkeit achtet genau auf erste Amtshandlungen und Taten. Gewiß, nicht alles, was vielversprechend anfängt, muß auch gut enden. Aber immerhin: Jeder Anfang setzt ein Zeichen. Nicht ohne Grund sagt der Volksmund weise, daß aller

Anfang schwer sei - wohlwissend, daß einfach jeder Neubeginn unsicher macht und alles erst einmal eingübt werden muß.
»Das fängt ja gut an ...« - sagen wir, wenns von Beginn an Probleme gibt, die ahnen lassen, was alles womöglich noch auf uns zukommt - in der Schule, bei der Arbeit, im Familienleben.
(Hier können ganz aktuelle Bezüge hergestellt werden zu dem, was in der Gemeinde, im Tagesgeschehen etc. gerade in den Geburtswehen liegt.)
Drei Dinge kennen wir, die allemal gut beginnen:
Die Schöpfung, die Woche und das Leben.
Die Schöpfung, war sehr gut - als sie begann.
Mit dem Sonntag, dem Tag der Auferstehung fängt für uns Christen die Woche an.
Und das Leben eines Christenmenschen, es beginnt mit der Taufe!
Und mit diesem guten Anfang, unserer Taufe nämlich, wird eine eindeutig positive Markierung gesetzt, die hoffen läßt für unseren ganzen Lebensweg.
Und begonnen hat das Ganze mit dem ersten öffentlichen Auftritt Jesu, von dem unser Predigttext erzählt. (Hier kann nun je nach Appetit auf theologisches Hintergrundwissen bzw. Information näher auf den historischen Kontext und konkrete Gemeindesituation des Matthäus eingegangen werden.)

Zum weiteren Verlauf
Auf den Anfang kommt es an. Jesus ist zu Beginn seiner umstrittenen Karriere nicht zuerst auf einen Berg gestiegen, um eine mitreißende Regierungserklärung abzugeben. Er startet auch nicht mit der skandalösen Tempelaustreibung oder macht medienwirksam Schlagzeilen, indem er populistisch die Repräsentanten der Frömmigkeit scharf attakiert. Die Visitenkarte, die er abgibt, ist nicht auf selbstdarstellerische Effekthascherei aus. Jesus fängt ganz klein an, indem er eine große Entscheidung trifft: er läßt sich taufen. Er geht zu Johannes, dem wortgewaltigen Bußprediger, der seine Zeitgenossen ultimativ zur Besinnung und Bekehrung ruft und sie mit der Bußtaufe reinwaschen will. Zu dem geht er hin! Ausgerechnet diesem Ritual unterzieht sich der Mann aus Nazareth. Anders als viele stellt er die Uhren mit Beginn seiner Tätigkeit nicht demonstrativ auf Null und tut so, als fange die Welt mit seinem Kommen sich erst an zu drehen. Jesus ordnet sich unter und ein in die Tradition seines jüdischen Volkes und stellt sich auf die Stufe derer, die es nötig haben, umzukehren und sich Gottes vergebende Gnade schenken zu lassen.
Bevor er richtig auftaucht, taucht er erstmals unter und solidarisiert sich mit denen, die unten sind, mit allen Wassern gewaschen, ohne weiße Weste. Ein Auftakt nach Maß! Jesus setzt damit Maßstäbe, an denen wir uns messen können.

(An dieser Stelle wäre Raum zur näheren Darstellung dieser »konsequenten« Christologie)
Auf den Anfang kommt es an.
So wie Jesus seinen Weg antritt, kann man gespannt sein, was kommt. Zunächst kommt Johannes - und zwar nicht mehr ganz mit. Dem Täufer fällt das Taufen schwer. Bei aller Routine kommt er ins Straucheln. Aber Jesus läßt keine Kompetenzprobleme aufkommen. Er sagt deutlich, daß dieser Anfang jetzt um Himmels Willen so sein muß. Es gibt einfach Dinge, die kann man sich nicht selber tun, die müssen einem geschenkt werden. Das ist auf wohltuende Weise auch für Jesus so. Um der Liebe Gottes gerecht zu werden, muß man sie sich zusprechen lassen - um sie dann in getroster Gelassenheit weiterzugeben. Jesus macht uns das vor. Er ist der Anfänger aus freien Stücken. Und er zeigt uns damit, wie uns allen das Entscheidende am Anfang widerfahren muß, damit am Ende alles gut wird: Wir bekommen klare Verhältnisse, erfahren, wem wir gehören und wem wir gehorchen sollen. Und damit wir das schaffen gibt es als Grundausstattung und Anschubskraft eine gehörige Portion Begeisterung, frischen Wind, Taufwasser auf die Tretmühlen unseres Lebens. Jesus jedenfalls hört da auf einmal Unerhörtes - Gottes Liebeserklärung und eine einmalige re-ligio, eine Rückbindung zum Vater. Der Himmel ist nicht länger himmelweit. Jesu Taufe wird zum Tag der offenen Himmelstür - und die enge Pforte wird zum Taubenschlag. Friedensstiftende, lebensbejahende Begeisterung kommt nicht von ungefähr, sondern direkt aus der Kommandozentrale.
Seitdem ist jede Taufe ein Stück Anteilgabe an diesem Stück Himmel auf Erden. Wir partizipieren als Getaufte Leute allesamt an der großen Adoption Gottes. Keine Waisenkinder ohne Heimat und Halt, keine ungewollten Findelkinder ohne Akzeptanz und Daseinsberechtigung sollen wir sein, sondern Geschwister Jesu und Kinder Gottes. Das könnte unserem Verhältnis zur eigenen Taufe guttun. Weil Jesus sich so hat taufen lassen, ist die Taufe zu einem besonderen urheberrechtlich geschützten Qualitätsmerkmal geworden, zum Wasserzeichen, das dem Schein die Echtheit gibt, zur Erkennungsmelodie der Liebe Gottes, von der wir jetzt ein Lied singen können. Die Signatur der guten Absichten Gottes mit uns allen, wenn er uns tröstet, wie einen seine Mutter tröstet.

Möglicher Schluß
Auf einen guten neuen Anfang kommt es an:
- für diese Schöpfung
- für diese Woche
- für unser Leben.

Den wichtigsten Anfang hat Gott gemacht. Und zwar gut.
Jetzt kommt es darauf an, was wir damit anfangen -
und wie aus Anfängern - jetzt - Fortgeschrittene werden - Amen.

Alternativen
Denkbar wäre, diesen Predigttext zum Anlaß für einen Taufgedächtnisgottesdienst zu nehmen. Viel zu selten erinnern und vergewissern wir uns und unsere Gemeinden der Wertigkeit unserer geschehenen Taufe. Für einen solchen Thema-Gottesdienst könnte folgende Einleitung/Begrüßung/Anmoderation hilfreich sein: »Vor einigen Jahres gab es einen Schlager. Der war in Deutschland ziemlich weltberühmt und heiß: ›Immer wieder Sonntags kommt die Erinnerung...‹ Tatsächlich stimmt das für unsere Gottesdienste in besonderer Weise, denn: an jedem Sonntagmorgen kommen wir hier zusammen, um uns erinnern zu lassen, wer wir sind und woher wir kommen und wohin wir gehen ... Und weil wir alle so furchtbar vergeßlich sind, müssen wir uns immer wieder treffen und uns gegenseitig ins Gedächtnis rufen, daß Gott uns liebhat und daß wir zu ihm und zueinander gehören. Alles, was uns wichtig und wertvoll ist, müssen wir ständig neu wieder-holen: wenn Leute sich liebhaben, dann müssen sie sich das jeden Tag und jede Nacht neu sagen und wiederholen. Gegenseitiges Vertrauen, daß ich mich auf dich verlassen kann, daß heute noch gilt, was gestern noch galt - das kann ich nicht einfach voraussetzen, das muß ich immer wieder neu erfragen und hören und haben.
Die Bedeutung unserer Taufe wieder ins Bewußtsein holen. Dazu sind wir eingeladen heute, hier und jetzt. In Gottes Namen wird es gelingen, so sicher, wie das Amen in der Kirche.«
Am Ende eines solchen Wiederhol-Gottesdienstes könnte das Verleihen und Aushändigen von Wertpapieren an die Gottesdienstteilnehmer/Innen stehen.
Die besondere Auszeichnung durch die Taufe könnte so dokumentiert werden. »Urheberrechtlich geschützt von Gott« als besonderes Qualitätssiegel und mit etwa folgendem Text als Urkunde bedruckt:
»Die Taufe ist ein guter Anfang! Das Beste, was mir passieren kann!
Die lange Reihe der getauften Christen beginnt mit Christus und geht bis zu mir und immer noch weiter. Prädikat Wertvoll! Die Taufe ist wie ein Gütesiegel für mein Leben. Schon bevor ich mich dafür besonders geeignet oder auch ungeeignet zeigen konnte, ist mir diese Auszeichnung sozusagen als Vorschuß, wie ein schön verpacktes Geschenk übergeben worden. Gottes Bewahrung kommt vor meiner Bewährung! Aus der Frage: »Wer bin ich?« darf die selbstbewußte Erkenntnis werden: »Ich bin wer!«
Gottes Kind, unverkäufliches Muster, einmalig, unverwechselbar, geliebt, gesegnet, gestern, heute und immer und ewig!
Auch mit kleinen Taufkerzen könnten die Gottesdienstteilnehmer/innen beschenkt werden. Sie in Bastel/Kinder/Jugendgruppen selbst mit Wachsplatten zu verzieren und zu gestalten, oder im Rahmen der Konfirmandenarbeit zu thematisieren, und in diesen Gottesdienst einzubringen, wäre interessant.

Kontexte

»Wenn auf einem Stück Land eine Fahne gehißt wird, so wird damit dokumentiert, unter wessen Macht dieses Land steht. Die Fahne ist nicht zuerst ein Stück Stoff an einer langen Stange, sondern sie ist Ausweis, Wahrzeichen, sie zeigt die Wahrheit an: dieses Land gehört einem bestimmten Menschen oder einem Volk. Wer die Fahne verbrennt, verbrennt nicht ein Stück Stoff, sondern leugnet das Besitzrecht, bestreitet die Macht, die die Fahne signalisiert. Das Wasser der Taufe ist das Wahr-Zeichen, der Ausweis, zu wem wir gehören, unter wessen Schutz wir stehen. Wer die Taufe geringachtet, verachtet damit nicht einen Ritus, sondern den, der durch die Taufe seine Verbindung zu einem Menschen be(ur)kundet hat.«
(Heinz Gerlach, Salz zum Würzen, Verlag Lydia Gerlach, Arolsen, Seite 49)

»Taufen und Tauchen bedeutet dasselbe. Es ist sprachlich das gleiche Wort. Mit der Feder, in Tinte getaucht, können wir schreiben. Ein Stoff, in Farbe getaucht, behält sie an sich, rot oder blau, wie es sein soll. Ein Kind, getaucht in sein Lebensrecht, hat es für immer, das Recht auf Dasein, Eltern und Glück. Jesu Name steht dafür gut. Dafür trat er ein und auch dafür ward er getötet. Darum taufen wir auf seinen Namen und nehmen die Taufe als Zeichen, als ein Signal, das uns befiehlt, auch noch nach Jahren daran zu denken und das zu beachten, was wir heute gedacht und uns vorgenommen. Segen sei über uns, Friede und Freude.«
(Erich Häring, in: Pierre Stutz, Taufgottesdienste, rex verlag, Luzern 1994, S. 32)

»Du wirst heute zum Christen getauft. Alle die alten großen Worte der christlichen Verkündigung werden über Dir ausgesprochen, und der Taufbefehl Jesu Christi wird an Dir vollzogen, ohne daß Du etwas davon begreifst. Aber auch wir selber sind wieder ganz auf die Anfänge des Verstehens zurückgeworfen. Was Versöhnung und Erlösung, was Wiedergeburt und Heiliger Geist, was Feindesliebe, Kreuz und Auferstehung, was Leben in Christus und Nachfolge Christi heißt, das alles ist so schwer und so fern, daß wir es kaum mehr wagen, davon zu sprechen. In den überlieferten Worten und Handlungen ahnen wir etwas ganz Neues und Umwälzendes, ohne es noch fassen und aussprechen zu können. Das ist unsere Schuld. Unsere Kirche, die in diesen Jahren nur um ihre Selbsterhaltung gekämpft hat, als wäre sie ein Selbstzweck, ist unfähig, Träger des versöhnenden und erlösenden Wortes für die Menschen und die Welt. Darum müssen die früheren Worte kraftlos werden und verstummen, und unser Christsein wird heute in zweierlei bestehen: im Beten und im Tun des Gerechten unter den Menschen. Alles Denken, Reden und Organisieren in den Dingen des Christentums muß neugeboren werden aus diesem Beten und aus diesem Tun.«
(Dietrich Bonhoeffer, Widerstand und Ergebung, Gedanken zur Taufe seines Patenkindes im Mai 1944, © Gütersloher Verlagshaus/Chr. Kaiser, Gütersloh, Seite 327)

»Heute ging der Himmel über euch auf, N. N. Nur ein einziger Augenblick. Doch war da nichts wichtiger, ein ganzer Augenblick lang, als ihr. So nehmt denn vom Wasser und traut euch! Auch die Bäume nehmen davon, und sie werden Blätter haben und blühen, und ihr werdet sehen, wie sehr sie euch schmücken und wie sehr ihnen daran liegt, ihr Leben mit euch zu teilen. Und kommt ihr zum Fluß, so wartet der Fährmann dort, ihr braucht nur zu läuten, er wird euch hören und den Weg weisen: Sein Boot hat kräftige Ruder und trägt gut. Und drüber? Das Ufer: Es wird

bewohnt sein. Also: Fürchtet euch nicht! Menschen haben sich verbunden mit euch, ihr Dasein, ihre Liebe euch versprochen – ihr könnt euch darauf verlassen! Und in allen wird Einer mit Euch sein – im Zeichen des Wassers und des Lichts habt ihr sein Wort: »Eure Namen? Im Himmel sind sie geschrieben ... seid Kinder der Hoffnung ... gehört dem Leben ... wohin ihr geht, ich werde mitgehen!«
(Arno Schmitt, in: Taufe, Gottesdienst-Praxis Serie B 1993, Hrsg. E. Domay, Seite 148)

Letzter Sonntag nach Epiphanias

Annäherungen an den Predigttext Matthäus 17,1-9

Klaus Eulenberger

»Was ist Verklärung? Eine Art von Erklärung?«, fragt Melanie, noch bevor dier Text gelesen ist. Vielleicht findet ihr es ja selbst heraus, antworte ich, wenn wir über die Geschichte sprechen. Und das tun wir dann in einer Gruppe von acht Konfirmandinnen und drei Konfirmanden. Das sei so »mitten herausgegriffen«, meint eine, man wisse ja gar nicht, ob diese Szene auf dem Berg *vor* oder *nach* dem Tod Jesu stattfinde. (Die Weisheit dieser Anmerkung registriere ich nur für mich, weil ich nicht will, daß es kompliziert wird.) Mose und Elia, konstatiert Jessica, verschwinden irgendwann aus der Geschichte, sie werden nicht mehr erwähnt. »Sie lassen Gott den Vortritt«, witzelt Tobias. Gott?, frage ich. Ja, der rede doch aus der Wolke, oder etwa nicht? Sophia bringt ein schlagendes Argument: »Wer sonst muß sich hinter 'ner Wolke verstecken, damit man sich kein Bild von ihm macht?« Dann rätseln sie herum, was Mose und Elia hier überhaupt zu suchen haben. Wißt ihr etwas über die beiden?, frage ich. Über Mose eine ganze Menge: daß er von Gott die Tafeln mit den zehn Geboten bekommen habe, die Geschichte mit dem goldenen Kalb, der Zug durchs Meer, nachdem er die Wasser mit dem Stab geteilt hat. Und daß er »das Land entdeckt hat, wo es Milch und Honig gibt« (die anderen kichern über diese Information, die Janna aus ihrem Kindergottesdienst-Gedächtnis hervorkramt). Über Elia: nichts. Aber wenn er mit Mose zusammen in einer so augenscheinlich bedeutenden Szene erscheint, dann muß er wohl zu den großen Gestalten Israels gehören. (Ich widerspreche meinem Bedürfnis, nähere Hinweise zu geben, weil ich denke: Mehr muß man vielleicht über Elia gar nicht wissen, um die Geschichte zu verstehen.) – Auf einmal sagt Jessica nachdenklich (inzwischen ist der »biografische Ort« des Auftritts der drei Großen ermittelt): »Zwei Tote erscheinen einem, der auch bald tot sein wird.« Melanie fügt ihre Vermutung hinzu, daß diese beiden, indem sie auf dem Berg erscheinen, Jesus »eine besondere Bedeutung geben«.
Ob sie sich die Szene vorstellen könnten, frage ich, ob sie Bilder der Verklärung in sich sähen. Durchaus, ja. »Alles ist ganz hell«, sagt Julia, und Max präzisiert: »Oben auf dem Berg ist es am hellsten, und je weiter man nach unten sieht, desto dunkler wird es.« Wenn die Gruppe der Jünger mit Jesus

also vom Berg hinabsteigt, füge ich vorsichtig hinzu, dann werden sie ins Dunkle gehen. Und wie es endet, wißt ihr ja. – Aber noch einmal nach oben: Was hat Petrus eigentlich im Sinn, wenn er vom Hüttenbauen spricht? Die Antwort kommt schnell: Er will, daß die drei dableiben, Mose, Elia und Jesus. Janna hat noch eine andere Vermutung: Er will, daß das hier oben nicht zuende geht. Und daß sie auf dem hohen Berg bleiben können, solange sie wollen. Dort ist man »nah an Gott und entfernt von den Menschen, fern von der Gewalt«, die zwischen den Menschen herrscht (das Gespräch findet statt in der Zeit des Krieges, den russische Truppen gegen Tschetschenien führen. Bilder aus der zerstörten Stadt Grosny sind allgegenwärtig). Und überhaupt sieht man von einem hohen Berg aus nur weit übers Land, aber man sieht keine Einzelheiten, es bleibt einem alles verborgen, was an Scheußlichkeiten passiert. Ihr scheint das zu kennen, sage ich: wie gut es ist, manchmal Abstand zu den Dingen zu haben. Ja, nicken sie, und wenn es schön ist, soll es schön bleiben. Aber, so wendet Simone ein, wenn es *immer* so wäre, dann würde es doch langweilig. Vielleicht ist es besser, daß man wieder hinunter muß.
Und was ist nun Verklärung?, frage ich. Habt ihr es herausgefunden? Aber das interessiert sie jetzt nicht mehr, die Stunde ist zuende, und sie bestehen darauf, daß pünktlich Schluß gemacht wird, so entgegenkommend sie sonst auch sind. Na ja, sagt Fabian noch und schiebt seinen Stuhl unter den Tisch, irgendwie ist deutlicher als vorher, wer Jesus ist, es ist klarer. Und, mit einem letzten Blick in die Bibel, eher er sie zuklappt: »Dies ist mein lieber Sohn, an dem ich Wohlgefallen habe, sagt Gott. Tschüß!«

Zum Gottesdienst

Jutta Konowalczyk-Schlüter

Exegetisch-homiletische Skizze

Kirchenjahreszeitlicher Bezug
Am letzten Sonntag nach Epiphanias gedenkt man traditionell der Verklärung Jesu Christi. Matthäus 17,1–9 lädt ein, über Licht und Lichtsymbolik zu meditieren: Nach dem ersten Adventslicht und der weihnachtlichen Lichterfülle leuchtet am letzten Sonntag nach Epiphanias noch einmal besonders hell und strahlend das Bild des vollmächtigen Christus in der Verklärungsgeschichte auf, bevor die düstere Passionszeit beginnt. Erst in der Osternacht wird das Leitmotiv wieder aufleuchten. Das Bild des verklärten Christus steht in großem Kontrast zu dem Bild des verletzlichen Jesuskindes in der Krippe von Bethlehem. Zwischen diesen beiden konträ-

ren Gottesbildern (der allmächtige Weltherrscher - der leidende Gottesknecht) spielt sich unser menschliches Glaubensleben ab.
Die Verklärung ist die klarste Offenbarung der Göttlichkeit Jesu Christi, die Antizipation der Parusie. Die christliche Gemeinde darf darauf vertrauen, daß Jesus Christus in Herrlichkeit am Ende aller Zeiten wiederkommt, weil Gott den Aposteln auf dem Berg die Gottessohnschaft offenbart hat.

Exegetische Erwägungen
Gegenüber Markus 9,2-10 ist in Matthäus 17,1-9 die Erscheinung bedeutend leuchtender und strahlender. Vergleicht man mit Lukas 9,28-36, so wird die Abgrenzung der Perikope deutlich: Erst Matthäus 17,9 schließt die Erzählung ab. Matthäus 17,1: Jesus führt die vertrauten Jünger Jakobus, Petrus und Johannes, die auch in Gethsemane bei ihm sind (vgl. Markus 14,33), nach einer Vorbereitungszeit von sechs Tagen, die man laut Exodus 24,16 für eine Begegnung mit Gott braucht, auf einen Berg, den traditionellen Ort der Gotteserscheinung (vgl. THWNT V, 475 ff.). Auf dem Berg berühren sich Himmel und Erde.
Matthäus 172: Die Jünger sollen den Meister in göttlichem Glanz sehen, bevor er ihnen seinen Leidensweg ankündigt (vgl. Matthäus 17,12). Nicht Jesus verwandelt sich, sondern seine Erscheinung. Er wandelt seine Gestalt.
Matthäus 17,3: Die Altvorderen Moses, als Repräsentant des alttestamentlichen Gesetzes, und Elias, als Repräsentant der Prophetie, sollten am Ende aller Zeiten zurückkehren. Jesus spricht mit ihnen und demonstriert ein harmonisches Verhältnis von altem und neuem Bund.
Matthäus 17,4: Petrus deutet das Gesehene als eschatologisches Ereignis und möchte die Schönheit und Herrlichkeit des göttlichen Glanzes festhalten. Ein zutiefst menschlicher Wunsch, die Gottunmittelbarkeit zu behalten.
Matthäus 17,5: Die leuchtende Wolke kennzeichnet die göttliche Gegenwart. Aus ihr ertönt wörtlich derselbe Satz wie bei der Taufe Jesu. (vgl. Matthäus 3,17)
In Zukunft soll die christliche Gemeinde auf den Träger des Gotteswortes hören, anstatt ihn zu sehen. Im Wort kann man Christus - und durch ihn den Vater - finden. Matthäus 17,6 f.: Apokalyptischer Stil, vor dem epiphanen Gott verbirgt der Mensch sein Gesicht, bis Gott selbst ihn wieder aus dem Staub aufrichtet
Matthäus 17,8: Die Vision ist zu Ende, Moses und Elias sind verschwunden, der Abstieg kann beginnen.
Matthäus 17,9: Die Verklärung Jesu hat die Jünger in die Zukunft blicken lassen, um ihnen die Gegenwart erträglicher zu machen, denn sie steigen herab vom Berg in die Welt des Leidens und des Todes. Erst nach der Auferstehung sollen sie den verklärten Christus verkündigen. Messianität und Kreuz, Gottessohnschaft und Passion gehören zusammen.

Systematisch-theologische Überlegungen

Matthäus 17,1-9 ist die eindrucksvollste Epiphaniegeschichte der synoptischen Tradition, die Auskunft darüber gibt, wer Jesus ist: Sohn Gottes, dessen Göttlichkeit tief im Menschlichen verhüllt war. Die Verklärungsgeschichte ist Offenbarungsgeschichte, Gott ist uns nahe im Sohn, Jesus ist der endzeitliche Messias. Dieses Geschehen übersteigt alle menschlichen Erfahrungen, ebenso wie das Paradoxon unseres Glaubes: Jesus Christus, wahrer Mensch und wahrer Gott, gekreuzigt und auferstanden, gestorben und doch lebendig. Die Heilsgeschichte ist angebrochen. Das Kommende ist mit Christus zwar verborgen, aber doch wirklich unter uns und in uns wirksam, denn seit Christus auferstanden ist, sind wir nicht mehr der Macht des Todes überlassen: Er gehört in die Welt und die, die in ihn hineingetauft sind, haben Anteil an seinem Leben.

Meine Gemeinde

Ein Großteil der GottesdienstbesucherInnen gehört der älteren Generation an. Die mittlere Generation fehlt. Es kommen aber viele KonfirmandInnen, die noch einige Gottesdienste »abarbeiten« müssen bis zu ihrem Konfirmationstermin. Manche von ihnen sind enttäuscht von der scheinbaren Ohnmacht Jesu und des Evangeliums in unserer Welt: Einige ihrer Altersgenossen »kriegen die Kohle auch dann von den Eltern, wenn sie sich nicht konfirmieren lassen«. Weshalb also noch zur Kirche gehen? Was sollen die KonfirmandInnen antworten, wenn von allen Seiten die Erfahrbarkeit ihres Glaubens gefordert wird? Wie sollen sie ihren Glauben leben, wenn die eigenen Eltern bereits aus der Kirche ausgetreten sind? Sie könnten die Verklärung Jesu als einen Blick in die Zukunft verstehen, der die Gegenwart bereichert und erträglich macht. Fabian faßt es in den »Annäherungen« zusammen: »... irgendwie ist deutlicher als vorher, wer Jesus ist, es ist *klarer:* ›Dies ist mein lieber Sohn, an dem ich Wohlgefallen habe!‹ sagt Gott ...«.

Mein Verhältnis zum Text

Mich hat der Aufstieg auf den Berg besonders angesprochen. Jesus führt die Jünger aus der Alltäglichkeit heraus, sie gewinnen Abstand vom Alltag, das klärt ihren Blick, so daß sie die Dinge besser überschauen können. Hinter ihnen liegen die immer gleichen Handgriffe, die Verpflichtungen »im Tal«. Nun werden sie aus ihrer kleinherzigen Arbeits- und Gedankenwelt herausgeführt, Ruhe und Freude können sich ausbreiten, ihre Körper kommen zur Ruhe und ihre Sinne werden frei für neue Wahrnehmungen. Was ist der »Berg« für mich? Vielleicht die geschenkten Stunden ohne Kinder, Familie, Verpflichtungen. Das Telefon schweigt. Niemand klingelt an der Haustür. Alle dringenden Arbeiten sind erledigt. Oder der Kursus »Autogenes Training«, zwei Stunden Entspannungsübungen jede Woche. Auch manche Gottesdienste sind »Bergerlebnisse«. Die Gefahr bleibt bestehen,

daß man sich »auf dem Berg« dauerhaft einrichtet, den Problemen entflieht, den Ansprüchen ausweicht und stattdessen versucht, das vermeintliche Glück um jeden Preis festzuhalten. Immer folgt auf ein »Bergerlebnis« der Abstieg in das Tal des Alltags - aber mit der Glaubensgewißheit, der inneren Ruhe und der Ausgeglichenheit, die man nur auf dem Berg gewinnen kann.
Ich möchte
- auf der Schwelle zwischen Weihnachts- und Passionszeit den Glanz des verklärten Gottessohnes aufstrahlen lassen,
- von »Bergerlebnissen« sprechen, weil sie zu einem lebendigen Glaubensleben hinzugehören,
- unsere widersprüchlichen Alltagserfahrungen und die tiefe Sehnsucht nach dem heilenden Eingreifen Gottes in unsere Realität nicht verschweigen.

Vorschläge zur Liturgie

Lieder:
Nun jauchzt dem Herrn, alle Welt! (EG 288)
O Christe, Morgenstern (EG 158)
Herr Christ, der einig Gotts Sohn (EG 67)
O Jesu Christe, wahres Licht (EG 72)
Du Morgenstern, du Licht vom Licht (EG 74)

Psalm 97 oder *Psalm* 100 (EG 740)
mit der Gemeinde im Wechsel gesprochen.
Die *Epistellesung* (2. Korinther 4,6-10) unterstreicht den Charakter des Erscheinungsfestes durch Aufnahme der Lichtsymbolik: »Licht soll aus der Finsternis hervorleuchten!«
Die *alttestamentliche Lesung* (Exodus 3,1-14) handelt - ebenso wie der Predigttext - von einer Theophanie.

Eingangsgebet
Herr Jesus Christus, wir möchten das Glück festhalten, wenn es uns begegnet. Möchten eine Hütte bauen wie Petrus und den »Raum des Glücks« nie wieder verlassen. Aber du hast uns kein leidfreies Leben versprochen. Sondern du hilfst uns durch das Leid hindurch. Dafür danken wir dir und bitten dich:
Laß uns offen sein für alles, was uns begegnet, für alles, was du uns schenkst und zumutest. Daß wir dich erfahren in den Menschen und Ereignissen. Amen.

Sündenbekenntnis
Warum, o Herr, warum gabst du uns Augen, wenn wir immer nur uns selbst sehen?

Warum, o Herr, warum gabst du uns Hände, wenn wir nur uns selbst darauf tragen?
Warum, o Herr, warum gabst du uns Füße, wenn wir immer nur uns selbst nachlaufen?
Warum, o Herr, warum gabst du uns Liebe, wenn wir immer nur uns selbst umfassen?
(aus: D. Rost/J. Machalke (Hg), Unterwegs (GTB 226), Gütersloher Verlagshaus, Gütersloh, 7. Aufl. 1987, S. 29)

Gnadenzusage
Der allmächtige Gott wird uns gnädig sein um Jesu Christi willen, der all unsere Schuld getragen hat. Der Herr, unser Gott, vergebe uns unsere Sünden und führe uns hin zum ewigen Leben.

Glaubensbekenntnis
Geheimnisvoller Gott! Du bist groß und ewig. Dir ist alles möglich.
Du bist nicht fern, du bist uns allen nah, Vater aller Menschen.
Jesus Christus, Gottes Sohn! Du warst bei Gott, kamst als Licht in unsere Welt und wurdest wie wir. Du lehrtest uns die Geheimnisse des Reiches Gottes verstehen und gabst dein Leben hin für jeden von uns.
Heiliger Geist! Du stärkst die junge Gemeinde und führst die Kirche durch die Geschichte wie ein Schiff, das uns zum rettenden Ufer bringt.
Du lehrst sie, Gottes Gedanken zu deuten. Du gründest sie wie auf Fels, einen Bau aus lebendigen Steinen, ein Haus, in dem wir Gemeinschaft finden, mit Gott und untereinander.
Ich glaube, daß du vollendest, was du begonnen hast!
(aus: W. Rupp, Gottesdienste für heute, 1979, 3. Aufl., S. 213, Tyrolia-Verlag, Innsbruck-Wien)

Fürbittengebet
im Wechsel von PastorIn und LektorIn gesprochen:
P.: Allmächtiger Gott, barmherziger Vater, du hast uns eine andere Herrlichkeit gezeigt als den Glanz der Mächtigen und das Recht des Stärkeren. Du bist das Licht in dieser dunklen Welt und willst in unserer Menschlichkeit deine göttliche Liebe aufleuchten lassen.
L.: Vor dich bringen wir unsere ganze Welt, alle Völker und Nationen, jung und alt, reich und arm. Wir denken vor dir an alle, die vor uns gewesen sind, von denen wir diese Welt erbten. An alle, die uns zu dem machten, was wir sind, die uns unseren Namen, unsere Sprache, unser Land gegeben haben.
P.: Wir bitten dich für unsere Kinder und Kindeskinder, für alle, die nach uns geboren werden, daß wir ihnen nicht Steine statt Brot geben, daß wir ihnen nicht Krieg hinterlassen, sondern Gerechtigkeit und Frieden.
L.: Wir danken dir für die, die wir lieben und die uns diese Welt liebenswert machen. Für den Menschen, der uns am nächsten steht, für alle, die uns

geschenkt und anvertraut sind. Wir nennen dir, Herr, die unserer Hilfe am meisten bedürfen: ... Wir beten für die, die verzweifelt, krank und hilflos sind. Und für die Sterbenden bitten wir dich: Gib du ihnen deinen Frieden!
P.: Bleibe du ein Licht auf unserem Weg, öffne uns, wenn wir dir gegenüber verschlossen sind, so daß wir unsere Gaben für andere einsetzen. Und laß uns der Vollendung deines Werkes gewiß sein, um Jesu Christi willen. Amen
(K.-H. Bieritz/M. Ulrich (Hg.), Gottesdienstgestaltung. Ein ökumenisches Werkbuch, Vandenhoeck & Ruprecht, Göttingen, 2. Aufl. 1987)

Vorschlag zur Predigt

Möglicher Predigtanfang
Liebe KonfirmandInnen, liebe Gemeinde,
großartige Bilder malt uns die Verklärungsgeschichte aus. Sternstunde des Glaubens für die drei Jünger, die diese Bilder im Original bewundern dürfen: Jesus wird in strahlendes Licht getaucht. Moses und Elias, zwei längst verstorbene Größen aus alttestamentlicher Zeit, erscheinen, plaudern freundlich mit dem Meister und geben der Szenerie eine besondere Bedeutsamkeit. Kein Hollywoodregisseur hätte das Ganze besser in Szene setzen können! Petrus kann sein Glück kaum fassen: Er möchte dieser strahlenden Schönheit Dauer verleihen. Hütten bauen. Für immer auf dem »Berg der Glückseligkeit« bleiben und die Realität hinter sich lassen. Jesus steht überirdisch leuchtend vor ihm. Voller Kraft, Energie, Stärke und Schönheit - wie Christopher Lambert nach einem großen Kampf als Highlander. Immer wieder finden wir in modernen Filmfiguren Wesenszüge wieder, die auch Jesus Christus kennzeichnen. Bleiben wir einmal beim Highlander: Beide sind für das Gute und gegen das Böse. Viele Leute lehnen sie aber ab oder begegnen ihnen mißtrauisch. Sie gehen ungewöhnliche Wege, um die Menschheit zu retten und warten auf den letzten großen Kampf gegen die dunklen Mächte. Aber während der Highlander schlicht unsterblich ist - was einem alten Menschheitstraum entspricht - muß Jesus Christus durch die Tiefen des Todes hindurch bis zu seiner Auferstehung. Und heißt es im Film immer: »Es kann nur einen geben!«, so hören Petrus, Jakobus und Johannes in unserer Geschichte dieselbe Stimme aus der Wolke sprechen, die schon aus dem offenen Himmel gesprochen hat, als Jesus getauft wurde: »Dies ist mein lieber Sohn, an welchem ich Wohlgefallen habe!« Wer wollte nicht diesen beeindruckenden Moment für sich festhalten? Petrus, Jakobus und Johannes sehen Jesus so, wie sie ihn geglaubt haben: Als Gottes Sohn, den strahlenden Sieger, der die göttliche Vollmacht hat.

Zum weiteren Verlauf
Ich würde nun das Leben der Jünger mit ihrem Meister ausmalen, das Auf und Ab ihres Glaubens, die Schwierigkeiten mit dem Volk, das Wunder

sehen will um zu glauben. Schließlich ist die Verklärung auf dem Berg eine Bestätigung ihres Glaubens. Kein Wunder, daß Petrus die Zeit anhalten will. Ich wünsche mir auch, daß die glücklichen Stunden meines Lebens nie vorbeigingen. Hier würde ich sehr persönlich von dem Tag unserer Hochzeit vor sechs Jahren erzählen. Oder von meiner Dankbarkeit und Freude direkt nach der Geburt unserer zwei Kinder. Oder von dem Gefühl, nach bestandenem Abitur von einer großen Last befreit zu sein. Augenblicke ungetrübten Glücks sind nicht von Dauer. Aber sie sind dringend notwendig, denn sie tragen uns durch lange Durststrecken hindurch.
Die Jünger brauchen die »Bergerfahrung«, um das bevorstehende Leiden, Sterben und den Tod ihres Meisters auszuhalten. Ein Leben zwischen Höhen und Tiefen ist auch unsere Wirklichkeit.

Möglicher Schluß
Die Jünger müssen wieder vom Berg herunter. Der Alltag wartet auf sie; eine Welt, in der gesündigt, gelitten und gestorben wird. Aber sie brauchen den Abstieg nicht allein zu wagen. Ihr Meister führt sie sicher wieder herab. Sie – und wir als christliche Gemeinde mit ihnen – sollen lernen, im Gleichgewicht zwischen besonderen Erfahrungen und Alltäglichem zu leben, lichte Momente und dunkle Augenblicke zu akzeptieren. Im Alltag ist es sehr hilfreich, die schönen Bilder des überirdisch leuchtenden Jesus dabeizuhaben. Zwar haben wir die Verklärung nicht selbst gesehen. Aber man hat sie uns mit Worten wunderbar ausgemalt. Ob es uns gelingt, diese Bilder in uns zu tragen? Als Erinnerung, die durch schwere Zeiten hindurchträgt? Denn Gottes Liebe zu uns vollzieht sich im Leiden und Tod seines Sohnes, den er aber nicht dem Tod überlassen hat. Hier ist das zusammengefügt, was kein Mensch zusammenbringen kann: Freude und Leid, Glaube und Unglaube, Leben und Tod, Gott und Mensch. Jeder von uns lebt im Spannungsfeld dieser Gegensätze. Aber im Lichte Jesu Christi erkennen wir nicht nur die Verlorenheit unserer Welt. Sondern auch alle Chancen, die Gott uns gegeben hat. Amen

Kontexte

Gott ist im Himmel, in uns und überall. Wir müssen uns abgewöhnen, das Außen und das Innen zu trennen. Beides ist ER. (Luise Rinser)

Einmal stand der Weidenbusch
Der gewöhnliche bei den Hühnerhäusern
Auch für mich in Flammen
Auch in meinen Gewässern schwamm
Der weiße Wal
Ich hörte das Gras wachsen

Es wuchs es sang
Einmal nein oft
Was dazwischenlag
Die öden Tage
Durchklingen noch
Von der mächtigen Stimme
Des anderen
(Marie Luise Kaschnitz, aus: Gesammelte Werke. Band 5: Die Gedichte, © Insel Verlag Frankfurt am Main 1985)

Wie Vögel sich majestätisch erheben
ihre Flügel ausbreiten und fortfliegen
Kreise ziehen und gleiten,
möchten sich die Menschen erheben
Abstand gewinnen, eigene Wege finden und in Ruhe erforschen.
Wie Vögel immer wieder landen,
ihre Flügel einziehen, am Boden kauern, Nahrung suchen
ihren Feinden und Gefahren ausgeliefert
lehren Menschen immer wieder zurück
bereit, sich dem Leben und seinen Anforderungen zu stellen
(Margot Bickel, in: Margot Bickel/Hermann Steigert, Pflücke den Tag, Verlag Herder, Freiburg 33. Aufl. 1995)

Septuagesimae

Annäherungen an den Predigttext Matthäus 20,1-16a

Peter Godzik

Gesprächskreis der mittleren Generation in der Domgemeinde Schleswig

Früher, als ich jünger war, habe ich diesen Text immer als sehr ungerecht empfunden. Jetzt finde ich ihn völlig normal: So ist Güte. Das entspricht jetzt durchaus meiner Lebenserfahrung.
Aber die Aussage des Textes widerspricht doch der heute gängigen Praxis – wie das Gleichnis vom verlorenen Sohn.
Mich beunruhigt der Vers 16b: Gibt es nun Bevorzugte oder nicht?
Wir gehören mit zu den ersten, auch wenn wir die letzten sind. Ist das nicht eine gute Nachricht? Jeder bekommt das, was für den Tag reicht. Wenn ich mir vorstelle: so könnte das auch heute sein, dann freue ich mich.
Es kommt ganz darauf an, auf welcher Seite ich stehe. Je nach dem, wohin ich gehöre, wird die Betrachtungsweise eine andere sein.
Ich kann auch den anderen etwas gönnen.
Wie aber nimmt das der auf, der den ganzen Tag gearbeitet hat, der Rückenschmerzen bekommen hat, dem es schlecht geht und der nun sieht: die nur herumgestanden haben, bekommen den gleichen Lohn?
Es geht im Gleichnis doch um das Himmelreich. Angesprochen ist die Lebensleistung, die Lebensarbeitszeit – ob nun das Leben lang oder kurz war. Was einer in der ihm gegebenen Zeit getan hat – darauf kommt es an.
Also – als das Gleichnis für das Himmelreich ist es vielleicht nicht ungerecht, aber auf der materiellen Ebene ist es schon ungerecht.
Aber ein Gleichnis sollte doch Bezug zur Realität haben.
Unsere Sozialgesetze spiegeln etwas von der »Grundgüte« dieses Gleichnisses wider: die Menschen brauchen eine feste Absicherung ihres Lebensunterhaltes, eine gewisse Grundversorgung.
Ich kann mir sogar vorstellen, daß auch ein heutiger Arbeitgeber so handelt. Wenn er unter Zeitdruck steht und eine Terminsache abzuliefern hat, dann wird er den zuletzt eingestellten Hilfskräften vielleicht auch den ganzen Tageslohn geben, weil sie es ihm ermöglichen, doch noch rechtzeitig fertig zu werden. Bestimmte Arbeitszeiten können möglicherweise anders als sonst bewertet werden.

Warum können wir als Arbeitnehmer den anderen nicht wenigstens ihr Existenzminimum gönnen? Ist das denn gleich Sozialismus, wenn jeder wenigstens das bekommt, was er zum Leben braucht? Es müssen ja nicht alle das gleiche haben, aber das Existenzminimum muß doch gesichert sein.
Warum darf man eigentlich keine Unterschiede machen, z. B. beim Erbe? Ist es wirklich gerecht, wenn alle das gleiche bekommen? Der eine braucht etwas mehr, der andere etwas weniger, um z. B. ein bestimmtes Ziel wie den Abschluß einer Ausbildung zu erreichen.
Wenn eine Mutter z. B. ihren Kindern gleiches Taschengeld bei durchaus unterschiedlichen Leistungen gibt, dann ist das doch Ausdruck ihrer Liebe. Sie will damit sagen: Ich habe euch alle gleich lieb.
Da fällt mir eine Geschichte ein: Im Garten brauchte ich Hilfe. Fadi würde mir helfen. Er ist dreizehn Jahre alt und ein tüchtiger Libanese. »Wenn Du mir zwei Stunden hilfst, gebe ich Dir zehn Mark.« Als ich ihn im Auto abholte, stand Gerald neben ihm. »Darf ich mitkommen?« Ich hatte nichts dagegen. Schüchtern zeigte sich Fadia, acht Jahre. Auch sie wollte mir helfen. »Gut«, sagte ich, »wenn Du gern möchtest!« Nun drängte sich energisch Mohammed, sieben Jahre, nach vorn. »Bitte, laß mich auch mitkommen. Ich helfe zu Hause auch.« Selbstbewußt schaute er mich an. Zu fünft verteilten wir uns über den Garten. Fadi erzählte mir, wofür er spart. Seine Geschwister hatten auch eine Spardose. Wir fingen an, die Blätter zusammenzufegen. Doch bald wurde es Mohammed zu anstrengend. Er wollte lieber oben auf der Karre mit den Blättern zum Container gefahren werden. Seine Finger froren. Immer mal wieder griff er nach der Harke. Doch es war schwierig für ihn. Fadia und Gerald waren auch bald erschöpft. Sie machten lange Pausen. Fadi aber arbeitete tüchtig. Nach zwei Stunden hörten wir auf, und ich gab ihm die verabredeten zehn Mark. Mit großen Augen sahen seine Geschwister auf das Geld. »Soll ich ihnen auch zehn Mark geben – Du hast fast alles alleine gemacht?« »Bitte«, sagte er, und jeder nahm nun erstaunt von mir den gleichen Schein und freute sich sichtlich darüber.
Eine schöne Geschichte, die zeigt, wie wichtig es ist, großzügig zu sein. Aber es ist ja ein Himmelreich-Gleichnis. Und das bedeutet doch: Du kannst es dir nicht verdienen. Es geht um die ewige Seligkeit: die läßt sich nicht teilen oder vermehren oder verdoppeln. Die bekommst du ganz oder gar nicht.
Mir ist das zu abstrakt und zu weit weg. Mich beschäftigt Gottes Güte jetzt im Leben.
Aber das ist doch interessant: Gott nimmt auch noch fünf vor zwölf Leute. Das erinnert sehr an die Geschichte vom verlorenen Sohn. Können wir uns mitfreuen, daß Gott die Frühgetauften und Spätberufenen gleichermaßen annimmt, oder müssen wir uns ärgern wie der ältere Sohn im Gleichnis? Wer kriegt denn nun den Silbergroschen des ewigen Leben? Alle? Alle Getauften? Alle Glaubenden? Alle Christus-Bekenner?

Solange ich mit dabei bin, gönne ich den anderen auch den Zugang zu Gott. Wir brauchen keine Grundsätze oder abstrakten Maßstäbe aufzustellen. Es geht um die existentielle Erfahrung: Ich darf mit dabei sein. Und es geht dabei nicht um meine Leistung. Wir sind zu lange schon Materialisten, um das zu verstehen.

Wir sind doch vor Gott alle gleich, weil wir alle etwas schuldig bleiben. Wir sehnen uns danach, angenommen und geliebt zu sein. Wir können andere Menschen erkennen als solche, die das auch wollen, und dann all unsere Maßstäbe und Beurteilungen fahren lassen.

Es gibt eine Sehnsucht nach Güte und eine Hoffnung darauf, daß mir einer gerecht wird und mich recht sein läßt. Das hat mit den Maßstäben der materiellen Welt gar nichts mehr zu tun.

Mir fällt Römer 5 ein: Wenn wir glauben, dürfen wir wissen, daß wir dazugehören.

Aber noch einmal: Was bedeutet das mit dem Silbergroschen hier und jetzt in unserem Leben? Möchten wir immer so gebeutelt werden? Warum müssen wir kämpfen und leiden, bis wir endlich Güte erfahren »und der Groschen fällt«? Ich kann Leute verstehen, die ihr Eintrittsbillett in den Himmel zurückgeben möchten, wenn die Sache mit dem Silbergroschen, der Belohnung im Leben, hier nicht stimmt.

Der Groschen ist ja gefallen am Kreuz – endlich ist Frieden, weil einer sich ganz und gar hingegeben hat. Und wir bekommen unverdientermaßen Anteil an dem, was da ein anderer für uns getan hat.

Mir ist das zu hoch und zu schwergewichtig. Ich möchte in der Kirche etwas Einfaches und Praktisches mit auf den Weg bekommen. Ich erwarte eine Ermutigung für den Alltag. Und dann bedeutet »Silbergroschen« doch: Fröhlichkeit, Gemeinschaft, ein gemeinsames Essen.

Der »Silbergroschen« in meinem Leben war die überraschend zugewachsene Kraft, ein behindertes Kind eine Zeitlang zu tragen. Wir waren schon dankbar dafür, daß wir überhaupt noch dankbar sein konnten. Und wir haben gemerkt: andere haben das auch zu tragen. Der »Groschen« ist ein lebendiger Glaube. Und eigentlich braucht den jeder in seiner Situation.

Es ist eine große Spannung, die sich da auftut zwischen Realität und Sehnsucht, zwischen Diesseits und Jenseits, zwischen Kreuz und Fröhlichkeit. Eine herausfordernde Geschichte, ein provozierendes Gleichnis!

Zum Gottesdienst

Wolfhart Koeppen

Theologisch-homiletische Skizze

So viele Ausleger, so viele Deutungen. Das Gleichnis von den Arbeitern im Weinberg ist ein Schulbeispiel dafür. Wer darüber zu predigen hat, kommt nicht umhin, eigene Entscheidungen zu treffen. Die folgenden Überlegungen wollen dafür Material bereitstellen, Kriterien formulieren und Alternativen aufzeigen.

1. Ein Vergleich verschiedener Auslegungen von Matth 20 spiegelt nicht nur Akzente und Perspektivenwechsel in der Gleichnisauslegung, sondern auch theologischen Standort und kirchlich-gesellschaftliche Interessen der Exegeten. Eine Übersicht über den Markt der Möglichkeiten kann Konvergenzen und Aporien verdeutlichen und damit das Problembewußtsein für die eigenen, situations- und hörerbezogenen homiletischen Entscheidungen schärfen.

a) Das Gleichnis veranschaulicht den Ruf Gottes aus der Verlorenheit der Selbstentfremdung, der allen Menschen gilt, und warnt auf diesem Hintergrund vor Heilssicherheit: »Das Gleichnis erledigt den Lohnbegriff gerade indem es ihn anwendet, und zwar durch das Maß einer Güte, die alle gleich behandelt ...« Aber: »Man kann die erste Gnade der Berufung wieder verlieren ..., wenn man die Maßstäbe Gottes gegenüber den Zuletztgekommenen nicht teilt. Der Erste kann der letzte werden, wenn er Gottes Handeln nicht teilt.« (*T. Aurelio,* Disclosures in den Gleichnissen Jesu. Frankfurt/M. etc. 1977, 172+176)

b) Anliegen des Gleichnisses ist es, im Gegenüber zu menschlichem Gerechtigkeitsdenken auf Gottes unverrechenbare Barmherzigkeit hinzuweisen: Der springende Punkt der Erzählung, die Lohnauszahlung, »widerspricht jedem gerechten Denken und erscheint verständlicherweise ... als Willkür. Sie muß auch jedem modernen gewerkschaftlichen Denken ungerecht vorkommen; doch der Gegensatz zu unserem menschlichen Gerechtigkeitsempfinden ist gewollt, da es sich bei diesem Gleichnis um die alle Berechnung übersteigende Barmherzigkeit Gottes handelt.« (*A. von Jüchen.* Die Kampfgleichnisse Jesu. München 1981, 48)

c) Die Parabel wird selbst zum Ereignis der Güte Gottes, indem sie »den Hörer von seiner Leistungslohnvorstellung befreit«: Sie »wirbt bei den Starken um ihr Einverständnis, damit diese nicht länger von ihrer Stärke auf ihren Wert vor Gott schließen. Sie sagt andererseits den Schwachen zu, daß auch sie durch Gottes Güte zu Ersten gemacht worden sind. Sie befreit die Starken vom Zwang zur Stärke und die Schwachen von der Last ihrer Schwäche.« (*U. Weder,* Die Gleichnisse Jesu als Metaphern. Göttingen 1984[3], S. 226 und 228)

d) Der Hausherr im Gleichnis steht für einen Gott, der allen in gleicher Weise Existenzgrundlage und -berechtigung und damit die Möglichkeit eines sinnvollen Lebens gibt: »Das ist Güte. Jesus interpretiert Gott in unserem Gleichnis als einen, der jedem Menschen so viel gibt, um sinnvoll vor ihm ... existieren zu können ... Die Sinnhaftigkeit menschlicher Existenz liegt nach Jesus in der Entdeckung des armen oder reichen Lebens coram Deo und nicht in der Kausalität von Arbeit und Lohn.« (*M. Petzold,* Gleichnisse Jesu und christliche Dogmatik. Göttingen 1984, S. 55)

e) Erzählerische Pointe ist »der die alltägliche Orientierung störende Akt der Güte ... als das sichtbare Indiz für einen neuen Lebenszusammenhang, der den alten aus den Angeln hebt« und »im Gefüge des Wirklichen nur als Wunder erfahrbar« werden kann: Demzufolge will »die Parabel ihre Hörer dazu bewegen, *die Wirklichkeit mit den Augen und dem Herzen der Liebe wahrzunehmen,* und ihn auf diese Weise einer Sicht entfremden, die dem Kalkül einer Verdienstordnung verplichtet ist.« Es geht um die »Wahrnehmung einer im Licht der Liebe wunderbar verwandelten Welt« »als bleibende und den Hörer bezwingende Möglichkeit.« – Im Kontext der alltäglichen Lebenspraxis heißt das: »Die Botschaft der Parabel gewinnt ihre Evidenz erst in der Existenzbewegung, die sie auszulösen beansprucht. Sie *wird* wahr, wenn sich der Hörer zu einer entsprechenden Antwort herausgefordert sieht, die er nur mit dem Leben selbst zu geben vermag.« (*W. Harnisch,* Die Gleichniserzählungen Jesu [UTB 1343]. Göttingen 1985, S. 195+196)

f) Matth 20 zielt auf eine Umwertung des geläufigen Lohngedankens: »Daß Gott den Menschen brauchen will, daß er sein Werk sieht und nicht vergißt, ihm sogar Lohn zuspricht, ist schon Ausdruck seiner Güte. Aber der Mensch, der mit seinem eigenen Begriff von Gerechtigkeit kommt, kann das nicht verstehen. Weder Gottes Güte noch die Werke kommen so zu ihrem Recht, wenn jene nach diesen gemessen wird. Wer nicht verstanden hat, daß Gott unendlich mehr schenkt als gerechten Lohn, der hat auch den Lohn Gottes nicht als Ausdruck seiner Güte verstanden.« (*E. Schweizer,* Das Evangelium nach Matthäus [NTD 2], Göttingen 1986, S. 257).

g) Im Gleichnis legt Jesus das Heilshandeln Gottes als Güte aus: Die Geschichte »wirbt um Sympathie für die Sympathie Gottes mit den Armen, Entrechteten, das gemeine Volk. Sie wirbt um Barmherzigkeit bei den Unbarmherzigen, die privilegiert sind, sich als etwas Besseres dünken und die anderen verachten ... Was für das Gleichnis zu beachten bleibt, ist, daß es nicht das Gericht in den Blick faßt, sondern das auf es hingeordnete, ihm vorauslaufenden Ereignis der grenzenlosen Güte Gottes, die den Namen Jesus trägt.« (*J. Gnilka,* Das Matthäusevangelium II [HThK], Freiburg 1988, S. 181)

h) Das Gleichnis vermittelt entgegen allen autoritären Gottesvorstellungen ein entlastendes, heilendes Gottesbild: »Gott wird als der freundschaftlich nahe und zugleich als der souveräne Helfer gezeichnet. Seine unge-

wöhnliche Güte bittet um Einverständnis, aber erzwingt es nicht.« (*C. Kähler,* Jesu Gleichnisse als Poesie und Therapie. Tübingen 1995, S. 215)
i) Nahmen alle diese Auslegungen auf die mutmaßliche vormatthäische Fassung des Gleichnisses (ohne Vers 16) Bezug, so gibt es daneben (wenngleich meist nur anhangsweise und selten als einzige Deutung vorgestellt) auch den Versuch, das Gleichnis konsequent von den Bedingungen und Auseinandersetzungen der werdenden christlichen Gemeinde der 2. und 3. Generation her zu verstehen. Dann »thematisiert das Gleichnis das eschatologische Schicksal von Jesusjüngern. Und zwar geht es ... um das Problem, daß aufgrund der Güte Gottes eine spätere Generation von ›Christen‹, die nicht mehr wie jene früheren Jünger, die ihr Christwerden und -sein mit erheblichen sozialen Nachteilen erkaufen mußten, im Eschaton dennoch so behandelt werden wie die Ersten.« (*W. Stegemann,* zSt, in: GDP I/4 [Exegesen], Gütersloh 1984, S. 42 f.)

2. Überblickt man die Erklärungsangebote der Ausleger, so fallen einige Probleme ins Auge, die von der Exegese zumeist eher verdeckt als gelöst werden:

a) Während die Parabel mit erzählerischen Mitteln (Spannung - Verfremdung) einen Perspektivenwechsel nahelegt, bringen die meisten Ausleger den in ihr gar nicht aufscheinenden Begriff »Gott« als Schlüssel zum Verständnis ins Spiel. Ihres Charakters als performatives Reden entkleidet, wird die Geschichte damit zur Illustration einer hinter oder jenseits ihrer liegenden transzendenten Wirklichkeit. Der Hausherr der Erzählung wird unter der Hand zum allegorischen Platzhalter dessen, der »eigentlich« gemeint sei, nämlich Gott. Dieses Verfahren scheint unausweichlich im Rahmen einer Gleichnishermeneutik, die von der Unterscheidung zwischen Bild- und Sachhälfte bestimmt ist (vgl. *Harnisch* 197). Damit aber wird das, was die Parabel zwar als Wunder, aber doch als menschliche Möglichkeit suggeriert, idealistisch von den Füßen auf den Kopf gestellt - als käme es darauf an, zuerst einmal an die in den Ungereimtheiten dieser Welt waltende Güte oder Barmherzigkeit Gottes zu glauben und sodann für die eigene Lebenspraxis Konsequenzen daraus zu ziehen. Homiletisch wird mit der Eintragung der theistischen Prämisse die Möglichkeit verspielt, die innere Bewegung der Gleichniserzählung als Sprachhilfe zu nutzen, um das mit dem Namen »Gott« gemeinte Leben *konkret* zu identifizieren.

b) Die Kritik an einer verbreiteten »Leistungslohn-Vorstellung« überspringt voreilig das menschlich verständliche und biblisch durchaus zu legitimierende Bedürfnis nach »Gerechtigkeit«. Daß jemand »Gnade vor Recht« ergehen läßt, wird im allgemeinen Sprachgebrauch gerade nicht als Erweis von Gerechtigkeit, sondern als Herablassung verstanden. »Im Alltag steht Gerechtigkeit höher im Kurs als Gnade. Wir wollen nichts geschenkt haben, wo uns gerechter Lohn und gerechte Behandlung zusteht. Gerechtigkeit kann man fordern, um Gnade kann man nur bitten. Wer möchte das schon?« (*H. R. Rapp* zSt, in: GDP I/1, 1978, S. 123). Die Predigt muß sich also davor hüten, von einer vermeintlich höheren theologischen Warte herab fundamentale Prinzipien unserer Gesellschaft - »gleicher Lohn für gleiche Leisung« - vorschnell in Frage zu stellen. Das Evangelium würde so ideologisch mißbraucht - als Rechtfertigung von Diskriminierung. (Daß Frauen im Durchschnitt nur 2/3 dessen verdienen, was Männer für die gleiche Arbeit bekommen, ist ein Skandal, der beseitigt werden muß und der theologisch keinesfalls für irrelevant erklärt werden darf!) Der Mehr-Wert der Gnade wird nicht durch Abwertung sozialer und ökonomischer Gerechtigkeit glaubhaft, sondern - wie die Parabel selbst am Verhalten des Hausherrn verdeutlicht - durch die Praxis der »besseren Gerechtigkeit des Gottesreiches« (vgl. Matth 5,20).

c) Auf diesem Hintergrund verwundert es nicht, daß die deutschsprachige Gleichnisauslegung fast ausnahmslos von dem unwahrscheinlichen Verhalten des Herrn auf die noch unwahrscheinlichere Wirklichkeit des Gottesreiches schließt, aber die umgekehrte Denkrichtung beinahe ausnahmslos ausklammert: nämlich die Überlegung, ob nicht soziale Beziehungen denkbar sind, in denen die »bessere Gerechtigkeit des Gottesreiches« gleichnishaft, aber nachprüfbar zur gegenwärtigen Erfahrung wird. Einzig *L. Ragaz* hat seiner Deutung des Gleichnisses diesen Umkehrschluß zugrundegelegt und damit die Dramatik des erzählten Geschehens selbst zur Geltung gebracht. Zentrales Thema des Gleichnisses ist danach »die Frage nach der letzten und tiefsten Ursache der Klüfte zwischen den Menschen ... Es ist das Rechnen miteinander.« (*L. Ragaz,* Die Gleichnisse Jesu. Hamburg 1971, S. 63 f.). Dies wird an unterschiedlichen Lebensbereichen - Staatliche Beziehungen, Innenpolitik, soziales und gesellschaftliches Leben, zwischenmenschliche Beziehungen, Religion und Glaube - durchgespielt. Im Sinne der Parabel (Interaktion »Erste« - »Letzte«) geht es überall um die Erkenntnis, »daß wir im Materiellen wie im Geistigen aus einer umfassenden *Solidarität* leben ... Sobald wir diese Grundwahrheit verstanden haben, tritt an die Stelle des eigenen Rechtes die *Verpflichtung gegen die anderen.* Diese Verpflichtung ist unendlich, durch kein Recht zu erschöpfen. Sie ist unendlich, wie Gott unendlich ist - wie die Gabe Gottes unendlich ist. Denn wir leben aus dieser Gabe ... Das ist die ungeheure, in alle Höhen und Tiefen gehende Revolution, die das Reich Gottes verkündigt« (67). Damit ist die Liebe Gottes als Lebensraum und Lebensmöglichkeit, nicht nur als Prämisse oder bloße »Motivation« zur Geltung gebracht.

d) Die Anstrengungen der Exegeten lassen die im Gleichnis vorausgesetzte und angesprochene reale Situation der Arbeitslosigkeit notorisch außer acht. Einzig ein Autor bemerkt wenigstens, daß es in der Parabel wesentlich darum geht, daß die Ganztagesarbeiter »ein neues, barmherziges Verhältnis zu den letzten gewinnen.« »Was das in Zeiten grassierender Arbeitslosigkeit bedeutet, ist vor allem denen klar, die keine Arbeit haben.« (*Gnilka* 180). In der Tat. »Auch wenn *Langzeitarbeitslose* und ihre Angehörigen nicht am Gottesdienst teilnehmen, drängt der Text der Predigt ihr Schicksal unmittelbar auf.« Es wäre daher zynisch, diese Problematik mit dem Hinweis auszuklammern, »Arbeitslosigkeit gehöre zum illustrierenden Bildmaterial; ›eigentlich‹ gehe es um das Himmelreich.« (*R. Stuhlmann* zSt, in: Predigtstudien I/1, Stuttgart 1990, S. 129). Mit den Augen Arbeitsloser gelesen, enthält der Text mehr sozialen und politischen Sprengstoff als eine bildungsbürgerliche Exegese wahrzunehmen vermag: Nicht nur »gleicher Lohn für gleiche Arbeit«, sondern *»gleicher Lohn für alle«*. Damit stellt die Parabel jede herkömmliche Wirtschafts- und Sozialordnung, gleich ob sozialistisch oder kapitalistisch konstruiert, in Frage: Also: »Wer sind die Letzten heute?« *(ebd.)* Wer ausgegrenzt ist aus dem Kreis derer, für die sich Leistung (wieder) lohnt? Wer keine Leistung erbringt, weil er keine Gelegenheit dazu hat oder keinen Sinn mehr darin sehen kann? Wer am Ende der Einkommensskala leben muß? Wer mit dem Job auch seine menschlichen Beziehungen und seine Würde verloren hat? Ist eine gesamtgesellschaftliche Solidarität denkbar, die »Gerechtigkeit« am Maß der objektiven Bedürfnisse und nicht am Beitrag zum Bruttosozialprodukt mißt? An solchen Fragen (die sich aufdrängen, die sich die Predigt also nicht erst zu suchen braucht) muß sich erweisen, ob die Botschaft vom Gottesreich entweltlicht und entpolitisiert oder als reale Herausforderung sozialer Kreativität als einer Form christlicher Liebe, als Gestaltwerdung des Reiches in der Gegenwart zur Geltung gebracht wird.

3. Damit fokussieren sich drei Predigtansätze. Sie stehen nicht als richtig oder falsch *gegen*einander, sondern sind im Hinblick auf die konkrete kommunikative Situation der jeweiligen Gemeinde zu bewerten. Gemeinsamer Ausgangspunkt ist das Vertrauen, »daß die Liebe den wirklichen Daseinsverhältnissen unbedingt gewachsen ist, daß sie die ›Selbstverdinglichung‹ des leistungshörigen Menschen aufzuheben und ihn aus dem Verhängnis seiner Selbstentfremdung zu befreien vermag. Wenn sich aber der von der Parabel provozierte Glaube derart auf die Liebe bezieht, daß er ihr eine den Zwang des Wirklichen sprengende Kraft zutraut, dann nimmt er in dieser Macht Gott wahr.« (*Harnisch* S. 196).

Die drei Predigtvorschläge lassen sich schlagwortartig als »sozial- und gesellschaftspolititsch«, »seelsorgerlich-ethisch« und »ekklesiologisch-pastoral« charaktersisieren.

Vorschläge zur Liturgie (vor allem zum zweiten Predigtvorschlag)

Eröffnung

»Gott: Wir liegen vor dir mit unserem Gebet und vertrauen nicht auf unsere Gerechtigkeit, sondern auf deine große Barmherzigkeit.«
(Wochenspruch aus Daniel 9,18)

Mit einer ungewöhnlichen Bitte beginnen wir unseren Gottesdienst. Indem wir sie uns zu eigen machen, sagen wir: Wir sind nicht hierher gekommen, um unsere Leistungen auszubreiten; nicht, um darüber zu klagen, was uns alles fehlt und was im argen liegt; und noch weniger, um zu zeigen, wie fromm oder kirchlich wir sind. Sondern wir bitten Gott um offene Augen für alles, was er an uns und für uns tut - mit und ohne unser Zutun. So geben wir Gott die Ehre, wir sagen ihm Dank und geben damit zu erkennen, daß wir alles, was wir sind und haben, seiner Güte verdanken. Darum beginnen wir diesen Gottesdienst im Namen des Vaters, von dem unser Leben kommt; im Namen des Sohnes, der uns zu einem neuen, sinnvollen Leben befreit; und im Namen des Heiligen Geistes, der in uns die Freude an Gottes Freundlichkeit weckt und wachhält.

Sündenbekenntnis mit Kyrie (EG 178.9)
Manchmal geht es uns gut, und wir nehmen Gottes Güte gern in Anspruch; dann fragen wir nicht, ob wir sie verdient haben, und nicht, wie es anderen geht.
Manchmal vergleichen wir unsere Erfolge mit dem Glück anderer; dann pochen wir schnell auf unsere Leistung und sind unzufrieden mit Gott und dem Leben.
Manchmal haben wir Angst, zu kurz zu kommen und zu wenig vom Leben zu haben; dann sehen wir nur noch unsere Wünsche und nicht, was wir brauchen, wir zweifeln an Gottes Gerechtigkeit und vergessen den Dank.
Das bekennen wir Gott und wir rufen zu ihm: Herr, erbarme dich!

Gnadenzuspruch mit Gloria (Kanon EG 336)
Gottes Güte umgibt uns, auch wo wir nicht darauf achten; denn Gott fragt nicht, was wir verdient haben, sondern schenkt uns das Leben - umsonst.
Gott befreit uns vom Schielen auf andere; denn er will und er gönnt uns unser eigenes Glück:
Gott erfüllt zwar nicht alle unsere Wünsche ans Leben; aber er macht alle seine Verheißungen wahr und vergißt niemand.
In Jesus Christus teilt Gott unser Leben; er lädt uns ein, auch miteinander zu teilen; so nimmt sein Reich der Gerechtigkeit und der Liebe in unserer Mitte Gestalt an.
Dafür danken wir Gott und loben ihn mit dem Ruf: Danket, danket dem Herrn!

Gebet des Tages
(1) Du Gott der Güte und der Gerechtigkeit:
Du beschenkst uns mit deinen Gaben.
In Jesus Christus erweist du uns deine Liebe,
die über alles Bitten und Begreifen hinausgeht.
Im Blick auf sein Leben bitten wir dich:
Erfülle uns mit deinem Geist,
damit wir dem Leben trauen, das du uns schenkst.

Dann werden wir einander deine Freundlichkeit gönnen,
deine Liebe miteinander teilen
und deine Güte und Gerechtigkeit in diese Welt einbringen.

(2) Lehre uns, o guter Herr,
dir zu dienen, wie du es verdienst:
zu geben, ohne die Kosten zu zählen;
zu arbeiten, ohne nach Ruhe zu fragen;
zu wirken, ohne einen Lohn zu verlangen,
außer dem Bewußtsein, deinen Willen zu erfüllen -
durch Jesus Christus, unsern Herrn.
(Ignatius von Loyola; nach: ökum. Fürbittenkalender 1989)

Lesungen
Von den agendarisch vorgeschlagenen Lesungen eignet sich besonders Jeremia 9,22-23 (IV) als Kontext zum Evangelium. Falls eine zusätzliche Epistellesung üblich ist, kommen Römer 9,14-24 (VI) oder (besser und zudem kürzer) Römer 4,1-5 in Frage.
Psalmgebet: 31,20-25.

Lieder
Als Eingangs- und/oder Schlußlied, zugleich Introitus-Psalm, eignet sich besonders: »Nun lob, mein Seel, den Herren« (EG 289; V. 2!). Das Wochenlied »Es ist das Heil uns kommen her« (EG 342) kommentiert die Predigtperikope im Licht lutherischer Rechtfertigungstheologie, ist aber sprachlich nur schwer nachvollziehbar. Singbarer und zugleich verständlicher sind: »Ich steh vor dir mit leeren Händen, Herr« (EG 382); »Gib dich zufrieden und sei stille« (EG 371,1.5.7); »Es mag sein, daß alles fällt« (EG 378: V. 2!); »Christus, das Licht der Welt« (EG 410); »Deine Hände, großer Gott« (EG 424).
Als Anrufung, zugleich auch als Strukturierung der Fürbitten eignen sich außer dem bereits als Gloria-Lied vorgeschlagenen Kanon »Danket, danket dem Herrn« (EG 336) der Kehrvers »Herr, deine Güte« (EG 277) oder das (ebenfalls im Kanon zu singende) Kyrie EG 178.14.

Schlußgebet (Fürbitten)
(1) Ewiger und barmherziger Gott, du Schöpfer des Lebens:
Im Licht deiner Freundlichkeit erkennen wir, wie sehr unser Lebensstil und unsere Gesellschaftsordnung vom Wunsch nach persönlichen Vorteilen und der Ausbeutung der Schwachen geprägt sind.
Deine Güte macht uns bewußt, wieviel Zwietracht wir schaffen, auch ohne es zu wollen, weil wir so sehr mit uns, unseren Wünschen und unseren Sorgen beschäftigt sind.

Wir übersehen und verachten den Reichtum des Lebens, und über der Angst, zu kurz zu kommen und zu wenig vom Leben zu haben, übersehen wir die Menschen, die tatsächlich benachteiligt sind und deren Würde mißachtet wird.
Deshalb bitten wir dich:
Laß uns deine Freundlichkeit wahrnehmen und deine Güte zum Maßstab unseres Lebens machen. Mach uns bereit, zu teilen, damit alle frei werden.
Kyrie eleison – Herr, erbarme dich.
(2) Gott der Liebe, du teilst unser Leben in Jesus Christus und bleibst uns nah, auch wo wir dich übersehen und vergessen.
Wir nehmen dich beim Wort und bitten dich für alle, die mit den Anforderungen, die das Leben stellt, nicht fertigt werden; für alle, die sich minderwertig vorkommen, weil sie den Ansprüchen nicht genügen: Laß sie erfahren, wie wertvoll sie sind. Laß ihnen Menschen begegnen, die sie so wichtig nehmen wie du sie wichtig nimmst. Öffne ihnen die Augen für die Wohltaten und Wunder, die du auch in ihrem Leben tust. Laß sie neuen Mut gewinnen und neue Schritte wagen. Das Lob deiner Liebe soll uns verbinden.
Darum singen wir dir:
Halleluja – Lob sei dir, Herr.
(3) Gott der Hoffnung, dein Geist schenkt deinem Volk die Kraft, allen Widerständen zum Trotz für deine Gerechtigkeit einzutreten und mit Glauben und Humor in deinem Dienst auszuhalten.
Wir bitten dich:
Sorge für Gerechtigkeit unter den Völkern; befreie, die in Unfreiheit leben; schenke denen Frieden, die unter Krieg und Verfolgung leiden. Gib Mut zum Widerstand, wo Menschen unter Bedingungen leben, die sie zerstören. Wecke die Bereitschaft zum Teilen, damit alle leben können. Erwecke uns durch deinen Geist, um immer wieder aufzubrechen aus Gewohnheit und Angst und dich dort zu suchen, wo du neues Leben schaffst. Laß dich finden, guter Gott, damit unser Leben gelingt, und dein Reich des Friedens, der Liebe und der Gerechtigkeit mitten in unserem Leben auf dieser Welt Gestalt annimmt.
Gemeinsam rufen wir:
Maranatha – Komm, Herr Jesus. Amen.
(In Anlehnung an das Gebet der Fünften Vollversammlung des ÖRK 1975 in Nairobi)

Sendung und Segen
Gott behüte euch auf allen euren Wegen.
Er gebe euch die Kraft, die Schöpfung zu bewahren und Leben zu schützen.
Jesus Christus schenke euch seine Gnade.
Er gebe euch den Mut, allezeit für Gerechtigkeit, Versöhnung und Frieden einzutreten.

Der Heilige Geist sei mit euch.
Er mache euch zu Menschen, die Gottes Liebe ausbreiten und Segen stiften.
So segne euch der allmächtige und barmherzige Gott,
der Vater, der Sohn und der Heilige Geist.
Amen.

Drei Predigtvorschläge

1. Göttliche Gerechtigkeit und menschliche Solidarität

Möglicher Anfang

Seit ich sie kenne, geht mir ihre Geschichte nicht mehr aus dem Kopf. Fünf Jahre ist es inzwischen her, daß sie ihren Arbeitsplatz verlor; und das nach elf Jahren in der Firma. Wir verlagern in den Osten, hieß es damals, Sie müssen verstehen. Sie blieb, der beiden Kinder wegen. Was hätte sie als alleinerziehende Mutter auch anderes tun sollen! Das Arbeitsamt riet zur Umschulung; die einzige Chance für eine Frau in ihrem Alter. Also drückte sie nochmal die Schulbank, lernte (meistens nachts, der Kinder wegen), schaffte die Prüfung – und begann, was tausende in ihrer Situation auch getan hatten und tun: Sie schrieb Bewerbungen. Ganze Vormittage verbrachte sie auf den tristen Fluren des Arbeitsamts, wartete zusammen mit dem übrigen »Heer von Arbeitslosen« auf eine Chance. Nichts. Hundertachtzig Bewerbungen hat sie mittlerweile geschrieben. An die dreihundert seien normal, sagte man ihr beim Arbeitsamt. Inzwischen weiß sie nicht mehr, was sie noch tun soll, wozu sie eigentlich da und was sie noch wert ist. Sie fürchtet sich, den Arbeitsplatzbesitzern und Arbeitsplatzverwaltern gegenüberzutreten. Was kann sie auch gegen das Gerede, das Langzeitarbeitslose gerne als Müßiggänger und Drückeberger nicht nur sozial, sondern auch moralisch ausgrenzt!

Zum weiteren Verlauf

Die Predigt kommt nun auf die im Gleichnis vorausgesetzte Arbeits(markt)situation zu sprechen, auf die Hoffnungen der »Müßiggänger« auf Arbeit und ihre Erwartung, wenigstens einen Teilzeitlohn zu bekommen. Auf diesem Hintergrund wird die provokative Lohnzahlung geschildert, der Protestzug derer, die sich übervorteilt und ausgetrickst fühlen, zum Chef, die Auseinandersetzung, was diese offenkundige Ungerechtigkeit mit Güte zu tun haben soll. Der soziale Sprengstoff, der in der Geschichte steckt, muß deutlich werden: Nicht nur »gleicher Lohn für gleiche Leistung« (schon das ein bei weitem nicht verwirklichtes Ziel!), sondern »Lohn nach Bedarf«. Nicht, was einer an Leistung einbringt, zählt, sondern was er zum Leben braucht. Wichtig ist, daß der Widerspruch der »Ersten« nicht als Neid moralisiert wird; der Groll der Unzufriedenen ist vielmehr

Ausdruck des Widerstands, mit dem sie zu ihrem eigenen Schaden übersehen, daß sie selbst ja gar nicht benachteiligt sind, aber drauf und dran, der neuen, menschen-gerechten Ordnung der Güte in den Arm zu fallen.

Möglicher Schluß
Jesu Geschichte stellt unbarmherzige Selbstverständlichkeiten in Frage und rüttelt an gnadenlosen Ordnungen (*Stuhlmann* S. 132). Gewiß, ein neues Sozial- oder gar Parteiprogramm läßt sich daraus nicht machen. Aber Zeichen dafür, daß wir uns seiner Botschaft nicht verschließen, erwartet Jesus ganz gewiß - gerade von denen, die sich nach ihm Christen nennen. Konkrete Zeichen, daß wir verstanden haben: Wir werden nicht ärmer, wenn andere zu ihrem Recht kommen. Job-Sharing, Sabbatjahr, Experimente mit neuen, familiengerechten Arbeitszeiten, Familienlohn statt Leistungslohn: das sind einige der Möglichkeiten, die sich anbieten. Soziale Phantasie statt bürgerlicher Ängste ist gefragt. Wer ist mehr als wir Christen dazu berufen, im Geist Jesu neue Wege zu denken und zu gehen? Ein neues Miteinander wird unser Lohn sein, die Freude an einem Leben in Gerechtigkeit, in dem niemand mehr zu kurz kommen muß.

2. Befreites Leben - ohne Angst, zu kurz zu kommen.
Möglicher Anfang
Eine neue Volkskrankheit geht um. Schwer zu erkennen, weil sie sich als Gesundheit tarnt, als Lebensbejahung und Lebensfreude, und weil sie außerdem viele gut verdienen läßt. Es ist die Angst, zu kurz zu kommen, zu wenig zu kriegen und nicht genug vom Leben zu haben. Diese Angst ist weiter verbreitet als wir denken. Sie drückt sich beispielsweise aus in dem eifrigen Streben nach Mehr, das sich als Zielstrebigkeit und Erfolgsorientierung ausgibt und als solche auch öffentlich honoriert wird - mögen dabei sowohl die Familie als auch die eigenen Bedürfnisse zu kurz kommen. Die Angst, zu kurz zu kommen, steckt hinter manchem Kauf-, Konsum- und Komfortzwang, der die eigenen finanziellen Möglichkeiten überschätzt; nicht umsonst haben die Schuldnerberatungsstellen der Diakonie immer mehr Zulauf. Beim Freizeitverhalten äußert sich die Angst zu kurz zu kommen als Disco-Raserei, als Tele-, Kino- und Party-Hopping: nur ja keinen Genuß, keinen Spaß verpassen, keinen (vermeintlichen) Höhepunkt auslassen, überall dabei sein, wo »was los« ist. Und selbst wer bei diesen Gesellschaftsspielen noch nicht oder nicht mehr mithalten kann, ist angesteckt; das Gefühl, »out« zu sein oder zum alten Eisen zu gehören, macht vielen zu schaffen, auch wenn sie's nicht zugeben.

Zum weiteren Verlauf
Merkwürdig: Der Hausherr im Gleichnis Jesu wendet seine ganze Überzeugungskraft an die, die meinen, sie würden übervorteilt und kämen zu kurz. Aus ihrer Leistung leiten sie ab, was ihnen zusteht. Das Vergleichen weckt

ihren Groll und macht sie unzufrieden. So übersehen sie das Gute, das sie haben, und opfern es den steigenden Ansprüchen: mehr Konsum, mehr Glück, mehr Chancen, mehr Genuß. Ob das auch heißt: mehr Leben? Zweifel sind angebracht. Wir können getrost *lassen,* was die Lebensqualität nicht etwa fördert, sondern ruiniert: das Streben, das sich nicht mehr an den Beständen orientiert, am Hören auf die innere Stimme, die mir sagt, was ich brauche und welche Wünsche mir nur eingeredet sind. Das Vergleichen, das den Wert des Lebens danach bemißt, was andere haben oder sich leisten und es damit in Ketten legt. Das Jagen und Rackern, das aus dem Mißtrauen kommt, andern ginge es besser als mir, und als versäumte ich etwas, wenn ich nicht die Angebote unserer Leistungs-, Konsum- und Freizeitgesellschaft nutze.

Möglicher Schluß
Jesus erzählt seine Geschichte für Leute mit der Angst, zu kurz zu kommen. Weder die Defizite beklagen noch sich vom Angebot oder den eigenen unendlichen Ansprüchen terrorisieren lassen: das ist die Freiheit, zu der er uns lockt. Er tritt für das Recht derer ein, die wirklich zu kurz kommen, die keine Arbeit, kein Auskommen haben, die nicht wissen, wozu sie gut sind und wie sie ihre Familie durchbringen können. Die andern aber, die haben, was sie brauchen und dennoch fürchten, sie hätten zu wenig vom Leben - sie macht er frei vom Zwang zum Vergleich, löst sie aus der Verkrampfung und öffnet ihnen die Augen für die Geschenke des Lebens, für die Gnade des Alltags. So könnt ihr gewinnen, sagt Jesus, was ihr eigentlich sucht: Vertrauen ins Leben, liebende Mitfreude mit dem Glück anderer und Güte des Herzens.

3. Werbung für eine offene Gemeinde
Möglicher Anfang
Erinnern Sie sich? Es ist noch gar nicht so lange her, da gab es bei der Vorbereitung der Kirchenvorstandswahlen einen handfesten Krach. Waren da doch Leute vorgeschlagen, die nach Meinung der tonangebenden Mehrheit als Kandidatinnen und Kandidaten einfach nicht in Frage kamen. Neu Zugezogene, die noch keine zwei Jahre am Ort wohnten: Was haben die schon Ahnung, was bei uns los ist! Durchschnittschristen, die keine Gruppe leiten, nicht im Kirchenchor singen, noch nie für die Diakonie gesammelt haben und auch nicht als überdurchschnittlich fromm oder hilfsbereit gelten: Mögen sie sich, bittesehr, doch erst mal bewähren, bevor sie sich wählen lassen! Sogar Leute, die höchstens mal an Weihnachten in die Kirche gehen, waren dabei: Sollen die doch erst mal beweisen, daß ihnen ihr Glaube und ihre Gemeinde wichtig sind!

Weiterer Verlauf
Das Gleichnis Jesu hilft, die verschiedenen Grade von Beteiligung und Mitarbeit in Gemeinde und Kirche zu benennen - also nicht zu bewerten,

sondern erst einmal zu beschreiben. Wichtig ist, daß die Gründe für die unterschiedliche Identifikations-, Partizipations- und Aktionsbereitschaft deutlich werden; es gilt Verständnis dafür zu wecken, daß Menschen je nach Lebenssituation und Lebensgeschichte und je nach persönlichen Möglichkeiten und Bedürfnissen ihre Distanz und Nähe zur Gemeinde sehr verschieden (auch wechselnd) definieren. Statt vor der »Gefahr, daß die unerhörte endzeitliche Auszeichnung, die der Gemeinde zuerkannt ist, verspielt ist, sobald sie zur Beanspruchung von Privilegien veranlaßt« (*Harnisch* S. 199), zu warnen, bringt es mehr, um Verständigung und Einverständnis zu werben und deutlich zu machen: Auch in der Bereitschaft der »Aktiven«, die sich immer rufen lassen und die überall mitarbeiten, steckt meist eine gehörige Portion Ambivalenz: der Wunsch, durch Anerkennung belohnt zu werden oder einfach, sich in der Gemeinde selbst zu verwirklichen und Bestätigung zu finden – als Ausgleich zu dem, was im Berufsleben und im Alltag vielen vorenthalten wird.

Möglicher Schluß

Sie haben gemerkt, wofür ich – angeleitet durch die Geschichte Jesu – bei Ihnen werben möchte: für den Abbau christlicher Leistungsnormen, heißen die nun Frömmigkeit, Einsatzfreude, Mitarbeit und was sonst noch. Ich möchte in Jesu Namen werben für eine offene, konktakt- und lernbereite Gemeinde – also für einen Umgang miteinander, der nicht nur wieder dieselben Leute belohnt, die auch sonst als die Tüchtigen und Erfolgreichen gelten. Nichts dagegen! Aber Tüchtigkeit und Erfolg, Beteiligung und Mitarbeit dürfen nicht die einzigen Maßstäbe sein, die darüber entscheiden, wer in der Gemeinde mitreden darf und wer nicht. Es könnte ja sein, daß gerade jemand, der nach üblichen Maßstäben kein Vorbild ist, zu denen gehört, die Jesus besonders brauchen kann. Wir werden damit rechnen müssen, daß er auch heute in seiner Gemeinde die Rangordnung der Gesellschaft auf den Kopf stellt und Letzte zu Ersten macht. Gut, wenn wir es ihm gleichtun: wenn Gnade und Güte nicht nur Worte sind, sondern die Art und Weise, wie wir als Christen miteinander umgehen und einander gelten lassen. Ich bin sicher: Es gibt viele Menschen, die auf unser Vorbild gespannt sind und nichts mehr wünschen, als daß es gelingt!

Sexagesimae

Annäherungen an den Predigttext Lukas 8,4-8 (9-15)

Elsbeth Zuleck

Laiengedanken aus dem Theologischen Gesprächskreis der Stadtkirchengemeinde Ludwigsburg

- Ich habe das Gefühl, daß das ein sehr sorgloser Sämann ist.
- Ich finde den Säman nicht sorglos, sondern ungeheuer großzügig. Er gibt doch im Überfluß. Er denkt doch gar nicht daran, daß so und so viel verlorengeht.
- Durch die Großzügigkeit des Sämanns sind die Chancen sehr vielfältig.
- Aber der Sämann ist ein Sämann mit sehr schlechtem Wirkungsgrad. Er vergeudet sehr viel Saatgut. Heute sät man sehr viel zielgerichteter. Da hat man eine Sämaschine, die haarscharf nur den Acker besät. Wege, Steine, Dornen gibts da nicht. Da wird kein Saatgut vergeudet.
- Wenn der Sämann exakt säen würde, dann wär's nur ein sehr kleiner Teil, der erreicht würde. Wenn er so sehr aufpassen würde, würde er viele nicht erreichen.
- Man erlebt ja, daß auch zwischen Steinen, sogar unter Steinen oder Asphalt Pflänzchen aufgehen und Wurzeln kriegen. Deshalb finde ich es gut, daß der Sämann so großzügig den Samen ausstreut.
- In Israel gibt's keinen fetten Ackerboden wie bei uns. Da gibt's Steine und Dornen - und gute Erde. Alles durcheinander. Und ich denke, so ist das bei den Menschen auch. Da ist nicht alles so eindeutig abgegrenzt.
- Es könnte doch auch sein, daß nicht immer jeder Mensch gleich aufnahmefähig ist. An einem Tag ist er verhärtet wie ein Fels. Da kann ihn dann kein Same, kein Wort treffen und da geht dann keine Frucht auf. Und dann ist er wieder aufnahmefähig.
- Ich glaube, daß jeder von uns einmal dieser, einmal jener der vier hier beschriebenen Menschentypen ist.
- Die Vorstellung, daß praktisch 3/4 des Saatguts verlorengeht, erschreckt mich sehr. Ich möchte schon hoffen, daß viel von dem, was im Religionsunterricht oder Konfirmandenunterricht oder in der Predigt vermittelt wird, in »feine, gute Herzen« fällt, und irgendwann dann aufgeht. Es tut schon weh, daß so viel Mühe von so vielen Säleuten damals wie heute so vergeblich sein soll.

- Für mich hat dieses Gleichnis zwei Seiten: Einmal ist es eine Erklärung dafür, warum die Worte Jesu eben nicht hundertfältige Frucht gebracht haben, warum da nicht mehr passiert ist. Denn das ist doch kümmerlich: Die paar Leute, die Jesus da bekehrt hat in all den Jahren! Für mich ist das ein Stück Trost Jesu für seine Jünger: »Macht euch nichts vor. Ihr werdet keine Riesen-Erntewagen einfahren. Da geht viel verloren. So ist das nun mal im Reich Gottes.« Und das zweite: Ich fühle mich da irgendwo mit drin. Am ehesten finde ich mich auf dem *Weg* wieder, da, wo die Leute alles zusammentreten, alles kaputtmachen. Und vielleicht bin ich ja auch einer von denen, die da herumtrampeln und nichts wachsen lassen. Und so denke ich, daß jeder und jede sich in dem Gleichnis wiederfinden kann. Manchmal bin ich ja auch einer, der sät und darf auch erleben, daß ein Pflänzchen aufgeht.
- Ich denke, das Gleichnis hat zwei Teile: Im ersten Teil ist das Thema der *Sämann,* im zweiten Teil der *Boden.* Und eigentlich kommen wir alle in beiden Teilen vor: Einmal sind wir Sämann oder Säfrau und dann wieder sind wir Ackerboden.
- Selbst auf dem besten Ackerboden kann's auch mal eine Mißernte geben, wenn die äußeren Bedingungen danach sind.
- Ich glaube, daß wir Christen das Recht und die Freiheit und die Gelassenheit haben dürfen, immer wieder auf jedem der vier Ackerböden zu leben - alles zu seiner Zeit -: Einmal ist unser Glaube sehr angefochten, dann wieder verlieren wir uns in die Gottesferne und manchmal ist einfach alles tot. Und auf einmal können wir wieder richtig hören und das Gehörte glauben, und das Geglaubte dann tun.
- Weise Sämänner haben immer genügend Samen, um auch ein zweites Mal auszusäen. Zu allen Zeiten hatte man für Notzeiten genug Saatgut.
- Das ist tröstlich: Der Sämann sät jedes Jahr wieder. Und selbst wenn der Samen in einem Jahr auf harten Boden fällt, kann er doch im nächsten Jahr auf guten Boden fallen.
- Nicht alle Sävorgänge des Wortes Gottes lösen zum gleichen Zeitpunkt das gleiche aus. Bei manchen Menschen ist es vielleicht erst »die Gnade der letzten Stunde«. Gott vergeudet viel Saatgut. Bei manchen gehts früher auf, bei manchen später.
- Wenn der Sämann nicht jedes Jahr wieder säen würde, hätten die Menschen ja nur eine einzige Chance. Das wäre doch schlimm.
- Meiner Meinung nach gehts im Gleichnis nicht um das Schicksal des Samens, sondern um das Schicksal des Bodens. Und da finde ich den Text einfach sehr hart. Fels bleibt doch Fels. Also hat er gar keine Chance, Samen aufzunehmen. Das ist doch zum Verzweifeln. Das ist doch kein Evangelium.
- Aber man weiß doch, daß Menschen sich wandeln können, daß aus harten Herzen weiche werden können.

- Für mich ist das wichtigste am Gleichnis der Schluß: Daß es da 100-fältige Frucht gibt - trotz allem. Für mich hat das ganze Gleichnis Trost- und Hoffnungscharakter, weil es aussagt, daß das Wort Gottes letztlich Frucht bringt, obwohl so vieles danebengeht. Ich möchte, daß jeder und jede sich wiederfindet in diesem Gleichnis, in dieser oder jenen Facette. Und ich möchte vertrauen, daß die Worte des Gleichnisses dann mit mir machen, was für mich wichtig ist.
- Ich finde es schön, daß da am Schluß noch steht: »in Geduld«, daß man also ruhig warten kann, bis etwas wächst und Frucht bringt.
- Für mich ist das »Wer Ohren hat zu hören, der höre!« ganz wichtig. Da fühle ich mich angesprochen. Das aktiviert mich.

Zum Gottesdienst

Mechthild Werner

Exegetisch-homiletische Skizze

Exegetische Körner

Lukas übernimmt in gestraffter Form das Sämann-Gleichnis von Markus (Markus 4,1-20); ebenso die Verse über den Zweck der Gleichnisrede und die anschließende Deutung. Wie Markus schließt auch Lukas die Sprüche über den rechten Gebrauch der Parabeln an, schiebt aber dann in die markinische Folge die Episode über Jesu wahre Verwandte ein. Lukas betont durch diesen Aufriß das Hören, Bewahren und Tun des Wortes Gottes. Die Deutung des Sämann-Gleichnisses setzt ebenfalls diesen Akzent.

Lukas 8,4-15 gliedert sich in vier Teile: 1. die Einleitung (V. 4), 2. das Gleichnis (V. 5-8), 3. zur Gleichnisrede (V. 9 und 10), 4. die Deutung (V. 11-15). Die Verse zur Gleichnisrede mit Verstockung und Vorherbestimmung haben eine umstrittene Überlieferungsgeschichte und sind schwer verdaulich - nicht nur für Laien. »Noch kein Ausleger des Neuen Testaments ist mit dieser Zwischenrede ganz ins reine (sic!) gekommen.« (M. Doerne, Die Finsternis vergeht, Predigten, 1963, S. 65)

Geeinigt haben sich dagegen die Ausleger bei der allegorischen Deutung. Sie wird der Urkirche zugeschrieben (s. schon bei J. Jeremias, Die Gleichnisse Jesu, 1958, 5 Aufl., S. 65). Die Verse 11 bis 15 sind quasi eine der ersten Predigten über den Sämann.

Gedeutet wird allerdings nicht das Gleichnis als Ganzes, sondern seine Einzelaussagen: Der Samen als Wort Gottes und der Erdboden als Herz der Menschen. Im Vordergrund steht nicht mehr der verschwenderische Sämann, die Quantität des Samens und die versprochene reiche Ernte,

sondern das vergebliche Säen, die unterschiedliche Qualität des Bodens und der magere Ertrag. Aus der Parabel vom Sämann wird die vom vierfachen Ackerfeld - eine paränetische Auslegung, die die Jahrhunderte überdauert. »Vierfach ist das Ackerfeld, Mensch wie ist dein Herz bestellt?« (17. Jahrhundert) Aus dem Zuspruch wird in erster Linie Anspruch.
Das spiegelt die Situation der Gemeinden der zweiten oder dritten Generation: Das Hören und Aufnehmen des Wortes scheint gefährdet. Die eschatologische Zuversicht auf das wachsende Reich Gottes wird von der Sorge um den Fortbestand von Glauben und Gemeinde überwuchert.

Homiletische Früchte
Am Sonntag »Sexagesimae«, 60 Tage vor Ostern, dreht sich alles um Gottes Wort. (Siehe die Lesungen Jesaja 55,6-12 a, Hebräerbrief 4,12.13 und das Wochenlied EG 196 »Herr, für dein Wort sei hochgepreist«). Das Wort hat Wirkung, es ist fruchtbar wie die Natur (Jesaja). Es hat Gewalt und ist furchtbar wie ein Schwert (Hebräer).
Der Predigttext paßt sich hier ein: Allem Anschein zum Trotz geht die Saat Gottes auf. Sein Wort kommt an - bei, in und unter den Menschen. Und es wird nicht nur einfach, sondern hundertfach Frucht bringen (Vgl. Genesis 26,12 und Mt 13,30). Ganz gleich, wieviel zertreten, verdorrt oder erstickt wird, der göttliche Samen keimt und treibt aus. Gott ist und bleibt ein unermüdlicher Sämann. Sein Reich wächst - in und mit uns, aber nie allein durch uns (Vgl. die selbstwachsende Saat Markus 4,26-29). Die Saat geht auf, ohne weiteres Zutun. Diese Zuversicht vermittelt das Sämann-Gleichnis.
Jesus setzt den Alltag seiner Hörer/innen ins Bild: Gepflügt wurde erst nach der Aussaat. Das »gute Land« war nicht von vornherein ersichtlich. Gesät wurde sowohl auf die Trampelpfade als auch unter Disteln und Dornen. Die Ackerkrume im palästinensischen Gebirgsland war dünn. Der Bauer bemerkt oft erst beim Pflügen den felsigen Untergrund. Das ganz normale Arbeitsleben des Sämann also: zwischen Mißerfolg und Erfolg. Das Bildmaterial Jesu ist die Realität.
Seine Parabel beschreibt den anfänglichen Mißerfolg so deutlich wie den endlichen Erfolg. Er möchte Zweifel am Erfolg Gottes nicht säen, sondern zerstreuen. Das Gleichnis will nicht ermahnen, sondern ermutigen. Und eben das ist heute genauso wichtig wie damals. Im kirchlichen Leben genauso wie im gesellschaftlichen und im privaten.
Die gute Saat erscheint allerorten zertreten, ausgedörrt und erstickt. Vereinsamung, Entsolidarisierung, Gewaltbereitschaft überwuchern scheinbar alle liebevollen, gerechten, friedlichen Lebensversuche. Die Folge ist Resignation: »Ich kann doch nichts tun, es hat doch keinen Zweck, alles sinnlos, man muß eben mitmachen.« Oder auch Aktionismus: »Da müssen wir gegen an. Jetzt und alle. Da hilft nur Druck.«
Blinder Aktionismus oder Resignation auch in der Kirche. Auch sie steht unter Erfolgsdruck, ist fixiert auf Bilanzen, schwarze und rote Zahlen,

Kirchensteuereinnahmen und Kirchenaustritte. Medien- und Managementkonzepte sind Versuche, wirtschaftlicher zu arbeiten, die Kirche wieder »attraktiv« zu machen. Es geht um Wachstum, mit mehr oder weniger Erfolg.

Mein Predigtvorschlag setzt die durchkalkulierte Wirtschaftlichkeit in Spannung gegen die großzügige Unwirtschaftlichkeit des Sämanns; die ungeduldige Schnelligkeit gegen die geduldige Langsamkeit; den Erfolgsdruck gegen die Gewißheit auf Erfolg.

Es geht um den alltäglichen Mißerfolg und den endlichen Erfolg; um den Erfolg des Wortes Gottes, um das beständige Wachsen seines Reichs. Es geht darum, zu hören und zu glauben, daß die gute Saat wächst, daß Liebe, Frieden, Gerechtigkeit aufgehen werden.

Der Grundtenor der Annäherungen ist ähnlich zuversichtlich: »Das aktiviert mich«; »hundertfältige Frucht«; »trotz allem«; »Trost- und Hoffnungscharakter«.

Die vorgeschlagene Predigt behandelt demnach das Gleichnis »pur«, ohne Deutung. Das Bild vom Sämann trägt (selbst in einer Stadtkirchengemeinde, vgl. Annäherungen) und läßt mehr Spielraum als die eindimensionale, allzu bekannte Allegorie.

Wer sich dagegen für das Gleichnis samt Deutung entscheidet, kann als Alternative auf den meditativen Predigtvorschlag zurückgreifen. Das vierfache Ackerfeld ist nicht auf vier »Menschentypen«, sondern auf vier Formen des Hörens bezogen (vgl. auch »Annäherungen«).

Vorschläge zur Liturgie

(Beteiligung der Mitchrist(inn)en, der Säleute in der Gemeinde erwünscht)

Eingangswort:

Gott spricht: Das Wort, das aus meinem Munde geht, wird nicht leer zu mir zurückkommen, sondern ihm wird gelingen wozu ich es sende. (Jesaja 55,11)

Kollektengebet:

Unser Gott,
du hast gesprochen. Nicht nur ein Wort, viele Worte.
Die Bibel ist voll davon.
Worte gesprochen durch Menschen.
Worte zu Menschen.
Worte gefüllt mit Gerechtigkeit, mit Frieden, mit Liebe.

Auch wenn es nur schöne Worte scheinen,
auch wenn die Welt sie übertönt,
mit Unrecht, Krieg und Haß –

Deine Liebe ist nicht nur ein Wort.
Nicht dein Frieden. Nicht deine Gerechtigkeit.
Dein Wort ist nicht leer.
Es ist gefüllt durch Erfahrung von Menschen.
Gottesfrauen und -männer:
Sie haben gehört, gesehen und getan, was du sagst.
Die Bibel spricht davon.
Wir brauchen nur hinhören, mithören, sehen und tun.

Unser Gott,
Dein Wort kommt nicht leer zu dir zurück.
Es ist voller Erfahrung von Menschen.
Es ist lebendig in deinem Sohn und unserem Bruder Jesus Christus.
Es lebt in uns allen.
Wir können unsere Ohren füllen mit deiner Liebe
und sie weitersagen, weitertragen.
Komm in unser Ohr, Gott. Amen.
Psalm: Psalm 119,89–91.105.116

Lesungen:
Hebräer 4,12–13 (Epistel des Sonntags)
Die Wort-Gewalt Gottes zwingt den Menschen wie ein »Schwert« zur Antwort. Diese schneidende Mahnrede paßt am ehesten zu einer paränetischen Predigt über das »vierfache Ackerfeld«.
Jesaja 55,10–12 a (Alttestamentliche Lesung)
Samen, fruchtbare Erde und fruchtbares Wort: Diese Bilder harmonisieren mit einer Predigt über den »Sämann« und das aufkeimende Reich Gottes.
2 Korinther 9,6.7 (8–10)
Verse über kärgliches und reichlich gesegnetes Säen.

Lieder
EG 196 Herr für dein Wort sei hochgepreist (Wochenlied)
EG 280 Es wolle Gott uns gnädig sein
EG 98 Korn, das in die Erde (nur mit Verweis auf anstehende Passionszeit)
Kleines Senfkorn Hoffnung (u. a. in Menschenskinderlieder, Liederbuch zum Umhängen, Münster 1989)

Fürbittengebet (Eher zu einer Predigt über V. 4–15)
Unterwegs mit dir laß uns sein, Jesus,
das Evangelium im Rücken
und den Horizont des Reiches Gottes vor Augen
für Städte und Dörfer
für Männer und Frauen
für alle, die sich nicht abgefunden haben
mit dem, was schlecht ist und krank macht.

Unterwegs mit dir laß uns sein:
Frauen und Männer, die sich nie daran gewöhnen,
wenn das Wort leer zurückkommt,
wenn der Samen zerredet oder zertreten wird.
Immer bereit, sich zu freuen
über wachsende Saat und gute Früchte.

Unterwegs mit dir laß uns sein, Jesus,
dankbar dafür, daß du das lebendige Wort Gottes bist,
daß du uns die Schrift auslegst,
sie uns vorlebst in der Liebe zu den Menschen.
In deinem Namen sprechen wir gemeinsam:
Vater Unser ...
(Nach einem Gebet von Dr. Dieter Trautwein, Frankfurt/Main (leicht verändert, Quelle unbekannt))

Fürbittengebet (Eher zu einer Predigt über V. 4–8)
Gott, Sämann
Großzügig streust du dein gutes Wort in den Acker dieser Erde
liegst uns damit in den Ohren
wartest geduldig, was dort aufgehen mag
erwartest deine Friedenswelt.

Großzügig streust du deine Saat in den Acker dieser Erde
legst sie uns in die Hände
wartest geduldig, was wir säen
erwartest deine Liebeswelt.

Gott, Sämann
deine Welt wächst
durch dein Wort
durch deine großen
durch unsere kleinen Hände.

Wir wollen dein Reich
erwarten, wollen
warten lernen
und säen
geduldig und großzügig.

Wenn auch manches zertreten wird ... verdorrt ... erstickt ...
(Beispiele »Mißerfolge« ...evtl. persönlich, gesellschaftlich, gemeindlich)
Wir bitten dich um Geduld.

Dein Reich kommt, deine Welt wächst
ganz klein bei uns, hier und heute ... (Beispiele »Erfolge« ...)
ganz groß bei dir, heute und hier, morgen und dort.

Es geht auf, dein Wort.
Wir können es hören, Sämann.
Wachsen hören. Amen

Vorschlag zur Predigt

Möglicher Anfang
Hören. Was gibt es hier schon zu hören? Eine uralte Geschichte. Dieser Sämann ist von vorgestern. Er vergeudet gelassen großzügig kostbares Saatgut. Verschleudert es an die Vögel. Er läßt zu, daß die Saat sofort zertreten wird, daß sie später verdorrt oder nach und nach erstickt. Nur ein Teil geht auf und bringt Ertrag. Und den erwartet er. So war das damals.
Heute könnte sich das kein Landwirt mehr leisten. Die Landwirtschaft muß »wirtschaftlich« arbeiten. Mit exakten Maschinen und Mengenangaben. Möglichst wenig Saatgut darf verloren gehen. Die Sämaschinen von heute haben nichts zu vergeuden und zu verschleudern.
Die Ertragsmengen sind festgelegt und auf Überschüsse angelegt. Der Erfolg ist kalkuliert. Zweihundertfach muß sich der Einsatz auszahlen. Möglichst wenig einsetzen und möglichst viel gewinnen. Die Ernte wird nicht einfach erwartet, sie wird beschleunigt. Die Saat manipuliert, der Boden bewässert und gedüngt. So ist das heute.
Wer wollte es diesem Sämann von vorgestern nachmachen? Er setzt viel ein für wenig Gewinn. Arbeitet unwirtschaftlich. Damals konnte er sich das leisten. Es blieb ihm gar nichts anderes übrig. In Palästina wurde vor dem Pflügen eingesät. Auch auf die Trampelpfade und unter die Dornen und Disteln. Es wurde reichlich gesät und alles hinterher umgepflügt. Und da bemerkte der Bauer auch oft erst den felsigen Untergrund unter der dünnen Ackerkrume, merkte wo er umsonst gesät hatte.
Dieser Sämann von vorgestern nimmt das gelassen hin. Er investiert, legt viel ein. Obwohl nur ein Teil der Saat aufgeht. Aber die, so weiß er, hundertfältig. Diese Frucht, diesen Erfolg erwartet er letztlich. Langsam. Den Mißerfolg - einfach, zweifach, dreifach nimmt er dabei in Kauf. So war das Leben. Damals, wie gesagt. So beschreibt es Jesus. »Es ging ein Sämann aus ... Wer Ohren hat, ... der höre.« Wer will das heute noch hören?
Der Mißerfolg rechnet sich nicht. Es zählt nur der Erfolg. Jedes Körnchen muß sich lohnen. Möglichst schnell soll alles wachsen. In der Landwirtschaft genau wie in der Marktwirtschaft ...
Auch die Kirche möchte es sich nicht mehr leisten, unwirtschaftlich zu arbeiten. Sie kalkuliert Kirchensteuereinnahmen und Kirchenaustritte. Bilanziert ihren Erfolg mit Zahlen. Die Sitzungen der Presbyterien über Haushaltsplänen und Abrechnungen gleichen denen anderer Unternehmen. »Unternehmen Kirche« heißt ein 1000 Seiten starker Hefter für Pfarrer und Gemeinden, der Erfolg garantieren soll. Zumindest laut Werbe-

broschüre. ›Die Kirchen scheinen heute am Markt vorbei zu produzieren. Die Zahl der Kirchenaustritte hat sich dramatisch erhöht. 90 bis 95 Prozent der Kirchenmitglieder praktizieren ihren Glauben nicht mehr. Das Handbuch bietet Analysen und Rezepte degegen. Durch modernes Zeitmanagement und EDV wird die Effizienz erhöht.‹ (Dr. P. Braun, Unternehmen Kirche, Stadtbergen, 1995)
Modernes Management für die Kirche. Jede Mark, jede Stunde Zeit, in Kinder-, Frauen-, Gemeindearbeit investiert, soll sich auszahlen. Jedes Körnchen Glauben aufgehen. Die Gemeinde wird wachsen. Schnell. Das Wort Gottes wird erfolgreich. Es braucht nur das richtige Marketing. So steht es in solchen und ähnlichen Management-Bibeln und so versprechen es Medienpäpste.

Zum weiteren Verlauf
a) Wer aber genau hinhört, erkennt in den Marketing- und Medienaktionen auch nur mehr oder weniger erfolgreiche Versuche, auszusäen.
...
- »Neu anfangen«, »Jahr mit der Bibel«, Evangelisationen etc. Manches davon gleich zertreten, in den Gemeinden vertrocknet, oder nach anfänglicher Faszination erstickt ...
- Was ist der Erfolg solcher Aktionen, der großen Kirchentage, der kleinen Gemeindefeste? Der Erfolg des Wortes Gottes ist nicht kalkulierbar, nicht zählbar ...
- »Wächst« die Kirche, wenn die Zahl der Gottesdienstbesucher oder der Mitglieder in die Höhe schnellt ...? (Siehe Kontexte »Bilanz des Glaubens«)
- Die Gemeinde wächst durch Glauben, durch Vertrauen in Gottes Wort, in sein Reich der Gerechtigkeit und des Friedens, das er zugesagt hat. Durch Vertrauen in den liebevollen Weg Jesu ...
Beispiele aus dem eigenen langsamen Gemeindewachstum!?
Das Gleichnis vom Sämann meint: Gemeinde wächst. Mit oder gegen alle Gemeindearbeit. Unter allen Mißerfolgen. Letztlich erfolgreich. Gottes Wort wird zertreten, vertrocknet oder erstickt, von uns, von anderen und geht dennoch auf. Bei uns und anderen. Hundertfach ...
b) Wer die kirchliche Entwicklung nicht so weit oder gar nicht aufnehmen möchte, kann Beispiele aus Partnerbeziehungen oder Kindererziehung aufgreifen:
- Beziehungen: Manches Gefühl wird zertrampelt. Mancher trifft auf steinhartes Unverständnis. Manche Lösung erstickt im Alltag. Viel Kraft, Zeit und Phantasie investiere ich und einfach, zweifach, dreifach kommt nichts dabei heraus.
- »Verlorene Liebesmüh, Kraftverschwendung, fruchtet nichts ...« Gerne möchte ich nachhelfen. (Siehe Kontexte: Wachstumshilfe)
- Doch wer warten kann, was wächst und einfach weiter einsät, wer weiter viel einlegt an Lust und Liebe, der erlebt eben auch, wie die Saat aufgeht.

Plötzlich. Hundertfach. Ein Gefühl keimt auf. Ein Vorschlag fruchtet was. Eine Lösung trägt was aus. So wird Leben fruchtbar. Menschen wachsen aneinander, wachsen aufeinander zu. Gottes Reich wächst.

Möglicher Schluß
»Wer Ohren hat zu hören, der höre ...« Das gibt es hier zu hören: Die uralte Geschichte von Gott, der gelassen Samen ausstreut: sein Wort, das heißt seine Liebe, seine Gerechtigkeit, seinen Frieden. Er muß zusehen, wie vieles eingeht. Und bleibt doch zuversichtlich. Denn er sieht auch, wieviel aufgehen wird in Zukunft.
Gott ist der große, großzügige Sämann. Er legt uns sein Wort ins Ohr. Und streut uns auch Samen in die Hand. Als kleine Säfrauen und -männer dürfen wir mitackern, dürfen sein Reich mitpflanzen. Wieviel oder wie wenig Erfolg wir dabei haben, das braucht nicht nur unsere Sorge sein. Der große Sämann sorgt für eine reiche Ernte. Er sieht sie vor sich. Hundertfach. Trotz aller Mißernten.
Das läßt ihn weiter säen. Geduld haben. Die Mißerfolge hinnehmen in der Aussicht auf Erfolg. Da kann uns der Sämann von vorgestern heute doch noch etwas vormachen.
Das Leben, das fruchtbare Leben, wie Gott es meint, ist immer noch so, wie Jesus es in diesem Gleichnis beschreibt. Es ist unwirtschaftlich, es rechnet sich nicht nach Kosten, Nutzen. Wo Liebe wachsen soll, gerechte, friedliche Beziehungen, da muß ich viel einsäen. Gelassen und großzügig. Es wächst gar nichts. Oder nur wenig. Es wächst langsam. Aber dann, plötzlich wächst es ... Viel. Hundertfach. Ich kann darauf warten. Geduld haben. Zuversicht. Denn: Ich kann den Sämann hören. »Wer Ohren hat ... der höre.« Amen.

Alternative: Meditative Predigt zum »vierfachen Ackerfeld«
Der Predigttext legt selbst Wert aufs Hören. Eine reine, ruhige Wortmeditation bietet sich also an, die wie folgt vier Formen des Hörens thematisieren kann.
Dazwischen Musik oder Stille.
Verse einmal oder mehrmals ruhig lesen. (Sprecherwechsel) Dazu kurze Denkanstöße. »Es ging ein Säemann aus ... Weg zertreten ... Vögel fraßen's auf ...«
So ist das manchmal: Ich höre und lese. Lese und höre. Neue Wörter dekken die alten zu. Ich lese nicht nach, höre nicht hin. Keine Zeit. Zuviel Arbeit – zuviel Ablenkung, Zweifel. Kein Wort bleibt hängen. Auch Gottes Wort nicht ...
»Es ging ein Säemann aus ... Fels ... verdorrte es ...«
So ist das manchmal: Ich höre und bin begeistert. Auch von Gottes Wort. Ich denke: also diese Geschichte ... dieser Jesus, einfach gut ... was kann ich tun ... soll ich dazu tun ... Nächstenliebe? ... Ich glaube, ich lasse es lieber ... Später vielleicht, wenn ich alt bin ...

»Es ging ein Säemann aus ... Dornen ...«
So ist das manchmal: Ich gehe in den Gottesdienst, zum Gemeindeabend ... ich verstehe dort manches nicht, kann einiges nicht leiden. Aber vielleicht muß das so sein. Ich sage mal lieber nichts. Will nichts kritisieren ... Bleibe mit meinen Zweifeln allein. Anderes wird wichtiger als die Gemeinde, wichtiger am Sonntagmorgen. Glaube erstickt ...
»Es ging ein Säemann aus ... gutem Land ...«
So ist das manchmal: Ich höre, sehe, tue was. Ich wage zu kritisieren. Es verändert sich was. Ich kann mit meinem Glauben in der Welt leben. Gestärkt und ermutigt. Liebe wächst. Trotz alledem. Hoffnung keimt.
So ist das. Gottes Wort fällt bei uns mal auf den Weg, den Fels oder unter die Dornen. (Was sind meine oder unsere Dornen, Steine, Trampelpfade ...?) Aber manchmal trifft es fruchtbaren Boden. Da geht es auf bei mir, bei Dir ... Darauf hofft Gott. Er streut weiter aus. Großzügig. Das Reich Gottes. Es wächst bei jedem einzeln und klein. Aber es sprießt ein großer tragfähiger Halm aus dem unscheinbaren Korn. Und neben anderen wird es ein ganzes Weizenfeld. Da trägt Gottes Wort hundertfältig Frucht.

Kontexte

Verschwenderische Wirtschaft
»50% bei der Werbung sind immer rausgeworfen. Man weiß aber nicht, welche Hälfte das ist.»
Henry Ford, amerikanischer Automobilpapst

Wachstumhilfe
»Ein Mann aus Sung war sehr betrübt, daß sein Korn nicht recht wachsen wollte. Er versuchte daher, die Halme selbst in die Höhe zu ziehen. Nach dieser Arbeit kam er ganz benommen heim und sagte zu seinen Leuten: »Ich bin sehr müde, ich habe meinem Korn geholfen zu wachsen.«
Sein Sohn lief hinaus, um sich dies anzusehen, fand aber alle Halme verwelkt.
Es gibt viele Menschen, die den Wunsch haben, dem Korn beim Wachsen zu helfen.«
Mong Dse (in: Die Blumen des Blinden, © Chr. Kaiser/Gütersloher Verlagshaus, Gütersloh 1983, S. 203)

Wachsen
»Mit jedem Worte wachsen wir.«
Christian Morgenstern (in: Stufen, Piper Verlag, München 1994. 19 Aufl., S. 105)

»Bilanz« des Glaubens
»Ich glaube, daß die Kirche nicht von ihrem öffentlichen Einfluß lebt und nicht von der Zahl der Leitartikel, die sie lobend erwähnen.

Ich glaube, daß sie nicht vom Glanz ihrer Bischöfe erhalten wird
und nicht von der Anzahl der theologischen Bücher,
die während eines Jahres erscheinen.

Ich glaube, daß die Zahl der kirchlichen Veranstaltungen
die Wirkungen nicht widerspiegelt, die von der Gemeinde ausgehen,
und daß die Höhe der Kirchensteuereinkünfte
keinen Maßstab für die Chancen abgibt, die sie in Zukunft haben wird.

Ich glaube, daß die Kirche dort lebt, wo Christus in ihr Gestalt gewinnt
und wo sie unabhängig von Beifall und Widerspruch für ihn eintritt.
Ich glaube, daß sie dort groß ist, wo sie ihm in den Menschen dient
und daß sie nur Bestand hat, weil er auch mit ihr immer neu anfängt.«
Karl-Heinz Ronecker (in: Neige dein Ohr, Chr. Kaiser/Gütersloher Verlagshaus, Gütersloh 1991, S. 70)

Doch noch Hoffnung
»Vergeßt in keinem Falle, auch dann nicht wenn vieles mißlingt:
Die Gescheiten werden nicht alle!
So unwahrscheinlich das klingt.«
Erich Kästner (in: Der tägliche Kram, Atrium Verlag, Frankfurt 1978, S. 118)

Die Autorinnen und Autoren

Pfarrerin Sabine Bäuerle, Marburg; Pfarrer Heinz Behrends, Göttingen; Pfarrer Dr. Ludwig Burgdörfer, Landau; Pfarrer Dr. Albert Damblon, Korschenbroich; Superintendent Hans Werner Dannowski, Hannover; Pfarrer Kurt Dohm, Bremen; Pfarrer Klaus Eulenberger, Hamburg; Superintendentin Gisela Fähndrich, Garbsen; Pfarrer Anselm Friederich, Heidelberg; Pfarrerin Heiderose Gärtner, Ludwigshafen; Pfarrer Peter Godzik, Schleswig; Pfarrer Günter Gottschämmer, Darmstadt; Pfarrer Dr. Rolf Heinrich, Gelsenkirchen; Pfarrer Dr. Wolfgang Herrmann, Holzappel; Pfarrer Friedrich Holze, Loccum; Pfarrer Hannes-Dietrich Kastner, Worms; Pfarrerin Ingrid Keßler-Woertel, Moormerland-Veenhusen; Pfarrerin Hanne Köhler, Flörsheim; Pfarrer Wolfhart Koeppen, Ortenburg; Pfarrerin Jutta Konowalczyk-Schlüter, Bremen; Pfarrer Wilfried Lenzen, Göttingen; Pfarrer Dr. Rüdiger Lorenz, Herford; Pfarrerin Sigrid Lunde, Bad Kreuznach; Hauptpastor Dr. Klaus Reblin, Hamburg; Studienleiter Joachim Schnell, Bad Bevensen; Pfarrer Dieter Schupp, Kaiserslautern; Pfarrer Helmut Siegel, Hildesheim; Pfarrer Traugott J. Simon, Marburg; Pfarrer Jobst von Stuckrad-Barre, Göttingen; Pfarrer Mechthild Werner, Wörth; Pfarrerin Elsbeth Zuleck, Ludwigsburg